广西大学"211工程"三期重点学科建设项目资助

广西大学中国—东盟研究院文库
主编 ◎ 阳国亮

北部湾中国沿海城市旅游化改造研究

李志峰　黄南津　高　魏
李金阳　农冰慧　王　丹　◎ 编著

经济管理出版社

图书在版编目（CIP）数据

北部湾中国沿海城市旅游化改造研究/李志峰等编著 . —北京：经济管理出版社，2015.10
ISBN 978－7－5096－3929－0

Ⅰ.①北… Ⅱ.①李… Ⅲ.①北部湾—城市旅游—旅游业发展—研究 Ⅳ.①F592.767

中国版本图书馆 CIP 数据核字（2015）第 203964 号

组稿编辑：曹　靖
责任编辑：杨国强　张瑞军
责任印制：黄章平
责任校对：车立佳

出版发行：经济管理出版社
　　　　　（北京市海淀区北蜂窝 8 号中雅大厦 A 座 11 层　100038）
网　　址：www.E-mp.com.cn
电　　话：（010）51915602
印　　刷：北京易丰印捷科技股份有限公司
经　　销：新华书店
开　　本：720mm×1000mm/16
印　　张：15.75
字　　数：295 千字
版　　次：2015 年 10 月第 1 版　2015 年 10 月第 1 次印刷
书　　号：ISBN 978－7－5096－3929－0
定　　价：58.00 元

·版权所有　翻印必究·
凡购本社图书，如有印装错误，由本社读者服务部负责调换。
联系地址：北京阜外月坛北小街 2 号
电话：（010）68022974　邮编：100836

中国—东盟研究院文库
编辑委员会

主　编：阳国亮

编　委：(以姓氏笔画为序)

　　　　乌尼日　李寅生　张　军　张晓农　宋亚菲
　　　　杨克斯　唐文琳　唐德海　阎世平　商娜红
　　　　黄牡丽　谢　舜　曾冬梅　雷德鹏　黎　鹏

总　序

阳国亮

正当中国与东盟各国形成稳定健康的战略伙伴关系之际，我校以经济学、经济管理、国际贸易等经济学科为基础，整合法学、政治学、公共管理学、文学、新闻学、外语、教育学、艺术等学科力量，经广西壮族自治区政府批准于2005年成立了广西大学中国—东盟研究院；同时将"中国—东盟经贸合作与发展研究"作为"十一五"时期学校"211工程"的重点学科来进行建设。这两项行动所要实现的目标，就是要加强中国与东盟合作研究，发挥广西大学智库的作用，为国家和地方的经济、政治、文化、社会建设服务，并逐步形成具有鲜明区域特色的高水平的文科科研团队。几年来，围绕中国与东盟的合作关系及东盟各国的国别研究，研究院的学者和专家们投入了大量的精力并取得了丰硕的成果。为了使学者、专家们的智慧结晶得以在更广的范围内展示并服务于社会，发挥其更大的作用，我们决定将其中的一些研究成果结集并以《广西大学中国—东盟研究院文库》的形式出版。同时，这也是我院中国—东盟关系研究和"211工程"建设成果的一种汇报和检阅的形式。

中国与东盟各国的关系研究是国际关系中区域国别关系的研究，这一研究无论对国际经济与政治还是对我国对外开放和现代化建设都非常重要。广西在中国与东盟的关系中处于非常特殊的位置，特别是在广西的社会经济跨越式发展中，中国与东盟关系的发展状况会给广西带来极大的影响。因此，中国与东盟及各国的关系是非常值得重视的研究课题。

中国与东盟各国的关系具有深厚的历史基础。古代中国与东南亚各国的经贸往来自我国春秋时期始已有两千多年的历史。由于中国与东南亚经贸关系的繁荣，秦汉时期的番禺（今广州）就已成为"珠玑、犀、玳瑁"等海外产品聚集的"都会"（《史记》卷69《货殖列传》）。自汉代以来，经三国、两晋、南北朝至隋唐，中国与东南亚各国的商贸迅速发展。大约在唐朝开元初年，唐朝在广州创设了"市舶使"，作为专门负责管理对外贸易的官员。宋元时期鼓励海外贸易的政策促使中国与东南亚各国经贸往来出现了前所未有的繁荣。至明朝,郑和下西洋加强了中国与东南亚各国的联系,把双方的商贸往来推向了新的高潮。自明代始,大批华人移居东南亚,带去了中国先进的生产工具和生产技术。尽管明末清初,西方殖民者东来,中国几番海禁;16世纪开始,东南亚各国和地区相继沦为殖民地;至1840年中国也沦为半殖民地半封建社会,中国与东南亚各国的经贸往来呈现复杂局面,但双方的贸易仍然在发展。第二次世界大战以后,受世界格局的影响以及各国不同条件的制约,中国与东南亚各国的经济关系经历了曲折的历程。直到20世纪70年代,国际形势变化,东南亚各国开始调整其对华政策,中国与东南亚各国的国家关系逐渐实现正常化,双方经济关系得以迅速恢复和发展。20世纪80年代末期冷战结束至90年代初,国际和区域格局发生重大变化,中国与东南亚各国的关系出现了新的转折,双边经济关系进入全面合作与发展的新阶段。总之,中国与东盟各国合作关系由来已久,渊源深厚。

发展中国家区域经济合作浪潮的兴起和亚洲的觉醒是东盟得以建立的主要背景。20世纪60—70年代,发展中国家区域经济一体化第一次浪潮兴起,拉美和非洲国家涌现出中美共同市场、安第斯集团、加勒比共同市场等众多的区域经济一体化组织。20世纪90年代,发展中国家区域经济一体化浪潮再次兴起。在两次浪潮的推动下,发展中国家普遍意识到加强区域经济合作的必要性和紧迫性,只有实现区域经济一体化才能顺应经济全球化的世界趋势并减缓经济全球化带来的负面影响。亚洲各国正是在这一背景下觉醒并形成了亚洲意识。战前,亚洲是欧美的殖民地;战后,亚洲各国尽管已经独立,但仍未能摆脱大国对亚洲地区事务的干涉和控制。20世纪50—60年代,亚洲各国民族主义意识增强,已经显示出较强烈的政治自主意愿,要求自主处理地区事务,不受大国支配,努力维护本国的独立和主权。亚洲各国都意识到,要实现这种意愿,弱小国家必须组织起来协同合作,由此"亚洲主义"得以产生。东盟就是在东南亚国家这种意愿的推动下,经过艰难曲折的过程而建立起来的。

"东盟"是东南亚国家联盟的简称,在国际关系格局中具有重要的战略地位。东盟的战略地位首先是由其所具有的两大地理区位优势决定的:一是两洋的咽喉门户。东南亚处于太平洋与印度洋的"十字路口",既是通向亚、非、欧三洲及大洋洲的必经航道,又是南美洲与东亚国家间物资、文化交流的海上门户。其中,世界上每年50%的船只通过马六甲海峡,这使得东南亚成为远东制海权的战略要地。二是欧亚大陆"岛链"重要组成部分。欧亚大陆有一条战略家非常重视的扼制亚欧国家进入太平洋的新月形的"岛链",北起朝鲜半岛,经日本列岛、琉球群岛、我国的台湾岛,连接菲律宾群岛、印度尼西亚群岛。东南亚是这条"岛链"的重要组成部分,是防卫东亚、南亚大陆的战略要地。其次,东盟的经济实力也决定了其战略地位。1999年4月30日，以柬埔寨加入东盟为标志，东盟已成为代表全部东南亚国家的区域经济合作组织。至此，东盟已拥有10个国家、448万平方公里土地、5亿人口、7370亿美元国内生产总值、7200亿美元外贸总额，其经济实力在国际上已是一支重要的战略力量。再次，东盟在国际关系中还具有重要的政治战略地位，东盟所处的亚太地区是世界大国多方力量交会之处，中国、美国、俄罗斯、日本、印度等大国有着不同的政治、经济和安全利益追求。东盟的构建在亚太地区的国际政治关系中加入了新的因素，对于促进亚太地区国家特别是大国之间的磋商、制衡大国之间的关系、促进大国之间的合作具有极重要的作用。

在保证了地区安全稳定、推进国家间的合作、增强了国际影响力的同时，东盟也面临一些问题。东盟各国在政治制度等方面存在较大差异，政治多元的状况会严重影响合作组织的凝聚力；东盟大多数成员国经济结构相似，各国间的经济利益竞争也会直接影响到东盟纵向的发展进程。长期以来，东盟缺乏代表自身利益的大国核心，不但影响政治经济合作的基础，在发生区域性危机时更是无法整合内部力量来抵御和克服，外来不良势力来袭时会呈现群龙无首的状态，这对于区域合作组织抗风险能力的提高极为不利。因此，到区域外寻求稳定的、友好的战略合作伙伴是东盟推进发展必须要解决的紧迫的问题。中国改革开放以来的发展及其所实行的外交政策、在1992年东亚金融危机中的表现以及加入WTO，使东盟不断加深了对中国的认识；随着中国与东盟各国的关系不断改善和发展，进入21世纪后，中国与东盟也进入了区域经济合作的新阶段。

发展与东盟的战略伙伴关系是中国外交政策的重要组成部分。从地缘上看，东南亚是中国的南大门，是中国通向外部世界的海上通道；从国际政治上看，亚太地区是中、美、日三国的战略均衡区域，而东南亚是亚太地区的"大国"，对中、美、日都具有极重要的战略地位，是中国极为重要的地缘战略区域；从中国的发展战略要求看，东南亚作为中国的重要邻居是中国周边发展环境的一个重要组成部分，推进中国与东盟的关系，还可以有效防止该地区针对中国的军事同盟，是中国稳定周边战略不可缺少的一环；从经济发展的角度说，中国与东盟的合作对促进双方的贸易和投资、促进地区之间的协调发展具有极大的推动作用，同时，这一合作还是以区域经济一体化融入经济全球化的重要步骤；从中国的国际经济战略要求来说，加强与东盟的联系直接关系到我国对外贸易世界通道的问题，预计在今后15年内，中国制造加工业将提高到世界第二位的水平，中国与海外的交流日益增强，东南亚水域尤其是马六甲海峡是中国海上运输的生命线，因此，与东盟的合作具有保护中国与海外联系通道畅通的重要意义。总之，中国与东盟各国山水相连的地理纽带、源远流长的历史交往、共同发展的利益需求，形成了互相合作的厚实基础。经过时代风云变幻的考验，中国与东盟区域合作的关系不断走向成熟。东盟已成为中国外交的重要战略依托，中国也成为与东盟合作关系发展最快、最具活力的国家之一。

中国—东盟自由贸易区的建立是中国与东盟各国关系发展的里程碑。中国—东盟自由贸易区是一个具有较为严密的制度安排的区域一体化的经济合作形式，这些制度安排涵盖面广、优惠度高，它涵盖了货物贸易、服务贸易和投资的自由化及知识产权等领域，在贸易与投资等方面实施便利化措施，在农业、信息及通信技术、人力资源开发、投资以及湄公河流域开发五个方面开展优先合作。同时，中国与东盟的合作还要扩展到金融、旅游、工业、交通、电信、知识产权、中小企业、环境、生物技术、渔业、林业及林产品、矿业、能源及次区域开发等众多的经济领域。中国—东盟自由贸易区的建立既有助于东盟克服自身经济的脆弱性，提高其国际竞争力，又为我国对外经贸提供新的发展空间，对于双边经贸合作向深度和广度发展都具有重要的推动作用。中国—东盟自由贸易区拥有近18亿消费者，人口覆盖全球近30%；GDP近4万亿美元，占世界总额的10%；贸易总量2万亿美元，占世界总额的10%，还拥有全球约40%的外汇。这不仅大大提高了中国和东盟国家的国际地位，而且将对世界经济产生重大影响。

广西在中国—东盟合作关系中具有特殊的地位。广西和云南一样都处于中国与东盟国家的接合部，具有面向东盟开放合作的良好的区位条件。从面向东盟的地理位置看，桂越边界1020公里，海岸线1595公里，与东盟有一片海连接。从背靠国内的区域来看，广西位于西南和华南之间，东邻珠江三角洲和港澳地区、西毗西南经济圈、北靠中南经济腹地，这一独特的地理位置使广西成为我国陆地和海上连接东盟各国的一个"桥头堡"，是我国内陆走向东盟的重要交通枢纽。广西与东盟各国在经济结构和出口商品结构上具有互补性。广西从东盟国家进口的商品以木材、矿产品、农副产品等初级产品为主，而出口到东盟国家的主要为建材、轻纺产品、家用电器、生活日用品和成套机械设备等工业制成品；在水力、矿产等资源的开发方面还有很强的互补性。广西与东盟各国的经济技术合作具有很好的前景和很大的空间。广西南宁成为中国—东盟博览会永久承办地，泛北部湾经济合作与中国—东盟"一轴两翼"区域经济新格局的构建为广西与东盟各国的合作提供了很好的平台。另外，广西与东南亚各国有很深的历史人文关系，广西的许多民族与东南亚多个民族有亲缘关系，如越南的主体民族越族与广西的京族是同一民族，越南的岱族、侬族与广西壮族是同一民族，泰国的主体民族泰族与广西的壮族有很深的历史文化渊源关系，这些都是广西与东盟接轨的重要人文优势。自2004年以来，广西成功地承办了每年一届的中国—东盟博览会和商务与投资峰会以及泛北部湾经济合作论坛、中国—东盟自由贸易区论坛、中越青年大联欢等活动，形成了中国—东盟合作"南宁渠道"，显示了广西在中国—东盟合作中的重要作用。总之，广西在中国—东盟关系发展中占有重要地位。在中国—东盟关系发展中发挥广西的作用，既是双边合作共进的迫切需要，对于推动广西的开放开发、加快广西的发展也具有十分重要的意义。

中国—东盟自由贸易区一建立就取得了显著的效果。据中国海关统计，2010年中国与东盟双边贸易额达2927.8亿元，比上年增长37.5%。当然，这仅仅是一个良好的开端，要继续深化中国与东盟的合作，使这一合作更为成熟并达到全方位合作的实质性目标，还需要从战略上继续推进，在具体措施上继续努力。无论是总体战略推进还是具体措施的落实都需要以理论思考、理论研究为基础进行运筹和决策，因此，不断深化中国与东盟及各国关系的研究就显得尤为必要。

加强对东盟及东盟各国的研究是国际区域经济、政治和文化研究学者的一项重要任务。东盟各国及其区域经济一体化的稳定和发展是我国构建良好的周边国际环境和关系的关键。东盟区域经济一体化的发展受到很多因素的制约，东盟各国经济贸易结构的雷同和产品的竞争，在意识形态、宗教历史、文化习俗、发展水平等方面的差异性，合作组织内部缺乏核心力量和危机共同应对机制等因素都会对区域经济一体化的进一步发展造成不利影响。要把握东盟各国及其区域经济一体化的走向，就要加强对东盟各国历史、现状、走向的研究，同时也要加强东盟区域经济一体化有利因素和制约因素的走向和趋势的研究。

我国处理与东盟各国关系的战略、策略也是需要不断思考的重要问题。要从战略上发挥我国在与东盟关系的良性发展中的作用，形成中国—东盟双方共同努力的发展格局；要创新促进双边关系发展的机制体系；要进一步深化和完善作为中国—东盟合作主要平台和机制的中国—东盟自由贸易区，进一步分析中国—东盟自由贸易区的下一步发展趋势和内在要求，从地缘关系、产业特征、经济状况、相互优势等方面充实合作内容、创新合作形式、完善合作机制、拓展合作领域，全面发挥其积极的作用。所有这些问题都要从战略思想到实施措施上展开全面的研究。

广西在中国—东盟关系发展中如何利用机遇、发挥作用更需要从理论和实践的结合上不断深入研究。要在中国—东盟次区域合作中进一步明确广西的战略地位，在对接中国—东盟关系发展中特别是在中国—东盟自由贸易区的建设发展进程中，发挥广西的优势，进一步打造好中国—东盟合作的"南宁渠道"；如何使"一轴两翼"的泛北部湾次区域合作机制创新成为东盟各国的共识和行动，不仅要为中国—东盟关系发展创新形式、拓展领域，也要为广西的开放开发、抓住中国—东盟区域合作的机遇实现自身发展创造条件；如何在中国—东盟区域合作中不断推动北部湾的开放开发、形成热潮滚滚的态势，这些问题都需要不断地深入研究。

综上所述，中国与东盟各国的关系无论从历史现状还是发展趋势来看都是需要认真研究的重大课题。广西大学作为地处中国与东盟开放合作的前沿区域的"211工程"高校，应当以这些研究为己任，应当在这些重大问题的研究上产生丰富的创新成果，为我国与东盟各国关系的发展、为广西在中国—东盟经济合作中发挥作用并使广西跨越式发展作出贡献。

在中国与东盟各国关系不断发展的过程中，广西大学中国—东盟研究院的学者、专家们在中国—东盟各项双边关系的研究中进行了不懈的探索。学者、专家们背负着民族、国家的责任，怀揣着对中国—东盟合作发展的热情，积极投入到与中国—东盟各国合作发展相关的各种问题的研究中来。"宝剑锋从磨砺出，梅花香自苦寒来"，历经多年的积淀与发展，研究院的组织构架日臻完善，团队建设渐趋成熟，形成了立足本土兼具国际视野的学术队伍，在学术上获得了一些喜人的成果，比较突出的有：取得了"CAFTA进程中我国周边省区产业政策协调与区域分工研究"与"中国—东盟区域经济一体化"两项国家级重大课题；围绕中国与东盟各国关系的历史、现状及其发展，从经济、政治、文化、外交等各方面的合作以及广西和北部湾的开放开发等方面开展了大量的研究，形成了一大批研究论文和论著。这些成果为政府及各界了解中国—东盟关系的发展历史、了解东盟各国的文化、把握中国—东盟关系的发展进程提供了极好的参考材料，为政府及各界在处理与东盟各国关系的各项决策中发挥了咨询服务的作用。

这次以《广西大学中国—东盟研究院文库》的形式出版的论著仅仅是学者、专家们的研究成果中的一部分。文库的顺利出版，是广西大学中国—东盟研究院的学者们在国家"211工程"建设背景下，共同努力，经过不辞辛苦、锲而不舍的研究所取得的一项重大成果。文库的作者中有一批青年学者，是中国—东盟关系研究的新兴力量，尤为引人注目。青年学者群体是广西大学中国—东盟研究院未来发展的重要战略资源，青年兴则学术兴，青年强则研究强，多年来，广西大学中国—东盟研究院致力于培养优秀拔尖人才和中青年骨干学者，从学习、工作、政策、环境等各方面创造条件，为青年学者的健康成长搭建舞台。同时，众多青年学者也树立了追求卓越的信念，他们在实践中学会成长，正确对待成长中的困难，不断走向成熟。"多情唯有是春草，年年新绿满芳洲"，学术生涯是一条平凡而又艰难、寂寞而又崎岖的道路，没有鲜花，没有掌声，更多的倒是崇山峻岭、荆棘丛生；但学术又是每一个国家发展建设中不可缺少的，正如水与空气之于人类，整个人类历史文化长河源远流长，其中也包括着一代又一代学者薪火相传的辛勤劳动。愿研究院的青年学者们，以及所有真正有志献身于学术的人们，都能像春草那样年复一年以自己的新绿铺满大地、装点国家壮丽锦绣的河山。

当前,国际政治经济格局加速调整,亚洲发展孕育着重大机遇,中国同东盟国家的前途命运日益紧密地联系在一起。在新形势下,巩固和加强中国—东盟战略伙伴关系,不断地推进中国—东盟自由贸易区的健康发展是中国与东盟国家的共同要求和共同愿望。广西大学中国—东盟研究院将会继续组织和推进中国与东盟各国关系的研究,从区域经济学的视角出发,采取基础研究与应用研究相结合、专题研究与整体研究相结合的方法,紧密结合当前实际,对中国—东盟自由贸易区建设这一重大战略问题进行全面、深入、系统的思考;并在深入研究的基础上提出具有前瞻性、科学性、可行性的对策建议,为政府提供决策咨询,为相关企业提供贸易投资参考。随着研究的深入,我们会陆续将研究成果分批结集出版,以便使《广西大学中国—东盟研究院文库》成为反映我院中国—东盟各国及其关系研究成果的一个重要窗口,同时也希望能为了解东盟、认识东盟、研究东盟、走进东盟的人们提供有益的参考与借鉴。由于时间仓促,本文库错误之处在所难免,敬请各位学者、专家及广大读者不吝赐教,批评指正。

是为序。

(作者系广西大学中国—东盟研究院院长)
2011 年 1 月 11 日

前　言

伟大的古希腊史诗《奥德赛》向人们昭示了这样一个道理：每一个人，一生都要去追寻一个目标，这一目标不论是否达成，最后总是要回家的。从追寻一个目标到最后，不管有没有追寻到都要回家，这都是一个旅行的过程。因此，人生就是在旅行。在我们生活的世界里，城市就是我们的家园，既是我们旅行的开始，又是我们回家的归宿。"城市旅游化"这样一个标题，与其说是针对游客们的，倒不如说，就是针对城市里的每一个人。城市是人的城市，城市因人而形成，也因人而存在。人因城市而划分为不同的群体，形成不同的生存方式。城市与人在城市形成之初就关联在一起，并随着时间的推移逐步融合在一起，我中有你，你中有我，这是城市的人本特征。

目前，城市已成为旅游业发展的主要依存对象。各城市政府纷纷出台政策扶持旅游产业发展，特别是将城市作为整体的旅游产品培养，表现在建立城市标识系统、完善城市服务设施、优化城市旅游形象等，使城市居民和旅游者共享公共产品和服务，提高公共设施和服务的社会价值。同时，在传统的观光旅游产品的基础上，开发了日常游憩设施、康体休闲娱乐、会议展览博览、购物等城市旅游功能，不仅吸引大量的外来旅游者，也可满足城市居民的日常游憩需求。注重在城市建设的时候充分融入旅游可持续发展观，注重环境保护和生态平衡，实现城市资源、经济、社会、文化、环境的总体发展，不仅为游客提供高质量的旅游环境，也为居民营造舒适的生活环境。

城市旅游化是城市，尤其是旅游城市发展旅游业的必然要求。这主要是由于休闲时代的到来，使旅游者更倾向于享受城市便利的交通、丰富的休闲娱乐活动以及完善的综合服务设施。无论是旅游产品的销售，还是具体的休闲活动的开展，都以城市作为主要的活动地。而目前城市的服务功能、游憩功能以及形象塑造等方面已经越来越不能满足旅游者的需求，城市的发展水平与旅游发展的需求不相匹配，而这种需求促进了城市旅游化发展，使政府以及旅游企业越来越多地关注城市旅游功能的提升和城市环境的不断改善，在城市发展中更多地融入旅游理念，展现旅游要素，为旅游业的发展提供有力支撑。

历史是城市之根，文化是城市之魂，城市不能在旅游化的改造中失根丢魂。

一座城市从诞生的第一天起，就开始用它的布局结构和建筑风貌，忠实地记录着历史发展的政治、经济、军事和人文特色。那些历尽沧桑的古建筑、名人故居，以自身独特的文化意蕴，成为历史文化遗存中珍贵的人文资源，成为了城市的历史教科书，成为了城市的文脉。然而，在个别地方，城市在一天天地长高，一天天地变大，一天天地改变模样，而一些文物古迹却被"日新月异"所推倒，一些文化史迹被"维修性拆除"所抹去……无疑，资金和技术，可以使城市变得繁华漂亮，却无法使城市更悠久，也未必让生活更美好，那些无视历史文化的"辞旧迎新"，"重经济发展、轻人文精神，重精英文化、轻大众关怀，重攀高比新、轻地方特色"，将古街道、古建筑、古树木等一系列文化的承载体当成是有碍观瞻的城市皮肤病去处理，无异于割裂与区域传统文化的血脉，无异于数典忘祖。

中国科学院院士、中国工程院院士吴良镛，2011年获国家最高科学技术奖。对于城市建设与发展，吴老提出忠告，不能让"城市像一个金属器皿任人随心所欲地打造"，"漠视地域历史文脉的继承，是一种严重的方向性迷失"。城市是一个有生命的机体，需要新陈代谢。既不能把城市的文化传统当作"木乃伊"去保护，留其"寂寞梧桐深院锁清秋"就算完事了；但也不能因为现代化的进程与城市功能的拓展与创新而忽视历史文脉的传承，随心所欲地打造所谓的"名城"。城市旅游化改造应让城市更符合区域化的特征，让特殊地点的特殊建筑展现特有的文化内涵。实践证明，保护历史文化与满足居民生活需要并不矛盾。该书立意即在于此。我们着眼于中国南疆山海相连的北部湾沿岸，着手于城市旅游化的深化与改造，通过对区域城市的描绘，在同与异中尝试探寻每一个城市文化的底蕴，将城市旅游的思考与城市文化理念相结合，从影响城市发展的人的意识、人的活动以及人与城市的互动关系中，开辟城市与旅游关系的全新视角，为城市规划理论框架的建立，提供一种思路。这一研究并不是要去创造一个新鲜的概念或是设计一种城市发展的模式，更不是为人们勾画一个理想的城市蓝图，而仅仅是为城市人，特别是对城市有着一定影响力的人提供一种思路，或是一个视角，去重新审视城市旅游化改造过程中关于文化的问题。每一个城市的决策者、开发者、改造和建设者，或许都应该以"诗人的情怀、旅行家的阅历、哲学家的思维、科学家的严格、历史家的渊博"去思考城市旅游化改造这一新生的课题，使城市不仅有现代文明，还要有历史、有文化、有个性，使城市的文脉得以延续，使珍贵的文化记忆在城市改造与建设中聚变成创新的动力。

在原本各具特色的地域文化不断受到全球化的冲击和湮没的过程中，这种可能性的创见，尤其显得重要。这种可能性的创见，并非简单化的模仿与抄袭，更不是无中生有，而是要在区域地理与本土文化的语境中，努力找寻自身的文化基础和底蕴，一方面要与世界潮流接轨，另一方面则独辟蹊径，展现一种属于自己的真正韵味。只有这样，一个城市，才如同一个有着自由而独立精神的人一样，在平等的世界性对话中独具品格与魅力。

  本书是我们希望通过文化的层面去思考一个城市乃至一个城市群的初步尝试，描述从中世纪到20世纪的北部湾重要的城市特征，着意呈现以往这些城市的建造者都做了些什么，为什么去做，在哪里做及何时去做，从而凸显其人脉与文脉。但是，北部湾沿岸中国城市较多，在城市历史、文化以及经济水平的发展方面，差异性都较大，由于篇幅所限，我们选择的只是较有代表性的大中城市或次区域中心城市作为代表进行简要的描述，并以海南省海口市作为个案进行重点分析，其中存在的偏颇与欠缺是难免的。此书的编撰是一项集体工程，包含了广西大学文学院黄南津教授的辛勤工作，是他提出了思考的方向，拟定了写作纲要，并对初稿进行了全面的修订与审阅。此外，还应感谢在读研究生高魏、李金阳、农冰慧与王丹等同学资料收集与初稿部分的编撰，其中，李金阳撰写第一、第二章，农冰慧撰写第三、第四章，王丹撰写第五、第六章，高魏撰写第七、第八章。限于编者们的学识、水平及经验，编撰过程必然多有疏漏及不当之处，我们真诚地希望广大读者给予批评指正，以期日后的修正与完善。

李志峰

目　　录

第一章　城市旅游化概述 …………………………………………………………… 1

　　第一节　城市旅游化的内涵及外延 …………………………………………… 1

　　第二节　优秀案例及经验借鉴 ………………………………………………… 14

第二章　北部湾中国沿岸历史变迁与城市沿革 …………………………………… 34

　　第一节　古代北部湾及周边地区的变迁 ……………………………………… 34

　　第二节　近代的北部湾与周边城市的发展 …………………………………… 45

　　第三节　现代北部湾与城市发展 ……………………………………………… 52

第三章　今日北部湾 ………………………………………………………………… 59

　　第一节　北部湾自然文化概况 ………………………………………………… 59

　　第二节　北部湾经济基础 ……………………………………………………… 62

　　第三节　北部湾城市旅游现状 ………………………………………………… 66

　　第四节　北部湾城市旅游特征及存在问题 …………………………………… 68

第四章　北部湾城市旅游发展评析与策略 ………………………………………… 71

　　第一节　北部湾城市旅游化改造的背景与分析 ……………………………… 71

　　第二节　北部湾城市旅游化的政策支持 ……………………………………… 77

第五章　环北部湾（广西）城市旅游化建设 ……………………………………… 83

　　第一节　南宁城市旅游建设 …………………………………………………… 84

　　第二节　北海城市旅游建设 …………………………………………………… 88

　　第三节　钦州城市旅游化建设 ………………………………………………… 97

　　第四节　防城港城市旅游建设 ………………………………………………… 100

第六章　环北部湾（广东）城市旅游化建设 ············· 105
第一节　湛江及其旅游业 ························ 105
第二节　湛江城市旅游产品开发现状 ················ 108
第三节　湛江城市旅游化建设的主要问题 ············· 109

第七章　国际旅游岛省会城市——海口旅游化发展态势 ········ 111
第一节　海南国际旅游岛旅游发展势态 ··············· 111
第二节　三亚城市旅游化建设 ····················· 120
第三节　海口城市旅游化的总体现状 ················ 127

第八章　研究个案：海口城市旅游化的提升实践 ············ 135
第一节　海口城市旅游形象定位与策划 ··············· 135
第二节　海口市城市道路交通旅游化改造 ············· 159
第三节　海口市城镇旅游化改造 ··················· 170
第四节　海口市公共空间旅游化改造 ················ 186
第五节　服务设施旅游化改造 ····················· 204
第六节　海口市其他新兴旅游产业开发改造 ··········· 215

参考文献 ······································ 227

余论代后记 ···································· 235

第一章 城市旅游化概述

第一节 城市旅游化的内涵及外延

一、城市旅游化的定义

城市兴起于农业发达地区,由于生产工具的不断更新导致粮食生产剩余,劳动力从农业生产中解脱出来专门从事非农业生产活动。随后,第二产业和第三产业的迅速发展导致科学技术的不断进步,产业向规模化和产业化发展,循环往复,导致城市不断地发展壮大,并成为三次产业聚集的空间复合体,成为生产和消费的空间地域系统。城市化、工业化以及本书要研究的旅游化都是伴随着城市经济社会发展而产生的。本书所研究的城市是指广义上的城市,它有以下几方面特征:第一,区位条件良好,区内外交通网络发达;第二,具有一定人口规模并以非农业人口为主的居民聚集地;第三,应有其功能,体现在经济实力、政治地位等;第四,现代化程度较高,有良好的基础设施以及高效率的信息网络;第五,地域范围包括中心城区、城郊以及乡村。

(一)城市旅游化概念的界定

目前,城市已成为旅游业发展的主要依存对象。这主要是由于休闲时代的到来,使旅游者更倾向于享受城市便利的交通、丰富的休闲娱乐活动以及完善的综合服务设施。同时,无论是旅游产品的销售,还是具体休闲活动的开展,都以城市作为主要的活动地。目前城市的服务功能、游憩功能以及形象塑造等方面已经越来越不能满足旅游者的需求,城市的发展水平与旅游发展的需求不相匹配,而这种需求促进了城市旅游化发展,使政府以及旅游企业越来越多地关注城市旅游功能的提升和城市环境的不断改善,在城市发展中更多地融入旅游理念,展现旅游要素，为旅游业的发展提供有力支撑。

城市旅游化是城市，尤其是旅游城市发展旅游业的必然要求。它是城市主动迎合旅游业发展，在城市规划、城市建设及城市管理等方面向旅游发展的需求倾斜、充分发挥城市在整个旅游体系中的重要作用，并逐步完善城市旅游功能、加强旅游配套设施建设的演变过程和变化趋势。[①] 目前，旅游产业的消费规模逐步在整个城市的 GDP 中占到一定份额，转化成为对整个城市产业结构持续不断产生影响的作用因素，并在城市产业空间布局方面反映出来。

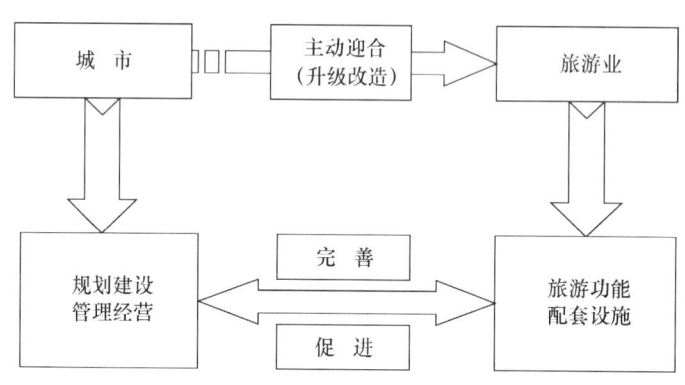

图1-1　城市旅游化概念

更进一步来说，从旅游产业对城市的经济发展及城市的空间布局的推动作用入手，城市旅游化是指由于旅游者对城市旅游需求量增加，城市经济发展向由旅游产业带动的第三产业转移，引起城市经济结构的调整和变动，众多与旅游活动相关的产业关联方式发生明显变化的现象。

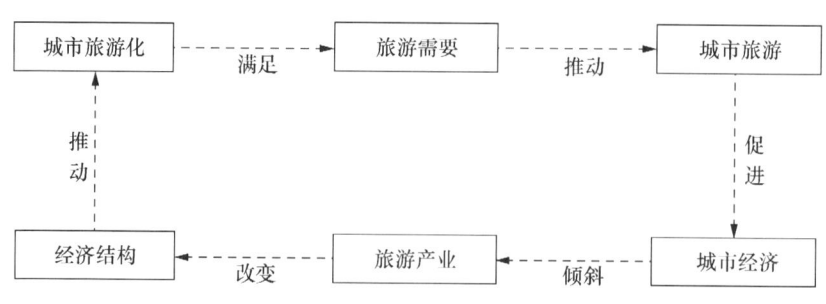

图1-2　城市旅游化过程

---

① 李璐芳，谢春山. 旅游城市化现象探析 [J]. 科技情报开发与经济，2007 (12).

显然，城市旅游化不仅是一种经济现象，同时也是一种地理现象，影响着城市地域景观、人口流动、经济领域、社会文化等诸多方面因素，因此城市旅游化过程本身的复杂性决定了其内涵的丰富性。伴随着我国城市化进程与旅游产业的快速发展，城市旅游化现象逐渐引起人们的注意。

具体表现出如下几个基本特征：

（1）旅游产业在国民生产总值的比重上升引致城市产业结构发生变化。我国处于工业化发展阶段，第二产业的发展强度大，支撑着国民经济的发展，但第二产业的相对比重稳定并逐步下降，而第三产业对于整个经济增长的贡献实现了相对稳定的持续上升状态。主要是随着需求变化，引起产业间的不平衡增长，导致产业间数量比例的变化。特别是旅游业在促进城市经济发展、改善城市经济结构、带动相关产业发展、扩大就业空间、拉动内需等方面表现出明显的优势，很多城市将旅游产业作为城市经济新的增长点，以此加快城市产业结构升级。

（2）旅游产业较高的就业弹性促使城市就业结构发生变化。旅游业是劳动力密集型产业，吸纳劳动力的能力较强，就业弹性高。旅游产业的关联度极大，特别是能够带动第三产业发展，随着工业化的进程加快，第二产业逐步向知识技术集约化转变，这意味着劳动力、资本、技术等资源要素在经济活动中的地位和作用将发生变化。通过发展旅游产业及其相关产业可以使已经转移到工业部门的富余人员不至于回流到农村。同时，旅游产业劳动力准入门槛较低，可以吸纳大量的农村人口，使得农业就业人口不断减少，非农产业就业人口不断增加。

（3）城市资源的利用迎合旅游业发展。各城市政府纷纷出台政策扶持旅游产业发展，特别是将城市作为整体的旅游产品培养，表现在建立城市标识系统、完善城市服务设施、优化城市旅游形象等，使城市居民和旅游者共享公共产品和服务，提高公共设施和服务的社会价值。同时，在传统的观光旅游产品的基础上，开发了日常游憩设施、康体休闲娱乐、会议展览博览、购物等城市旅游功能，不仅吸引大量的外来旅游者，也可满足城市居民的日常游憩需求。注重在城市建设的时候充分融入旅游可持续发展观，注重环境保护和生态平衡，实现城市资源、经济、社会、文化、环境的总体发展，不仅为游客提供一个高质量的旅游环境，也为居民营造舒适的生活环境。

（4）城市旅游用地规模向近郊区域扩张。城市中心区域作为最早进行旅游开发的地区已经出现饱和状态，而日益增加的旅游需求对旅游用地的供给造成压力，供给与需求之间的相互作用促进城市近郊区域旅游功能的形成。城市近郊区作为城区旅游的有力承接，拥有良好的自然资源，旅游开发成本较低。同时，城市近郊区域的区位决定其地租相对城市较低，投资商的资金压力较小。旅游开发者的投资偏好刺激城市旅游用地规模向近郊区域扩张。

(5)城市空间结构旅游化发展。在城市空间范围内,各旅游企业之间、旅游部门之间存在着地理上的邻近,使经济活动集中于城市地区带来经济性,旅游行业内部或企业之间存在着密切的合作与竞争关系。这种企业间的经济联系和空间聚集,可以使旅游产业以较低的成本发挥其产业效能,城市旅游产业由分散无序状态向集群化发展,有助于提高旅游产业在城市内部形成聚合力和辐射力,城市空间结构和形态不断优化。

(二)旅游城市化与城市旅游化

研究城市旅游化还应该把握其与旅游城市化的区别。

20世纪70年代以后,旅游城市化现象在西方发达国家逐渐凸显,引起了国外学者的关注。"旅游城市化"(Tourism Urbanization)是 Mullins(1991)最早提出的,他认为旅游城市化是20世纪后期在西方发达国家出现的,基于后现代主义消费观和城市观(注重享乐,Pleasure)的一种城市形态,是一种建立在享乐(Pleasure)的销售与消费基础上的城市化模式。① Mullins 在定义旅游城市化以及与其他类型城市(如工业城市)比较的基础上,提出了简单的概念框架体系对澳大利亚黄金海岸(Gold Coast)和阳光海岸(Sunshine Coast)两个旅游城市进行了实证分析。这个概念框架体系包括:①因为社会因素不同而导致的城市空间差异(Spatially Different);②独特的象征性符号以吸引旅游者;③以人口和劳动力的迅速增长为特征;④以后福特制的一部分——弹性的生产体系(Flexible System of Production)为特征;⑤政府对城市建设的间接调控;⑥以大众享乐消费和定制消费(Customized Consumption)为特征;⑦社会因素不同而导致居民结构存在差异。

国内已有不少学者对我国的旅游城市化现象进行了实证研究,并对旅游城市化概念进行了界定。黄震方(2000)将旅游城市化定义为:旅游区非城市人口向城市转移和聚集,旅游城市的数量不断增加,规模不断扩大,城市在人们旅游活动中的作用逐渐增大的现象。王冬萍(2003)认为,对旅游城市化的定义是:旅游的发展带动人口、资本和物质等生产力要素向旅游依托地区积聚和扩散,从而带动城市地域不断推进和延伸的过程,它包括使城市规模扩大和使城市质量提高两方面的内容。李鹏(2004)在黄震方等人的旅游城市化概念基础上进一步指出:旅游城市化还包括旅游景区景点的人工化、城镇化倾向。陆林(2005)从城市化角度,认为旅游城市化是旅游作为推动城市化的一种动力,引导人口向城市集中的过程;从消费的角度看,旅游城市化是指为满足人们由传统的日用型消费向现代享乐型消费转移,提升城市功能的过程。旅游作为现代享乐消费的重要组

---

① Mullins P. Tourism urbanization[J]. International Journal of Urban and Regional Research, 1991(3).

成部分，引起的城市化过程是新的城市化模式。朱竑（2006）界定的旅游城市化不仅仅是旅游业促进城市发展的一种结果，更是一种动态发展的趋势和演变过程。包括：①旅游城市化是一个动态发展的过程，是一个旅游向城市集中、城市的旅游功能日益增强和城市旅游规模不断扩大的过程；②旅游城市化是城市旅游角色的变化，是城市从旅游客源地向旅游客源地和旅游目的地的综合体转化的过程；③旅游城市化是旅游促进城市化水平提高的动态过程。安传燕（2008）将旅游城市化定义为：把旅游作为推动人类社会经济转移、社会变迁和文化重构的动力来促进区域城市化的一种过程和现象，内涵包括两方面的内容：城市的景区化和景区的城市化。从其对城市景区化的界定上可以看出，城市旅游化现象已引起关注。

在对旅游城市化研究的基础上，朱竑（2006）率先提出了"城市旅游化"（Urban Tourism-orienied）的概念，他认为旅游城市化和城市旅游化是一种相互促进、相互制约的关系，并指出将旅游城市化和城市旅游化有效结合起来是未来的研究趋势。[1]

旅游对城市经济、社会发展具有的显著推动作用已成为共识。旅游作为城市化的一种动力已显示出其巨大的作用；同时，城市化的不断发展也为旅游业的发展提供了有力的支撑，如城市化促使旅游业各项接待能力增强等。两者之间以及与城市旅游的供给和需求之间存在着一种复杂的相互关系（见图1-3）。一般来说，旅游供应商希望能够引导游客的需求，而游客的需求会影响旅游供应商提供的产品。这种制约关系对于旅游城市化和城市旅游化同样适用。从图1-3中反映的信息来看，旅游城市化与游客的需求是相对应的，体现了游客到城市旅游的需求。城市旅游化是城市旅游供给方面为迎合旅游需求做出的适应性举措。随着大众旅游逐渐向休闲度假旅游的转化，人们越来越倾向于享受城市便利的交通条件、丰富的文化休闲娱乐设施以及完善的综合服务配套，人们的这种需求带动了旅游城市化的进程；但是随着越来越多旅游者的到来，在服务设施的使用上，市民与游客发生了冲突，城市原有的比较优势弱化。因此，城市需要进行旅游化建设，为旅游发展的需要做好必要的改进和完善（如城市的标识系统、城市的人性化服务设施配套、城市的风貌保护等方面），提升城市的旅游功能，优化城市的旅游形象。同样，旅游城市化的过程也是城市从旅游客源地向旅游接待地和旅游目的地转变的过程，而城市的旅游化建设则是城市为了树立和强化旅游目的地形象而采取的必然措施。城市的旅游吸引和景观建设其服务对象不单单是游客，本地居民才是这些建设的最主要受惠者。市民可以享受优美的城市环境、便利的综

---

[1] 朱竑，贾莲莲. 基于旅游"城市化"背景下的城市"旅游化"——桂林案例[J]. 经济地理，2006（1）.

合设施，同样面对来自他乡的客人，市民们会有一种自豪感，更愿意接纳游客们的活动，也会比从前更热情友好地对待他们。这同时也能为城市旅游开展最好的口碑宣传和软环境塑造。

综上所述，旅游城市化现象是从旅游需求的角度出发，研究人口、资本和物质等生产力要素向旅游依托区集聚和扩散的过程。① 而城市旅游化是从供给的角度出发。城市旅游化是城市，尤其是旅游城市发展旅游业的必然要求。总之，旅游城市"化"是一种现象和过程，而城市旅游"化"则是一种希望和理想目标。

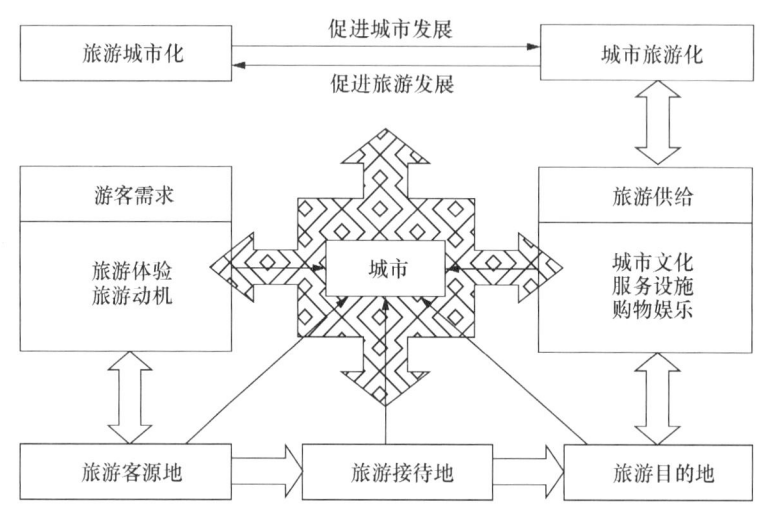

图1-3 旅游城市化与城市旅游化相互关系

二、城市旅游化的基本要素

旅游活动的产生是主客观多种因素综合作用的结果，旅游业与其他产业的关联性很强，因此，城市旅游化的基本要素包括多个方面，总体上可归纳为内外两个部分，内部要素包括旅游需求带来的拉力和旅游供给提供的推力，外部要素包括城市化本身的带动、政策制度、区位交通、资源环境等。

（一）城市旅游化的内部要素及作用机理

城市旅游化的内部要素包括旅游需求和供给，它们是城市旅游化的内在驱动力，也是其主要推动力。旅游需求产生的拉力来自两部分，一部分是作为主流的城市居民，另一部分是农村居民；旅游供给产生的推力也可分解为城市和乡村两

---

① 王冬萍，阎顺. 旅游城市化现象初探——以新疆吐鲁番市为例［J］. 干旱区资源与环境，2003 (5).

部分。据相关资料显示，我国城镇居民出游率远远高于农村居民出游率，可见我国绝大部分游人为城镇居民。农村居民对旅游地点的选择以省内和一些著名大城市、著名景点为主。就目前来说，城市既是主要的旅游目的地，也是主要的客源地。作为目的地，游人需求和城市自身发展的需要，必然要求城市提供更多的景点、基础设施以及相应的服务等；作为客源地，城市人口出游的不断增加也拉动城市本身、近郊及乡村景区的发展，同时城市人口出游实际上是变相地到其他地区享受城市生活。景区的居民为迎合游人，在旅游接待设施、服务、商品等方面的建设中出现城市化现象，甚至景区附近居民、旅游从业人员受游人的影响在思想观念、行为习惯、生产生活方式、居住面貌等方面也会出现城市化现象。需要说明的：一是城市和乡村居民通过示范效应和文化移植等作用使两者相互影响，但城市居民对乡村居民的影响是主要的；二是目前我国乡村居民出游能力有限，所产生的旅游需求拉动力较小，但供给推力较大。

（二）城市旅游化的外部要素及作用机理

1. 城市化带动

作为城市旅游化的外部要素之一，也是其外部驱动力，城市化本身的带动作用具有非常关键的作用。一方面，城市化促进城市生产力水平的提高，人口增加、经济增长，经济的发展使客源市场增大，出游人数增多，必然带动旅游业的发展；另一方面，城市化会促进当地的交通、水电、通讯等基础设施建设，有利于旅游资源开发，提高旅游资源的综合价值，从而带动旅游业的发展。反过来，旅游业的发展也会带动其他产业和城市的发展，进一步推动旅游城市化的进程。

旅游胜地丽江就是一个显著的例子。在城市性质和功能上，丽江逐步由工商业城镇向旅游城市转变，这在丽江历版城市规划中得到了很好的体现。丽江位于云南省西北部，辖古城区及玉龙、永胜、宁蒗、华坪四县，2005年年末全市总人口为113.76万人。丽江是滇西北高原上历史悠久的商业重镇，但在20世纪80年代初，丽江总体经济水平较低、交通闭塞。1986年，国务院公布丽江古城为国家历史文化名城，1988年，公布玉龙雪山为国家重点风景名胜区，标志着丽江城市性质从工商业城镇向旅游城市的转变。1991年版城市规划将丽江城市性质定位为发展中的旅游城镇。1997年12月，丽江古城申报列入世界文化遗产名录成功，1999年昆明世博会圆满举办，这些对丽江旅游业发展具有里程碑意义的事件，进一步确立旅游业在全市经济发展的支柱地位，扩大了丽江在国际上的知名度和美誉度。据此，2004年版城市规划将丽江定位于发展中的国际旅游城市。城市性质的变化使得丽江城市功能、城市布局结构、城市用地方向发生了一系列的转变。丽江旅游业业已发展成为丽江的支柱产业。旅游业带动了交通运输、邮电通讯、餐饮住宿等各行各业的空前兴盛，转移了大量农村剩余劳动力，大大加快了丽江的城市化步伐。丽江已成为城市旅游化的典型城市。

2. 政策制度

政策制度是导致城市旅游化发展的又一重要因素。如改革开放后国家一系列政策的实施，使旅游业蓬勃发展，也使城市旅游化进程大大加快；户籍制度的变革，使通过旅游业发展富裕起来的乡村居民更容易向城市迁移。此外，乡村发展的多种优惠税收政策、土地出让政策等，吸引了旅游投资项目，投资的开展及其派生的经济活动总会带来某种程度的区域城市化。

比如说，云南省和丽江市政府在城市和旅游发展中扮演着重要角色。长期以来，丽江各地方政府在世界遗产的处理、保护和可持续发展方面，做了不懈地探索和努力。政府还加强对交通、城建、环境保护、教育文化、卫生等旅游基础设施的投资，制定了一系列鼓励、促进旅游发展的政策措施。

表1-1 云南省及丽江市政府促进旅游发展的主要政策措施

年份	主体	政府会议或文件	措施或目标
1994	云南省政府	滇西北旅游规划现场办公会	发展大理，开发丽江，带动迪庆，启动怒江；保护丽江古城的"五四三二一"工程
2001	丽江地委	关于进一步加快旅游业发展的决定	提出了丽江旅游业发展的"二次创业"，提出丽江旅游业发展由数量规模型向质量效益型转变
2004	丽江市政府	关于进一步加快旅游业发展的若干意见	明确提出通过实现"六个转变"，加快建设旅游经济强市步伐
2005	丽江市委	丽江市委一届六次全会	提出了实施"旅游强市"的发展战略，把丽江建设成为滇川藏大香格里拉生态旅游经济圈的中心和示范城市
2006年2月	云南省政府	滇西北旅游现场办公会	提出做大丽江旅游的要求，决定在交通基础设施建设、重大旅游项目建设、旅游城镇建设、生态环境保护与建设等方面给予大力支持
2006年5月	丽江市政府	关于进一步加快旅游业发展的决定	做大做强旅游支柱产业，促进丽江旅游业的转型升级和提质增效，加快丽江建设文化旅游名市和世界精品旅游胜地步伐

资料来源：葛敬炳、陆林、凌善金：《丽江市旅游城市特征及机理分析》。

3. 区位交通

区位是城市旅游化的基础之一，交通是城市旅游化进程中各个链条上不可缺少的润滑剂。良好的区位和便畅的交通降低了旅游与其他经济联系的距离摩擦系数，有利于旅游者在空间集聚和扩散，从而扩大了旅游影响的范围，使景区所在区域出现城市旅游化现象。区位交通包括区内交通和区外交通。区内交通，即城市内部交通以及城市与其所管辖的周边区县间的交通；区外交通，即城市与城市之间的交通。

再比如说，1995年以前，丽江与外界的联系仅仅依靠一条崎岖的公路，从丽江到省会昆明需要连续行车近20个小时。随着旅游业和地方经济发展的需要，丽江先后完成了华宁路、丽大路、丽宁路等一批旅游干线建设。1995年6月建成丽江机场，到2005年，11年间机场旅客吞吐量增长了近60倍，在全国各机场中排名第38位，成为国内发展速度最快的支线机场之一。城市建设方面，修（改）建了香格里拉大道、福慧路等一批城市主干道；积极实施"穿墙透绿"工程等。丽江先后被国际旅游组织誉为"中国最令人向往的10个小城市之首"和"地球上最值得去的100个小城市之一"、"最佳人居环境优秀城市"，是近年来国家旅游局向海外主推的重点旅游城市。

此外，城市旅游化的外部要素还包括资源（人力、自然、社会等资源）、环境（社会、自然）、旅游者的主观行为等，它们和其他方面共同构成了城市旅游化的整体结构。同时，它们的共同作用推进了城市旅游化的进程，对城市或乡村所在的区域产生正面或负面的影响。

三、城市旅游化的发展趋势及相关理念

古希腊哲学家亚里士多德提出："城市是为了生活，人们居住在城市是为了生活得更好。"在当下，城市化与城市旅游化的改造与发展有一个共同的理念，都是为了人们生活得更好，不论是对于游客还是市民。

美国著名城市学家伊里尔·沙里宁曾说过："让我看看你的城市，我就能说出这个城市的居民在文化上追求的是什么。"的确，文化是城市的灵魂，是时尚的符号，是历史人文的叙述，是城市人格价值诉求。但凡走进一个城市，我们会立即从她的建筑群风格与城市布局中感受到其文化上的追求，在其传统或现代的城市居民生活习俗中领略其中的文化底蕴，在时尚与思潮的冲突中感悟时代的文化矛盾，在无孔不入的商界与金融业的统治中体察城市文明的基础支撑力。城市，是一个活的人类文化的载体和存在方式。认识一个城市，就是要认识这一城市的文化与文明，认识城市人共同的或差异的生活风格、行为方式、道德观念与价值向度。城市旅游化的改造，正是一个城市的独特文化价值形成且具有真正的吸引力。

（一）人本主义原则

城市旅游化的人本主义原则，是指城市旅游要以人为本，即在城市建设和城市旅游中，要为人（包括旅游者和当地居民）提供具有人性化的旅游环境和活动，尊重人性，促进人性的发展，从而转变旅游发展方式，促进富民强市、生活质量提高、和谐生活建设、城乡统筹发展，提升城市旅游发展的核心竞争力。

（1）城市旅游强调以人为本，在旅游开发、旅游经营管理与服务等方面注重以旅游心理学和旅游人类学等理论为指导，认真研究旅游者（或游客）的心理行为和审美偏好、生活观念，切实解决与广大旅游者切身利益紧密相关的问题（如服务质量、旅游安全、消费价格、文化特色等）。通过特色化产品、人性化服务、柔性化的管理、多元化的经营，充分满足旅游者的需求。与此同时，平等对待每一个旅游者的旅游需求、消费，不能有旅游消费歧视。尊重旅游者的自由和选择，反对文化中心主义，即旅游者在旅游中能自由、主动地选择自己的旅游消费。只有充分理解人性，才能营造宽松的旅游环境。

（2）尊重爱护自然，实现人与自然的和谐，也是人本主义原则的另一个基本内涵。这一基本内涵要求人们提高环保意识和生态意识，科学地认识人与自然的关系以及人类在生物圈中的地位。这一基本内涵的提出，为旅游资源的合理开发和利用提供了新的价值观，对于重构人与自然的新型关系，培养人类对其后代的生态责任感和生态伦理观，具有显著的导向作用。高度重视旅游活动中人与自然的和谐相处，重视资源和生态环境问题，增强旅游可持续发展的能力，是实现和谐城市生活的基本前提和基础。

（3）通过城乡旅游交流及人员直接交流，给农村带去了人、物流和资金信息流，缩小了城乡差距，有效实现了人口、技术、资本、资源等生产要素在城乡之间优化组合，促进城乡之间统筹发展。以旅游区域一体化的思想为指导，因地制宜地开发旅游资源，形成资源共享、产品互动、客源互流、信息互通、市场共建、管理互动、利益双赢的良性竞争局面。在重视旅游的经济产业功能的同时，更加重视发挥旅游业在促进就业、弘扬民族文化、建设社会主义精神文明、构建和谐社会等方面的综合作用。旅游业的和谐发展还为旅游资源的保护积累了资金，并通过开发生态旅游、文物保护游、环保游等形式的旅游活动激发人们保护资源环境的意识和热情。

此外，在对外交往中，人本主义原则还能促使不同民族种群之间人民友好往来，使旅游业成为进行国际交流和对外开放的形象窗口。

（二）大产业视角

城市旅游化要以大产业视角为指导，即依托城市的综合优势，以国际通行的服务标准为准绳，以全面提高城乡地区的宜游性和宜居性为目标，以旅游产品与市场开发、目的地建设、各项旅游要素提升及其融合发展、旅游业与相关产业的互促互融为根本任务，坚持满足市场需求、激发市场需求、创造市场需求的有机结合，实现旅游业对城市休闲经济的拉动作用。

旅游业是当今世界发展最快、前景广阔的一个产业，它不仅能够带动相关产业的发展，增加就业机会，而且能够促进经济结构的优化升级。近年来，各地、各级政府实施政府主导、社会参与战略，营造大景区，开拓大市场，旅游业取得了突飞猛进的发展，以旅游业为龙头、各业竞相加快发展的服务业新格局正在逐步形成。实践证明，进一步做大做强旅游产业，对促进区域经济快速健康发展具有积极的推动作用。

构筑大产业视角，有以下几点必要性。

第一，构筑大产业是由旅游业特殊的产业地位决定的。旅游业是第三产业的核心，是带动第三产业的"龙头"。据国家统计局测算，旅游收入每增加1元，第三产业产值相应增加10.2元。旅游业不仅以新增长点的形式带动并促进区域第三产业的结构完善与布局调整，而且它的多元渗透对整个区域经济都有较大的积极影响。

第二，构筑大产业是经济发展的客观要求。20世纪中叶以来，现代旅游在世界范围迅速兴起，旅游人数不断增加，旅游产业规模持续扩大，成为世界最大的产业之一。在20世纪最后的10年中，世界旅游业的总收入从2630亿美元增长到4760亿美元。据世界旅游组织预测，2020年世界旅游业接待人数可能达到16亿人次，国际旅游收入将达到2万亿美元。旅游业的兴起既是经济社会发展进步的产物，也是经济社会发展进步的标志。区域收入水平越高，对旅游的需求越高。有统计表明，当一个国家人均国内生产总值在1000美元以上时，居民将普遍产生国内旅游动机。目前，我国人均GDP超过1000美元，旅游消费日趋上升。据世界旅游组织预测，到2020年中国将成为世界第一大旅游目的地国，旅游业总收入将达到2.5万亿元，相当于国内生产总值的8%~11%。旅游业的发展前景如此灿烂，市场空间如此巨大，我们没有理由不把它作为一个大的产业来抓，使它在未来发展中大放光彩。

第三，构筑大产业是加快区域经济和社会发展的需要。旅游业综合性强、关联度高、辐射面广、产业链长，无论从经济效益还是社会效益角度分析，旅游业都具有来得快、效益好的特点，是一个综合效益十分明显的产业。旅游业的发展能够极大地刺激相关产业及整个区域经济的发展。据世界旅游组织公布的资料，旅游业每投入1美元，相关产业的收入就能增加4.3美元。旅游业能带来大量就业机会，极大地缓解就业压力。有关研究表明，旅游部门每增加1个就业人员，社会就能增加 5 个就业机会。旅游业是"无烟工业"、创汇产业，按世界平均水平，每接待 5 名国际游客，就相当于出口 1 辆轿车。旅游还是一个地方、一个城市的"名片"，旅游业繁荣与否，是一个地区整体形象和综合竞争力的集中体现。可以说，抓旅游，就是抓结构调整，就是抓扩大就业。实现区域经济既快又好的发展，必须大抓、特抓旅游业。

第四，构筑大产业是优化区域经济结构的需要。目前，我国大部分地区的第三产业比重较低，经济增长格局不合理，产业结构优化升级进程不快，已经成为影响区域经济和社会发展的突出问题。现代旅游业是综合性产业，是区域经济新的增长点，涉及食、住、行、游、购、娱等多个方面。加快旅游业的发展，可以推动传统服务业的改造，带动信息、金融、咨询等现代服务行业的发展，从而提高服务业在区域经济中的比重，促进服务业的层次升级，调整区域经济的增长格局，增强第三产业对区域经济增长的支撑作用。旅游业与其他产业的有机结合，也可以推动第一、第二产业的布局调整，加快区域经济结构优化升级的进程。

（三）低碳城市

低碳城市的内涵缘起于 21 世纪低碳概念的诞生。低碳是世界各国为应对全球气候变化给人类带来生存危机、致力于减少一氧化碳等温室气体人为排放的背景下提出的。低碳城市（Low–carbon City），是指以低碳经济为发展模式及方向、市民以低碳生活为理念和行为特征、政府公务管理层以低碳社会为建设标本和蓝图的城市。在经济高速发展的前提下，城市保持能源消耗和二氧化碳排放处于低水平。

《城市蓝皮书》指出，低碳发展是中国在城市化进程中控制温室气体排放的必然选择，这要求城市进行科学的城市规划，高效利用土地和能源，实现工业布局低碳化、循环化，构建绿色交通体系，发展绿色建筑，倡导绿色消费。

如何建设低碳城市，从城市规划建设角度，至少可将低碳城市定义为低碳机动化城市交通、绿色建筑、低冲击开发与规划建设生态城市的四重奏。低碳城市在融合了"低碳经济"和"低碳社会"理念的基础上，形成了既强调低碳生产又兼顾低碳消费的城市转型概念。低碳城市转型的内容包括三方面：一是技术变革，实施技术减排，加快新能源、新技术运用，减少石化能源的使用，以技术革命实现工业低碳化，使经济增量与能源消耗及 CO_2 排放绝对脱钩。二是产业调整，实施结构减排，大力发展能源消耗和碳排放相对少、具有比较优势的产业。降低碳排放强度，使经济增长的速度超过能源消耗及 CO_2 排放速度，形成经济增长的相对脱钩。三是消费引导。改变高消费、高浪费的生活方式，引导节约消费，低碳消费，实现高质量生活与节能减排的"双赢"目标。

表 1-2　国内低碳城市发展探索

城市或示范区	理念与发展愿景	行动措施或规划
南昌	低碳经济先行区	围绕太阳能、LED、服务外包、新能源汽车等的低碳产业定位；打造三大经济示范区
上海崇明东滩	碳中和地区	新能源、氢能电网、环保建筑、燃料电信公交
珠海	低碳经济示范区	新能源发展战略
重庆	低碳产业园	地热能利用，将建设低碳研究院
天津	中新天津生态城	绿色建筑、绿色交通，新能源开发利用
科技部	低碳经济科技示范区	开展低碳技术集成、技术推动和完善推广试点
苏州	低碳示范产业园	以节能环保为核心的产业升级
北京 CBD 东扩	低碳商务区	绿色能源利用，建筑实行低碳标准，发展环形有轨电车，打造国际金融文化传媒中心
保定	绿色，低碳，新能源基地	"中国电谷"，"太阳能之城"，打造以电力技术为基础的产业和企业群
德州	低碳产业	风车装备开发，生物质发电，"中国太阳谷"
无锡	低碳城市	低碳城市发展研究中心
杭州	低碳产业，低碳城市	公共自行车项目，低碳科技馆
厦门	低碳城市	LED 照明，太阳能建筑，能源博物馆
贵阳	生态城市	生态低碳避暑社区
吉林	低碳示范区	探索重工业城市的结构调整战略
四川	低碳重建	彭州"低碳生态乡村"

资料来源：刘文玲、王灿：《低碳城市发展实践与发展模式》。

（四）城市营销

"城市营销"概念最早来源于西方的"国家营销"理念。菲利普·科特勒在《国家营销》中认为，一个国家，也可以像一个企业那样用心经营。在他看来，国家其实是由消费者、制造商、供应商和分销商的实际行为结合而成的一个整体。因此，国家营销应突出自己的特点，发现自己的优势所在，提高自己的竞争力。由"国家营销"衍生而来的"城市营销"，发展到今天，已经具备比较明显的内涵。

城市营销力求将城市视为一个企业，将某城市的各种资源以及所提供的公共产业或者服务以现代市场营销方式向购买者兜售。它包括一个城市内产品、企业、品牌、文化氛围、贸易、环境、投资环境乃至城市形象和人居环境等全方位的营销,其营销市场既包括本地市场、国内市场以及海外市场,还囊括了互联网络上的虚拟市场。

城市营销是运用市场营销的方法论,对城市的政治和经济资源进行系统的策划与整合,以求找到符合市场经济规律的发展路线,通过树立城市品牌,提高城市综合竞争力,广泛吸引更多的可用社会资源,以推动城市良性发展,满足城市人民物质文化生活需求的营销科学。

其主要特点有:

第一,城市活动本身是要从树立城市品牌出发,活动必须具备长期性。

第二,活动必须有可参与性、创新性,活动必须能够充分吸引相关人员的积极参与。

第三,活动本身蕴含巨大的商业机遇,如招商作用、销售产业或营销政策环境资源等。

第四,城市活动营销必须可以驾驭城市的有形资产和无形资产,使现有资源充分发挥其最大效应。

第五,城市活动必须充分考虑到前效益、中效益和后效益,同时考虑与后期的旅游产业结合,建立长期的消费机遇。

第二节　优秀案例及经验借鉴

一、旅游名城升级改造案例

(一) 山水甲天下——桂林

1. 桂林旅游资源及其环境的优势度分析

桂林位于广西壮族自治区的东北部,地处"湘桂走廊"的南端,属亚热带季风气候。气候温和,年平均气温为19.3℃,雨量充沛,光照充足,四季分明,气候条件十分优越。地处南岭山系的西南部,平均海拔150米,典型岩溶地貌。岩溶峰林地貌是桂林重要旅游资源。桂林有1593种动物种类,隶属60目295科;陆栖脊椎动物有云豹、黄腹角雉、穿山甲、果子狸等400多种;水生物有娃娃鱼、鳗鲡等144种;有包括银杉、银杏在内的高等植物1000多种。

桂林矿产资源丰富,主要有赤铁矿、黄铁矿、褐铁矿、铅、锌、锡、钨、铝、铌、锰、滑石、重晶石、萤石、花岗岩、石灰石、大理石等40多种,其中17种位于全国前列。桂林境内河流密布,有漓江、湘江、洛青江、浔江、资江5

条江，另有集雨面积在100平方公里以上的支流65条，平均总水量403.81亿立方米，河流落差大，水利资源丰富，建有亚洲第一座超千米、高水头电站——全州天湖水电站等一批水电站。

桂林有悠久的历史。市区宝积山和甑皮岩洞穴发现多种距今约一万年前的人类遗物。公元前214年，秦始皇开凿灵渠沟通湘漓水系，设置桂林、象郡、南海三郡，这是"桂林"名称的最早起源，但郡治不在今天的桂林市。两千多年来，桂林先后成为郡、州、府、县治的所在地。1940年始设桂林市，曾长期为广西省府。解放后，桂林为省辖市。1998年9月8日，经国务院批准，桂林市和桂林地区合并，组建成新的桂林市。1999年人口为476万人，是一个多民族地区，居有壮、瑶、回、苗、侗等十几个民族，共有少数民族68万人。

桂林是桂北地区政治、经济、文化中心，也是一座基础较好的新兴工业城市，已形成了以医药、食品、汽车、电子为支柱，产品、产业结构较为合理的现代工业体系。

2. 旅游发展方向选择

塑造桂林形象。通过近30年的旅游建设，桂林已经接待了上千万的国内外游客，其中包括许多国家元首、领导人。这些知名人士的来访极大地提高了桂林旅游城市知名度。桂林山水是桂林旅游形象的主体构成，大量游客通过身临其境的游览，更加强化了"甲天下"的印象，再加上口碑效应的广泛传播，进一步确立了"桂林山水甲天下"的形象。在本次规划组的游客抽样调查中，90%以上的游客对于"桂林山水甲天下"有着深刻印象，游客口碑对于强化"桂林山水"这一主导产品的吸引力有着重要意义。

带动贫困地区脱贫。旅游业是一种跨行业、跨地域的现代系统经济，涉及社会许多相关产业，综合性、整体性极强，在吸纳社会劳动力、富民等方面具有明显的优势。在农村地区发展旅游业可解决隐性失业问题，带动贫困地区脱贫致富。桂林各县乡的旅游开发在这方面的作用较为明显。

促进桂林社会文化发展。旅游者尤其是国际旅游者，对旅游地的社会文化十分好奇，往往对地方传统文化、本地商品等方面表现出浓厚的兴趣和有着较强的需求。为了迎合这种需求，当地人会大力挖掘传统文化价值，创造出带有地方文化特色的旅游产品。这样，在一定程度上有效地保护了原来可能处于停滞甚至萎缩的地方传统文化，有的还重新焕发了生命力。例如桂林市壮、瑶、侗等民族的歌舞、建筑、服饰等文化艺术产品正是由于旅游业的发展才逐渐走向市场，得到了保护和进一步的发展。大量外来旅游者在游览的同时也带来了其生活地的文化，由此造成了旅游地本土文化与外来文化之间的碰撞，影响了旅游地的本土文化。这种影响较为显著地体现在语言、生活方式、价值观念等方面，其中一个最为明显的例子就是阳朔居民英语能力的普遍提高。

创造新的发展机遇。旅游业的巨大作用还表现为给桂林创造了许多发展机遇。旅游业是充分市场化的外向型综合产业，既有经济性，又有文化性，还有相当的政治和外交色彩，近30年来已经有多个国家和地区的领导人到桂林参观游览；凭借广泛的影响，桂林先后和日本的熊本、新西兰的黑斯廷斯、美国的奥兰多等城市结成友好城市，为城市的发展提供了良好的外围基础。另外，十几年来已有美国、日本、英国、加拿大和中国香港等30多个国家和地区的数千名著名专家、学者来桂林举行过近200次国际学术交流活动，参加人员达5395人次。这些活动的开展和友人、旅游者的到来，加速了桂林的对外开放和交流，激活了桂林的市场经济和科教文卫体等社会文化事业，增强了桂林旅游经济的实力和对外资的利用。

许多企业借助桂林旅游的知名度和外商合作，使企业扭亏为盈，有的还成为桂林利税大户，如桂林漓泉股份有限公司、桂林大宇客车有限公司等。最近又有日本NEC、美国英格索兰等世界著名的跨国公司入驻桂林，增强了桂林经济的实力。桂林山水和桂林旅游的知名度招来了许多重要的全国性会议。桂林旅游业的发展给桂林带来了大量的人流、信息流，从而牵引出大量的物资流、资本流，创造了众多的发展机遇。

3. 空间布局

广西旅游发展总体规划指出，桂林大旅游环线布局为"一个中心、两个次中心，一段黄金旅游带，一江两路，东西南北四环线"。贯彻落实这一规划方案，桂林市旅游产品的空间总体布局是"一城、两带、三级、四联"。

（1）一城。重点建设好桂林城市旅游区，突出桂林城市旅游在大桂林旅游格局中的中心作用。桂林城市旅游风景区建设发展是以景区景点建设为中心，强化特色，培养精品，创造名牌，推动拳头产品升级换代，增强景区景点的吸引力，构筑以山水观光为基础，融历史文化、民俗风情、休闲度假、会议商务、康复保健等项目于一体的新型旅游产品格局。为此：

加快"两江四湖"环城水系的改造，将城区的"两江四湖"（漓江、桃花江、桂湖、榕湖、杉湖、木龙湖）相互连通起来，再现城区内"一水抱城流"的景观，促进景观序列、空间组织和游览服务的系统优化；弱化古城区商贸中心职能，突出旅游服务中心功能；增设步行休闲空间，扩大环湖游览绿地，构建新型城市景观廊道，在环城水系所围成的城区内建设游憩商业区（RBD），以实现对旅游者的最大吸引。

发挥现有博物馆、美术馆、画院和群众艺术馆等文化设施和桂林靖江王城为核心的重点文物保护资源的潜力，加快愚自乐园等现代景观建设，增强城市旅游文化氛围。

按国际性旅游城市的标准，改善或重塑飞机场、火车站、汽车站、漓江游船码头等城市对外交通口岸形象，在这些对外窗口的地方，推出一系列突出桂林旅游形象的广告或口号；建设飞机场通往市区的景观通道以及其他重要的景观通道。

（2）两带。建设漓江黄金观光旅游带与湘桂走廊文化与生态旅游观光带。两带上的漓江风景区、阳朔田园风景区与兴安灵渠与乐满地旅游区是桂林城区外围三个精品旅游区。

a. 漓江黄金观光度假旅游带。漓江黄金观光度假旅游带依托漓江水道、桂阳公路西线与东线等交通轴线，即"一江两路"旅游风景区。其中，漓江是桂林山水旅游的黄金水道，1999年接待海内外旅游者人次突破143万人，素有"世界旅游之江"的美称。漓江观光度假旅游带建设是桂林山水旅游精品景区建设的灵魂。

b. 湘桂走廊文化与生态旅游带。湘桂走廊文化与生态旅游带的建设是构建桂林山水观光度假旅游带的基本骨架。所依托的交通干线有湘桂铁路、桂海高速公路与桂黄公路，还有桂林两江国际机场。湘桂走廊文化与生态旅游带建设以桂林城区为中心分南北两段：

北段自灵川至全州，主要旅游区有兴安灵渠和乐满地休闲世界、全州湘江旅游区（包括湘山寺、镇湘塔、三江口等景点），其中兴安灵渠和乐满地休闲世界是湘桂走廊旅游带的旅游精品旅游区，也是桂林山水旅游网络系统中联动开发猫儿山、资源、灌阳、全州以及兴安猫儿山旅游资源的重要节点。要重点建设好兴安灵渠与乐满地风景区，使其成为国家级风景名胜区；抓好全州湘江风景区建设，整修湘山寺，开发宗教文化专项旅游产品。

南段自临桂至永福，是桂林联动柳州旅游开发的重要通道，主要景区有临桂名人故居、瀑布、雄森熊虎山庄、永福寿城与板峡水库风景区，其中临桂是桂林城区联动龙胜花坪自然保护区、龙脊梯田与龙脊温泉风景区的重要节点。要打通临桂—花坪—龙胜的旅游通道，开发民俗与生态旅游专项产品；培育永福板峡湖观光度假旅游产品，使其成为服务于桂林、柳州客源市场的城郊型观光度假产品。

（3）三级。分级实施旅游精品景区与精品线路的建设管理措施，建设国家级、自治区级、桂林市级别的三级精品旅游区。国家级旅游精品景区建设重点是桂林城市旅游区、漓江风光旅游区、阳朔田园风光观光度假旅游区、兴安（包括灵渠、乐满地休闲世界和红军长征突破湘江烈士纪念碑）历史文化观光度假旅游区；自治区级精品景区是龙胜龙脊风景区、资江—八角寨风景区、桂林桃花江旅游度假区、龙胜温泉旅游度假区、荔浦丰鱼岩旅游度假区；桂林市级精品景区或景点主要是灵川美食城、大圩古镇风景区，临桂名人故居与瀑布风景区（与花坪自然保护区联动），全州湘江风景区与天湖观光度假旅游区，灌阳黑岩、古民居与千家洞风景区，恭城生态与文武庙风景区，平乐榕津古镇风景区。三级精品景区实施动态管理，定期跟踪评估，促进景区品级上档次、上规模，构筑起桂林山水旅游产品的空间地域系统。

（4）四联。桂林旅游线路策划与组合要在巩固和完善现有精品旅游线路的基础上实现"四联"格局。

以桂林市区、漓江风景区、阳朔田园风景区、兴安灵渠与乐满地风景区等国家级精品旅游景区为核心，实现市域范围内国家级、自治区级、桂林市级等三级精品旅游区的联动接轨，逐步形成"东西南北四环"的理想线路格局。实际上，大串联式的旅游环线的组织应由客源市场选择，由旅行社创新，可以产生若干条大环线或小环线旅游线路，更多的形式是由桂林辐射至自治区级或市级旅游精品景区，形成辐射型旅游线路。为此，要巩固和完善现有桂林城乡五日游等精品旅游线路，形成新桂林山水观光度假旅游的整体形象，全面提高桂林市旅游产品质量和市场竞争力。

与广西桂海旅游带、桂北民族风情与山水观光旅游线路联动接轨，促进桂林成为广西旅游网络中的核心枢纽与客源集散地，发挥带动广西旅游业发展的龙头作用；与中国精品旅游线路联动接轨，特别是与广州、香港、北京、上海、杭州、厦门、大连、青岛、西安、成都、昆明、武汉、重庆、海口等旅游城市联动接轨，构建中国观光度假旅游精品线路，巩固和提高桂林在中国旅游精品线路网络中的地位；与东南亚区域旅游圈联动接轨，构建桂林—河内—下龙湾—桂林（广州）、桂林—河内—柬埔寨金边—老挝万象—昆明、桂林—拉萨—加德满都—昆明的跨国旅游线路。

4. 重点区域与功能定位

桂林旅游资源的空间分布受自然、历史、人文等因素综合影响，总体上呈现出"沿江（河）"、"沿线"的带状特征。桂林旅游资源的最精华地带是漓江景区，其次是资江—八角寨景区；湘江及支流灌江、洛清江、浔江、茶河、荔浦河也是旅游资源比较集中的分布带；湘桂铁路沿线有桂林、兴安、全州、永福等城市和城镇，是人文景观资源最集中的地带；桂林市区集自然与人文旅游资源于一体，既是山水风景名城，又是历史文化名城，是全市旅游资源的核心区。

根据资源分布的空间特征，可将桂林市旅游资源区分为桂林城市旅游资源区、漓江风光旅游资源区、阳朔田园旅游资源区、兴安灵渠与乐满地旅游资源区、兴安猫儿山旅游资源区、龙胜矮岭温泉旅游资源区、龙胜龙脊旅游资源区、资源县的资江—八角寨山水旅游资源区、荔浦丰鱼岩旅游资源区、恭城儒家文化暨生态旅游资源区、全州湘江旅游资源区、天湖旅游资源区、灌阳古民居暨民族文化旅游资源区、永福寿城旅游资源区、临桂瀑布旅游资源区、平乐榕津旅游资源区。

表1-3 桂林旅游资源区

序号	资源区名	景点名称
1	桂林城市旅游资源区	靖江王陵、芦笛景区、虞山公园、叠彩景区、西山公园、靖江王城、伏波山景区、榕杉湖、七星公园、象山景区、南溪公园、桃花江旅游度假区、穿山公园、雁山、灵川美食城等
2	漓江风光旅游资源区	龙门古榕、奇峰林立、九牛三州、大圩古镇、草坪冠岩、杨堤风光、兴坪佳境、渔村、书童山、福利工艺
3	阳朔田园旅游资源区	山水园、阳朔公园、月亮山风景区、遇龙河风景区、西街
4	灵渠与乐满地旅游资源区	灵渠风景区、乐满地休闲世界、古严关、秦城、红军长征突破湘江纪念园
5	猫儿山旅游资源区	十里大峡谷、高山公园、铁杉公园、老山界
6	矮岭温泉旅游资源区	矮岭温泉、白面瑶寨、岩门峡漂流
7	龙脊梯田旅游资源区	龙脊梯田、金竹壮寨、龙胜、银水侗寨
8	资江旅游资源区	宝鼎瀑布、资江漂流、八角寨、百卉谷、五排河漂流
9	湘江旅游资源区	湘山寺、镇湘塔、三江口、全州
10	天湖旅游资源区	天湖、天湖水库、茶田电站、海洋坪水库
11	灌阳古民居及民族文化旅游资源区	月岭古民居、千家峒瑶族发祥地遗址、灌江山峡风景区、黑岩田园风光风景区、灌阳
12	恭城儒家文化及生态旅游资源区	文庙、武庙、周渭祠、湖南会馆、社山生态园区、烈士陵园、恭城
13	荔浦丰鱼岩旅游资源区	丰鱼岩洞、八卦山庄、鹅翎寺、荔浦

资料来源:《桂林市旅游发展总体规划（2001～2020）》。

(二) 东方之珠——香港

香港是亚洲繁华的大都市、地区及国际金融中心之一，条件优越的天然深水港。面积约1104平方公里，人口超过700万，主要产业包括零售业、旅游业、地产业、银行及金融服务业、工贸服务业、社会和个人服务业。

作为"东方好莱坞"、"亚洲四小龙"之一的海港城市，香港回归后，到香港旅游非常便利，无论是久负盛名的旺角、庙街、铜锣湾、油麻地、皇后大道、维多利亚港，还是具有现代化气息的迪士尼乐园，可以说，香港经过百年兴衰，已经逐步从一个"海外游子"转变为一个更具时代性的旅游胜地。无论是自然风光还是人文胜迹，在香港俯拾皆是。

1. 全新推广平台，打造更强香港品牌

（1）香港旅游发展规划局（以下简称旅发局）分别于2009年及2010年推出"香港美酒佳肴年"及"香港节庆年"作为全年推广主题，凸显香港在美食及节庆文化等方面的优势。于2011~2012年，旅发局计划以"亚洲国际都会"作为推广平台，全面展示香港各式各样的旅游强项，务求为香港打造一个更突出的旅游形象和品牌。旅发局是基于下列多个因素选择以"亚洲国际都会"作为推广平台。

a. 能凸显香港作为国际大都会的形象，推广讯息简单易明。

b. "亚洲国际都会"已沿用一段时间，在香港及海外均已建立一定知名度。

c. 整体而言，这个主题能配合特区政府及其他公营机构（如贸易发展局和投资推广署）在海外推广香港品牌形象的工作，有助于结合各方力量，产生更大协同效应。

（2）旅发局将以此平台，展现香港作为国际级旅游城市的风尚、大都会生活节奏和气息，以及中西文化兼容并蓄的独有魅力，并突出香港与其他城市不同的特质。旅发局计划以"亚洲国际都会"为主题，制作宣传香港旅游的短片，并通过不同渠道，例如旅发局网站、YouTube及海外旅游入门网站等播放。另外，旅发局会重新设计DiscoverHongKong.com网站及加强其内容，反映香港作为"亚洲国际都会"的形象及其品牌特质。在各主要客源市场，旅发局也会举行公关活动，通过国际传媒制造更大声势，扩大宣传效益。

（3）旅发局又会在全年不同时段，针对不同季节和客群，推出多元化的大型宣传活动，展示香港各种旅游特色。"亚洲国际都会"的推广模式如图1-4所示。

2. 增强全年盛事阵容，强化香港魅力

（1）为进一步提升香港整体的旅游吸引力，推动旅客访港，旅发局将在全年举行的大型活动内，注入更多新元素和新节目。旅发局计划在年内推出10个大型宣传项目。每个宣传项目均会以香港其中一个或多个旅游特色作为主题，推广一系列不同类型的盛事或大型活动。

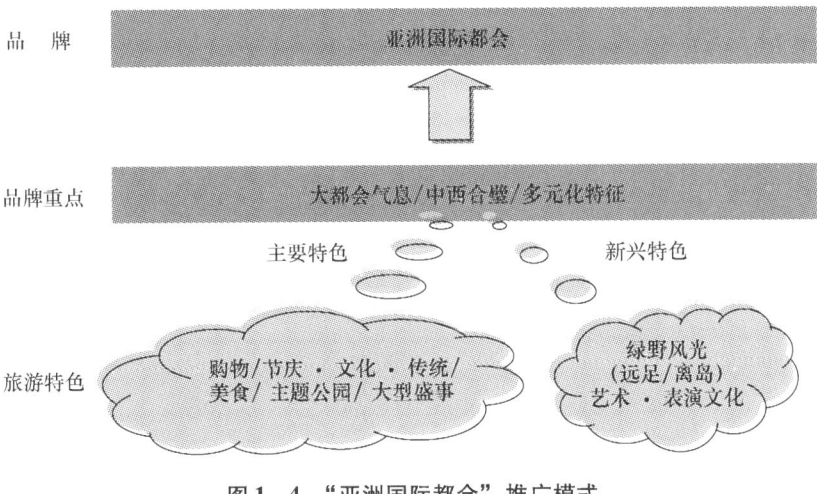

图1-4 "亚洲国际都会"推广模式

(2) 旅发局将通过增加商业赞助，为其大型活动注入新元素。例如，于2011年11～12月的"香港缤纷冬日节"期间将设立一个"缤纷冬日天地"。此外，也会以不同主题，积极推广由其他机构举办、具有旅游吸引力的大型节目，包括获盛事基金资助举行的节目，以迎合不同市场和客群的口味和兴趣。有关宣传包括：

a. 艺术及娱乐节目推广（2～4月）——这项推广是特别针对内地、中国台湾及部分长途市场旅客对本港艺术文化的浓厚兴趣。重点推广节目包括香港艺术节、香港国际电影节及无伴奏合唱节。

b. 体育盛事推广（2～4月）——以体育盛事为主题，加强推广深受日本旅客欢迎的香港马拉松比赛，以及极受英国、澳洲及新西兰旅客爱戴的香港七人橄榄球赛。

c. 中秋彩灯庆全城（9月）——这项推广主要以长途市场旅客为对象，重点推广中秋节这传统节日期间的庆祝活动，例如著名的大坑舞火龙及各区的中秋彩灯会。

3. 多个已经完成、进行中或计划中的城市旅游化升级改造项目实施，强化香港旅游实力

(1) 赤柱海滨改善工程（已完成）：赤柱是香港最受欢迎的旅游景点之一。为进一步提升赤柱的吸引力，并让本地和访港旅客有更丰富的旅游体验，我们进行了赤柱海滨改善工程，包括在美利楼对开位置兴建公众码头并于码头重置旧卜公码头的盖顶，扩阔赤柱大街及建造新海堤，重铺行人径和行车路，改善照明和

街道设施，美化水仙古庙及八间屋一带的公众用地和绿化环境等。

（2）香港湿地公园（已完成）：位于天水围的香港湿地公园是香港首个主要绿色旅游设施。该公园于2006年5月对公众开放，给予大自然爱好者一个在宽阔及天然的环境下欣赏香港大自然文化的机会。湿地公园由渔农自然护理署管理和营运。

（3）孙中山史迹径改善工程（已完成）：孙中山史迹径建于1996年，沿途展示了孙中山先生居港时期的历史事迹。修缮工程范围包括增设附主题设计的栏杆及标柱，并竖设更多历史资料板，以方便旅客从纪念馆沿史迹径游览。

（4）尖沙咀海滨长廊美化计划（已完成）：尖沙咀海滨长廊美化计划使梳士巴利道以南海滨一带焕然一新，其涵盖范围包括香港文化中心和香港艺术馆海旁的露天地方，沿尖东海滨长廊一直伸展至国际邮件中心。主要工程包括提升园景及建筑设计，重新设计街道照明，以及把部分空地辟作休憩公园、户外活动及表演场地和露天茶座。

（5）改善地区旅客指示标志计划（发展中）：自2001年起，改善地区旅客指示标志计划于全港十八区内分阶段进行，主要目的是提供一套具连贯性及容易辨认的旅客指示标志系统，令旅客在各区游览时更感方便。

（6）海洋公园重新发展计划（发展中）：重新发展工程已经展开并于2012年前分阶段完成。新景点将于不同的阶段推出包括新景点"七彩升空嘉年华"、全球首个户内外兼容的展馆"亚洲动物天地"展示多种亚洲动物、连接高峰乐园及海滨乐园的"海洋列车"、设施包括一座亚洲最大规模之一的水族馆及一所海底餐厅"梦幻水都"。

（7）香港仔旅游发展项目（发展中）：香港仔是香港的著名旅游景点。该发展项目概念设计，目的是令该旅游项目可进一步凸显香港仔独有的"传统渔港"及本土文化特色，并加强多元化旅游的元素，以提升香港仔对海外旅客及本地居民的吸引力。

（8）尖沙咀发展露天广场（发展中）：将露天广场的设计融合活化尖沙咀码头的项目，令整个码头及对开的露天广场成为一个旅游汇点和新地标。

二、滨海单一城市旅游化改造案例

（一）海上花园——厦门

1. 厦门旅游资源及其环境的优势度分析

厦门位于我国东南沿海，属南亚热带季风型湿润气候；与泉州、漳州构成闽南金三角地带；东南面隔水与大小金门为邻，与台湾一衣带水，是海峡西岸经济区的重要中心城市。厦门是副省级城市、计划单列市以及国务院批准的经济特区，荣获国家人居环境城市、国家卫生城市、国家园林城市、国家环保模范城市、中国优秀旅游城市、国际花园城市和首批全国文明城市等称号，获"联合国人居奖"，有"海上花园"、"中国最温馨的城市"之美誉。2005年，全市生产总值达到1029亿元，城镇居民人均可支配收入为16403元。

按照《厦门市旅游发展总体规划》，厦门拥有旅游资源基本类型58种，其中自然旅游资源18种，人文旅游资源40种；拥有旅游资源单体总数256处，其中自然资源66处，人文资源190处，是福建省旅游资源最富集的地区。

2. 旅游发展方向选择

发挥厦门的区位优势、环境优势和人文优势，合理开发旅游资源，做强做大厦金、厦台旅游，加强区域旅游协作，加快完善旅游产业体系，全面提升旅游产业素质，实现旅游业又快又好发展，推动厦门市由单一的观光型城市向集会展商务与休闲度假为一体的旅游强市转变，推动厦门市由单一的旅游目的地城市向区域性、国际型旅游目的地和旅游口岸城市的转变，把旅游业发展成为厦门市支柱产业，努力使厦门成为中国最佳旅游城市、国内一流、国际知名的旅游中心城市和海峡两岸旅游互动的热点口岸城市。

3. 空间布局

厦门市旅游产业发展总体布局为"一心二带三片区"。

（1）"一心"。重点发展以鼓浪屿—万石山国家级风景名胜区为主体的厦门本岛旅游中心城区，发展和丰富城市旅游产品系列，完善旅游设施，增强厦门本岛（中心旅游城区）的综合服务和旅游集散功能。

（2）"两带"。构筑东部环岛路—五缘湾—大嶝岛—同安湾—杏林湾—马銮湾等蓝色旅游休闲带，重点开发滨海、海湾、海岛、海域等旅游资源，形成以海为特色的系列产品；构筑天竺山—越尾山—莲花山—北辰山—大帽山—香山等绿色生态旅游带，大力发展观光、生态、休闲等旅游产品，逐步形成环城游憩带。把"蓝色"滨海休闲旅游带和"绿色"山体生态旅游带交织起来，把蓝色的海和绿色的山贯穿于城市旅游之中。

（3）"三片区"。基本形成三大旅游功能片区：以海沧区及周边海域等为主的康体健身、休闲度假旅游片区；以翔安区为主的战地观光、对台贸易旅游片区；以集美区、同安区为主的侨乡文教、生态休闲旅游片区。

4. 重点区域与功能定位

（1）城市旅游中心城区。旅游中心城区涵盖厦门本岛（包括思明区和湖里区）以及鼓浪屿。进一步打响鼓浪屿—万石山旅游"王牌"，建设全市"龙头"精品景区。思明区为都市旅游核心区、商务会展旅游的中心区、大众旅游最活跃的区域。要不断增强其旅游综合服务和旅游集散功能，重点开发环岛路旅游休闲带、鹭江道观光线、筼筜湖城市休闲区和文曾路—东坪山休闲片区。湖里区为城市购物、生态休闲的后续区域，重点开发五缘湾至五通滨海旅游带、江头—SM广场城市休闲商业带以及仙岳山和狐尾山公园等。

（2）康体健身、休闲度假旅游片区。以海沧区及其周边海域为主。主要发展康体健身、休闲度假旅游，重点开发新城滨海休闲旅游区、闽南文化旅游区、新阳民居民俗文化旅游区、日月谷温泉度假区、天竺山森林生态旅游区、海沧大桥娱乐休闲旅游区。

（3）战地观光、对台贸易旅游片区。包括翔安区及其周边海域。主要发展涉台旅游产品和战地观光旅游产品，重点开发大嶝岛等英雄三岛、对台小额贸易区、马巷—新店闽南文化艺术走廊、大帽山、曾溪水库生态休闲旅游区。

表1-4 厦门旅游功能分区

中心/片区	行政区	功能区	重点开发区域
城市旅游中心	思明区	都市旅游核心区、商务会展旅游的中心区、大众旅游最活跃区域	鼓浪屿—万石山国家级风景名胜区、环岛路旅游休闲带、鹭江道观光线、筼筜湖城市休闲区和文曾路东坪山休闲度假区
	湖里区	城市购物旅游的重要区域、城市生态休闲发展后续区域	江头—SM广场城市休闲商业带、钟宅至五通滨海旅游带、仙岳山和狐尾山公园、东渡国际游轮码头
康体健身、休闲度假旅游片区	海沧区	新兴时尚休闲地	新滨海休闲旅游区、闽南文化旅游区、新阳民居民俗文化旅游区、天竺山森林生态旅游区、海沧大桥娱乐休闲旅游区
战地观光、对台贸易旅游片区	翔安区	对台对金旅游地、旅游发展后续区域	英雄三岛、马巷至新店闽南文化艺术走廊、曾溪水库生态旅游区
侨乡文教与生态休闲旅游区	集美区	园博园休闲假区、厦门文化旅游重点区域	中州岛生态滨水旅游区与温泉度假区、集美学村侨乡文化旅游区
	同安区	厦门的绿色后花园，生态休闲旅游重点区域	以大同为中心的宗教历史文化旅游区、北辰山森林水库休闲度假区、西北部生态旅游区、汀溪水库温泉度假区

资料来源：《厦门市旅游业"十一五"发展规划》2007年。

（4）侨乡文教、生态休闲旅游片区。包括集美区和同安区。集美区重点发展园艺博览、休闲度假、学村文化、侨乡文化旅游产品。重点开发中洲岛中国国际园林花卉博览园，发展园艺旅游、滨海度假和休闲运动等产品；丰富和提升集美学村、侨乡文化旅游产品。同安区为厦门及闽南三角区的绿色后花园，主要发展农业休闲、生态旅游等产品，重点开发莲花山、北辰山、汀溪森林水体休闲度假旅游区域、竹坝农场现代农业及南亚风情旅游区。

（二）热带天堂——三亚

1. 三亚旅游资源及其环境的优势度分析

三亚位于海南岛的最南端。它是海南省南部的中心城市和交通通信枢纽；是我国东南沿海对外开放黄金海岸线上最南端的对外贸易重要口岸。三亚资源种类丰富，自然旅游资源与人文旅游资源相互交融。生态保护良好，环境品质极佳，气候资源得天独厚。三亚旅游资源分布较广，空间分布相对较为集中。旅游资源品位极高，旅游开发潜力巨大，拥有包括天涯海角风景区、亚龙湾国家旅游度假区、鹿回头山顶公园、天涯海角国际婚庆节在内的五级旅游资源13个，包括凤凰岛、亚龙湾红峡谷高尔夫国际俱乐部、南山长寿文化节、2008年北京奥运会国内火炬传递的第一站、中国金鸡百花电影节在内的四级旅游资源33个。

2. 发展方向

通过全面推进三亚现代旅游业国际化，加快三亚旅游由国内一流向亚洲一流、由亚洲一流向国际一流的转型步伐，最终建成：集"一港二地"的国际性滨海旅游城市。在国际旅游岛框架下，依托海南"国际旅游岛"的特殊政策优势，对传统旅游业发展机制一定程度的突破，形成人员自由进出、货物自由通关、货币自由兑换、免税品自由购买、旅游项目自由落户、资本自由运作、人才自由引进、国际旅游规则自由对接等与国际全面接轨的国际旅游自由港。

3. 空间布局

三亚市域旅游空间结构为"一带、一核、两区、四组团"。

一带：热带滨海旅游发展带，即海棠湾—梅山—线海岸带；

一核：城市旅游综合服务核；

两区之一：北部生态保育与山地休闲度假旅游发展区；

两区之二：南部海洋旅游发展区；

四组团：海棠湾—南田温泉—亚龙湾国际休闲度假组团；城市休闲度假组团；大天涯旅游组团、泛南山文化旅游组团。

4. 旅游功能分区

（1）热带滨海旅游发展带。以目前海岸带发展现状为基础，整合各海湾周边资源，形成四大组团：海棠湾—南田温泉—亚龙湾国际休闲度假组团；城市休闲度假组团；大天涯旅游组团；泛南山文化旅游组团。并形成以"天涯海角"为中心，向东打造"椰树海岸"，体现三亚滨海特色风情；向西打造"凤凰海岸",体现三亚的凤凰文化、历史文化、宗教文化等丰富的地方文化特色,结合海湾发展方向及海岸区域特质和已有发展状况,形成特色海湾及若干特色海岸,构成三亚度假旅游的"金腰带"。

(2)城市旅游综合服务区。该板块是三亚旅游的核心和重点,属整体优先发展区域。近期重点发展三亚中心城区和沿海一线,借助国际旅游自由港建设,连接三亚东西部度假旅游大动脉;优先拓展中心城区——田独镇,中心城区——凤凰镇两条东西连接轴线,优先发展港口建设、旧城改造与以免税商店、大型购物场所为核心的商贸业。

(3)北部生态保育与山地休闲度假旅游发展区。近期重点发展沿腹地公路的中心城区—南岛农场轴线、崖城镇—育才镇轴线,启动三亚—保亭—五指山山乡生态休闲度假旅游大动脉的旅游综合服务建设,其他两条轴线逐步推进。强化乡村旅游,以景区、度假区的周边村镇与国营农场为基础。

(4)南部海洋旅游发展区。近期重点推进国际邮轮停泊港的建设与"一程多站"的邮轮旅游产品的发展,增加新航线,成为国际邮轮停靠港,三亚海上旅游客运中心,远期酌情考虑扩大接待规模。争取开通三亚始发的西沙群岛海上旅游航线,积极参与西沙群岛旅游综合服务建设。深度开发潜水、冲浪、帆船、海底观光等海洋旅游产品,积极鼓励发展私人游艇,加快建设游艇码头,建立游艇俱乐部,建设中国一流的"游艇基地"。开拓海上休闲观光及旅游客运航线,拓展国际邮轮三亚游的海上航线。

(三)"泰美丽"——芭堤雅

位于泰国首都曼谷东南154千米处的春武里府的海滨度假城市芭堤雅,风光旖旎,气候宜人,以阳光、沙滩、海鲜名扬天下,是世界著名的新兴海滨旅游度假胜地,也是泰国旅游业的重要支柱之一。

20世纪60年代,芭堤雅还只是泰国湾东岸的一个小小渔村。1961年,泰国政府发现这里月牙似的海滨有其得天独厚的旅游条件,便拨出专款并鼓励国内外企业投资开发,芭堤雅由此被划为特区。从此,默默无闻的芭堤雅飞速发展,并迅速成为泰国最著名的海滩度假胜地和东海岸的一颗璀璨明珠,被誉为"东方夏威夷"。

芭堤雅有2500千米的海岸线,海滩滩长、沙细、水清,令人神往。同时,芭堤雅还有许多娱乐场所(如射击、赛车、骑马、射箭、网球等)供人们玩乐;距芭堤雅最近的Larn岛风光迷人,各种刺激水上运动应有尽有,还成为影视作品《杜拉拉升职记》的拍摄地。BangSaen海滩人口附近的素坤逸路上有广受欢迎的农贸市场。

芭堤雅的大象村是芭堤雅最大的大象训练学校,在这里可以观看大象展示各种各样的技巧表演；东芭乐园里上演着惊心动魄的鳄鱼表演；芬尼斯剧院里有着最惊艳的人妖歌舞秀。这些东南亚异域风情吸引了全世界各国的旅游者前往。

芭堤雅有豪华的度假酒店，完善的配套设施。芭堤雅市区遍布不同类型的大型度假酒店及小型度假村落，各具特色和风格。大型的全球连锁超市 7 - Eleven 遍布芭堤雅各区域，提供给游客所有生活的必需品，而特色裁缝店为游客量身定做各式风格的成衣。不论游客留在岛上度假的时间长或短，方便的购物及服务体系，都会让游客度假无忧。

三、滨海城市群组旅游化改造案例

从全球框架上看，以"大都市"与"城市群"为中心的都市化进程（Metropolitanization Advancement）构成了推动当今人类发展的核心机制与主要力量。城市群是人类城市发展到成熟阶段出现的最高空间组织形式，如以纽约为首位城市的"波士沃施"（Bos Wash）城市群，以巴黎为中心的欧洲西北部城市群，由美国的芝加哥、底特律、克利夫兰、匹兹堡与加拿大的多伦多和蒙特利尔等构成的北美五大湖城市群，以东京为中心的日本太平洋沿岸城市群，以伦敦—利物浦为轴线形成的英国伦敦城市群，借助优越的地理环境、雄厚的经济实力、完善的服务体系，它们吸引与集聚了全球范围内最优质的人力资本、经济资本和文化资本，不仅是一个国家或地区经济发展与综合竞争力的最高代表，同时对全球的政治、经济、社会、科技与文化也具有举足轻重的影响。

从国家层面上看，"城市群"的概念与战略在《中央关于十一五规划的建议》中首次出台，一方面，要求已经比较成熟的珠江三角洲、长江三角洲、环渤海地区"继续发挥对内地经济发展的带动和辐射作用，加强区域内城市的分工协作和优势互补，增强城市群的整体竞争力"；另一方面，特别明确要在"有条件的区域，以特大城市和大城市为龙头，通过统筹规划，形成若干用地少、就业多、要素集聚能力强、人口合理分布的新城市群"。中国城市群战略的正式提出与实施，终结了 1989 年制定的"严格控制大城市规模，合理发展中等城市，积极发展小城市"的城市发展方针（俗称三句话方针），也是对 21 世纪以来中国逐渐融入全球性的都市化进程的理论自觉与政策回应，为中国城市群的培育和发展奠定了整体与宏观的战略框架。

相关研究表示，目前在国内具有一定规模的城市群已达 15 个，依次是：长三角城市群、珠三角城市群、京津冀城市群、半岛城市群、辽中南城市群、海峡西岸城市群、中原城市群、徐州城市群、武汉城市群、成渝城市群、长株潭城市群、哈尔滨城市群、关中城市群、长春城市群、合肥城市群。相关研究报告预测，至 2030 年中国将建成 20 个城市群。特别是在 2005 年《中央关于十一五规划的建议》发布之后,城市群的研究、规划与建设更是日新月异、一日千里,如成渝、长株潭两个"国家综合配套改革试验区"的设立,武汉城市圈与中原城市群的相互比拼,都表明了城市群战略向中西部纵深发展的新趋势。

(一)环渤海旅游名城——青岛

环渤海旅游区以北京为区域核心,包括北京、天津、山东、河北、辽宁5省市。

1. 青岛旅游资源及其环境的优势度分析

青岛依山傍海,风景秀丽,山海城浑然一体,加上特殊的历史积淀,使青岛早在20世纪初期就成为中国著名的旅游胜地,1998年被命名为中国首批优秀旅游城市。湾、岬、岛互相辉映的海滨风景线,起伏跌宕的海上仙山——崂山,红瓦绿树、碧海青山的城市风景,具有典型欧陆风情的"万国建筑",浓缩近现代历史的文化名人故居和现代化的度假、会展条件,使青岛这座中西合璧、山海城相融相拥的城市,成为中国最优美的海滨风景带和海内外著名的旅游度假、休闲观光和商务会展目的地。2007年,青岛成为中国唯一入选世界最美丽海湾的城市。

2. 旅游发展方向选择

坚持严格保护、合理开发、依法管理、永续利用的原则,以海滨风光、崂山名胜、历史名城、休闲度假为主题,统一规划、合理配置和有序开发旅游资源,坚持高起点、高品位、有特色、出精品,使青岛市旅游资源优势转化为产品优势、产业优势和市场优势,旅游城市形象和特色更加突出。

3. 空间布局

以沿海海滨带为主体,以滨海城市组团、旅游景区、度假区为重点,延伸辐射陆域纵深和近岸海域,促进资源的优化配置和有机整合,构成"一线、两翼为重点,城、海、山、陆联系互动"的总体发展格局。

一线:即滨海公路沿线,是青岛旅游业主要的发展空间和产业集聚带。依托青岛滨海公路,旅游开发由东部主城和西部辅城海滨带向胶州湾及东西两翼延伸扩展,建设一流的滨海旅游带。

两翼:即胶州湾东西两翼滨海地区,是青岛旅游资源的富集区,可进入性和资源品位特色突出,有良好的市场前景和开发潜力,具备近期开发的条件,是青岛旅游开发的重点和主体。

东翼自青岛主城区至即墨与烟台交界处,包括青岛主城区、崂山风景区、即墨市滨海及相邻陆域旅游区。

西翼自黄岛区至胶南琅琊台以西的胶南与日照交界处,由东向西沿西部辅城海岸带、凤凰岛度假区、胶南沿海及相邻陆域旅游区。

4. 重点区域与功能定位

（1）城区滨海旅游区。本区范围为团岛至浮山湾，自西向东由欧陆建筑风貌特色的老城区、东部现代化新城区及海滨风光带构成。老城区以教堂文化广场和汇泉广场为中心，以城、海、山风貌和欧陆建筑文化风情为背景，以海滨休闲、旅游观光、文化娱乐、休闲购物、海上旅游为主要特色；新城区以五四广场和浮山湾国际帆船中心为中心，以现代城市风貌为背景，以奥运帆船运动、国际邮轮、现代城市风光、休闲购物、海上旅游为主要特色。

（2）崂山风景名胜区。修编崂山风景名胜区总体规划，以山海风光、道教文化、生态民俗为主题，坚持生态型、高品位、出精品，形成以巨峰为中心，辐射带动周边景区发展的新格局；全面优化自然生态环境，保护整合山林生态、植被和风貌；进一步完善景区道路设施，修复开放一批文物景点，进一步开发道教文化资源；开展崂山特色旅游文化活动，从自然景观和文化内涵上提升崂山旅游的品位。

（3）石老人旅游度假区。海滨地带重点规划建设极地海洋世界、石老人旅游休闲区、现代艺术中心、中高档度假酒店、发展海滨、山地运动和休闲观光；保护浮山和午山山体地质地貌和森林植被，丰富山林生态景观，建设浮山山林公园和午山山林休闲区；国际啤酒城改造，兼顾节庆活动和常年经营，突出国际啤酒特色，形成大型旅游休闲综合体；扩建和完善国际会展中心，建设商务酒店、国际会议中心、旅游集散中心，完善度假区停车和旅游服务功能。使本区成为集观光、度假、节庆、会展、体育、博览于一体的综合功能城市旅游度假区。

（4）琅琊台风景名胜区。严格保护与整合文物资源和自然风貌，改善林相结构，完善基础设施与旅游服务设施，充实主景区秦汉文化内容，提高琅琊文化陈列馆的文化含量和品位，增加游客参与性旅游活动；开发秦代造船、航海遗址和徐福东渡纪念文化活动；建设鸭岛、沐官岛陆岛交通码头，开发斋堂岛、沐官岛民俗风情旅游区和渔村风土人情旅游，改善岛上卫生条件，建设岛上观光游览路及景观景点，发展渔村家庭度假与特色餐饮，发展海岛垂钓和游客参与的海上渔业生产、养殖、捕捞活动。

（二）泛珠三角旅游名城——珠海

泛珠三角旅游区以广东为区域核心，包括广东、福建、广西、海南4省区。

1. 珠海旅游资源及其环境的优势度分析

珠海地域文化（岭南文化与海外文化的碰撞而形成的板块组合式文化特质：传统承继和开放吸纳）与近现代制度文化（特殊区位和特区性质形成的特质文化：紧邻两个特别行政区，特区城市，背依珠三角经济开放区）是具有世界级地位的旅游资源。

城市旅游资源（特区城市的建设成就）以岛（146个）、海为主，平原滩涂与丘陵山地及珠江口门（八大口门占有4个）相互结合的景观风貌是国家级的旅游资源。

良好的环境和舒适的气候，海洋温泉（御温泉本质上也属于海洋温泉），珠江口的岭南水乡乡村景观（斗门区）是具有珠三角地区比较优势的旅游资源。

2. 旅游发展方向选择

珠海旅游发展方向的选择，既要考虑其优势旅游资源和环境，同时也要考虑资源转化为产品的市场潜力与综合效益；还要考虑其特殊区位和市场条件下的现代人文旅游产品开发以及资源组合式的产品开发。此外，珠海旅游核心客源市场的定位和市场发育阶段的分析预测更是重要的导向性因素。由此确定规划期内珠海旅游发展（温泉、高尔夫、3S、海钓等）休闲度假旅游、都市观光旅游、商务会展旅游、（海洋海岛）生态旅游四大主导旅游产品。

3. 空间布局

根据珠海国土的空间结构特点，旅游资源分布与城市产业布局，规划将珠海旅游的空间结构确定为"一核（横琴岛）两翼（西翼的温泉高尔夫休闲度假，东翼的历史文化与都市旅游）一扇面（东南部的海洋海岛）一条旅游轴带"。

（1）打造一个旅游增长核——横琴。把横琴作为珠海未来旅游发展的增长核是基于以下考虑：

a. 通过ELMS分析，珠海旅游发展的最大优势是区位和市场。在珠海市域内，从旅游项目的用地条件、开发成本、可进入性，以及周边环境分析，最适宜开发大规模旅游项目的地区是与珠海一河之隔的横琴岛。

b. 从旅游产品的需求层次分析，规划期内珠海的主导产品应是现代文化游乐和休闲度假，而休闲度假的资源和环境条件是遍在性的；现代文化游乐在珠海的横琴岛是具有比较优势的。

c. 横琴土地资源存量丰富，且与澳门之间已建成莲花大桥并设立了通关口岸，是承接未来澳门产业拓展（尤其是其优势产业）的最佳空间，发展潜力不言而喻。

（2）构建三大类型主题旅游功能区。

a. 珠海城市文化游乐旅游区（中心城区）。

b. 西部温泉高尔夫为主的现代休闲旅游区。

c. 东南部海洋（运动游乐）生态休闲旅游区（万山群岛海域）。

（3）重塑滨海都市休闲旅游带。将城市整体风貌、标志性建筑、代表性区域和地段作为现代都市旅游吸引物,以情侣路为纽带,北至唐家,南至横琴,重点推出提升现代珠海城市品位的大型文化和商业设施,如艺术剧院、科技博物馆、现代购物区、时尚艺术社区等,推动城市游憩商业区呈带状发展。

(4)培育特色旅游城(村)镇体系。一个一级旅游中心区——珠海中心城区,是全市的旅游客流集散中心和具有旅游游览功能的旅游中心城市。

两个二级旅游中心区——海泉湾温泉旅游度假城、横琴岛现代文化游乐旅游区,将作为珠海两个旅游生长极和重要的旅游接待基地。

七个特色旅游城镇——历史文化旅游城镇(斗门镇、唐家湾镇)、南海(渔村)民俗旅游城镇(横琴镇)、休闲度假与接待服务型旅游城镇(白蕉镇)、岭南水乡(景观)民俗旅游村镇(莲溪镇)、南海渔岛(渔家风情)特色旅游城镇(万山镇)、珠海海洋旅游服务基地城镇(桂山镇)。

(5)建设多条旅游快速通道与旅游观光带。建设东西向从淇澳经中心城区(靠山)到横琴,再到御温泉、黄杨山、海泉湾的陆路旅游快速通道和水路从珠海到香港的旅游快速通道。

规划从淇澳到唐家湾、中心城区、横琴岛的沿海观光旅游带,港珠澳大桥三地观光旅游线路,从中心城区沿水路绕澳门、横琴溯江而上到广州的水上旅游线路,以及从中心城区经水路环澳门再到香港大屿山的水上观光旅游线路。

4. 重点区域与功能定位

(1)北部都市文化休闲旅游区,包括珠海市中心城区为主,包括拱北、吉大、香洲、唐家湾、淇澳岛。都市观光购物、商务会议为主,娱乐、休闲、度假为辅的旅游功能区,城市旅游客流集散中心和旅游接待服务基地。将城市整体风貌、标志性建筑、代表性区域和地段作为现代都市旅游吸引物,重点推出具有珠海特区特色的都市建筑景观风貌区、现代休闲游憩购物区、城市公园与绿地、新型社区等典型区域,推动城市游憩商业区(RBD)的发展。结合现状历史文化资源的保护,强化城市近现代历史文化和现代制度文化旅游产品的开发,创新提升和传统旅游产品,策划新型旅游休闲和娱乐项目,完善旅游服务配套体系。针对不同的细分市场,重点开发一日游都市观光系列产品。

(2)中部现代文化游乐旅游区,包括珠海市南屏镇和横琴。承接澳门旅游功能的拓展空间,港澳和内地旅游合作开发的先导区域,珠海城市的郊野休闲游憩地。充分发挥口岸功能,以良好的自然环境和人文积淀为基础,通过合作开发或世界知名品牌的引进,开发大型主题公园、生态休闲度假、商务会议等项目,体现中外"乐"文化主题,成为珠海市旅游发展新的增长极。

(3)西部康体休闲度假旅游区,包括珠海市西部金湾区、斗门区部分。温泉—高尔夫休闲度假为主体,会展、产业观光游览和乡村旅游为辅的旅游功能区，珠海旅游接待服务辅助基地。通过旅游服务配套设施建设、休闲度假环境营造，打造珠海温泉—高尔夫旅游为核心的品牌形象和产品系列，同时开发生态文化旅游和乡村旅游产品，拓展会展活动和项目。

（4）东部海洋生态休闲旅游区，包括中心城区以东、整个万山海洋海岛区域。以海岛休闲度假和生态旅游为主，游艇、海钓、民俗旅游、科考修学等专项旅游为辅的海洋生态休闲旅游胜地。严格保护海岛自然环境和旅游资源，近期重点开发东澳、大万山的休闲度假，远期开发桂山渔家民俗旅游和内伶仃、外伶仃两岛的生态休闲旅游。同时，加强与香港特区的协作，合作开发专项特色旅游项目。

表1-5 珠海旅游功能分区

序号	旅游功能区	功能组团
1	都市文化休闲旅游区	香洲都市休闲旅游区
		唐家历史文化休闲旅游区
		淇澳岛生态文化旅游区
2	现代文化娱乐旅游区	南湾城郊休闲旅游区
		横琴北部旅游合作开发
		横琴南部滨海休闲旅游区
3	康体休闲度假旅游区	平沙温泉度假旅游区
		金湾会展旅游区
		斗门康体休闲旅游区
		斗门水乡风情旅游区
		莲溪休闲农业旅游区
4	海洋生态休闲旅游区	东澳—万山休闲度假旅游区
		桂山文化观光休闲旅游区
		外伶仃娱乐度假旅游区
		担杆海岛生态休闲旅游区
5	滨海都市休闲旅游带	北起情侣北路，南至拱北、湾仔、横琴南

资料来源：《珠海市旅游发展规划（摘要）》。

5. 小结

通过以上案例的分析可见，从气候、环境、资源和发展趋势来看，海口具有成为国内外知名的海滨旅游名城的前景；从景观要素角度讲，海口不仅拥有沙滩（Sand）、大海（Sea）、阳光（Sun）较好的"3S"自然景观要素，还拥有历史人文、商业、娱乐设施的社会生活要素。海口应依托城市功能完善、配套齐全的优势，建设和完善相应的旅游系统，大力发展自然和人文旅游产品，促使自然景观与人文景观的情趣与品位相融，终而成为海口旅游的重要名片。

第二章　北部湾中国沿岸历史变迁与城市沿革

第一节　古代北部湾及周边地区的变迁

一、地理位置及名称沿革

北部湾位于我国南海西北部，处于北纬 17°～21°30′，东经 105°40′～109°50′，是三面陆地环绕的大海湾，毗邻中越两国的大陆架水域，东起广东雷州半岛、琼州海峡，东南为海南岛；北边是中国广西壮族自治区大陆沿海岸；西至越南陆地沿岸；南面紧接我国南海及越南南部海一部分。根据 1964 年中越两国调查材料。全湾面积为 1.28 方平方公里。湾内海底地形平坦，自西北向东南倾斜，倾斜度一般在二度左右，水深一般为 20～60 米，平均水深度为 38 米，近湾口处，少数地方水深增到 100 米，属于浅海半封闭性大陆海域。

北部湾连同我国南海，在汉代统称为涨海，宋代称北部湾为交洋。19 世纪 80 年代后，越南沦为法国的殖民地，法国殖民者将它改为东京湾。其实，东京湾原是指越南海防港这一带海湾而言的，法国殖民者为了扩占北部湾这个广大的海域，改用此名。由于中国革命的胜利，越南的独立，驱除了殖民者的势力和影响，20 世纪 50 年代中期，改名为北部湾，因为它位于我国南海的北部，以它的方位来命名，这是恰当的。

本书所讨论的北部湾主要包括我国境内的广西南部，广东雷州半岛西部、海南岛西岸，不含越南北部的相关地域范围；按城市来划分，也即广西壮族自治区的南宁市、北海市、钦州市、防城港市；广东省湛江市和海南省。此外，周边辐射地区包括广西壮族自治区的玉林市、崇左市。

二、建置变迁概述

今北部湾地区远在5000~6000年前的新石器时代中晚期（约夏、商之间）就已有人类居住。春秋战国时期，今北部湾地区属于百越之地。秦始皇三十三年（公元前214年），秦始皇统一岭南，在今广东、广西及其以南地区设置桂林郡、象郡、南海郡3个郡，今南宁市属桂林郡，玉林市属象郡和桂林郡，北海市、钦州市、防城港市、湛江市属于象郡，今海南省在象郡的外徼。西汉元鼎六年（前111年），汉武帝派遣伏波将军路博德等讨战吕嘉，平定南越。西汉元封元年（前110年），设立南海郡、苍梧郡、郁林郡、合浦郡、交趾郡、九真郡、日南郡、珠崖郡、儋耳郡9个郡，隶属交州刺史。今南宁市属于郁林郡，北海市、防城港市、钦州市、湛江市属于合浦郡，今海南省境内属于珠崖郡和儋耳郡2个郡。三国时期，今广西属吴国。东晋大兴元年（318年）从郁林郡析出晋兴郡，今南宁市属于晋兴郡。

隋朝，今南宁市、崇左市、玉林市属郁林郡，北海市、防城港市、钦州市属于合浦郡。唐朝，今广西初属岭南道，后属岭南西道，南宁市、崇左市属邕州，玉林市属容州，北海市、钦州市、防城港市属廉州；今湛江市、海南省属岭南西道，湛江市属雷州，海南省分属崖州、儋州、琼州、振州、万安州。在五代十国，今广西、湛江市、海南省均属南汉。宋朝，今广西、湛江市、海南省均属广南西路；元初均属湖广行中书省，元末今广西、海南属广西行中书省。明代，今南宁市、崇左市、玉林市属广西布政使司，北海市、钦州市、防城港市、湛江市、海南市属广东布政使司。清代，今南宁市、崇左市、玉林市属广西，北海市、钦州市、防城港市、湛江市、海南省属广东，民国时期承袭清制。

解放后，南宁市于1950年为省辖市，是广西省会驻地。玉林市先后属容县专区、玉林专区、玉林地区。崇左市先后属于龙州专区、崇左专区、南宁专区、南宁地区。北海市、钦州市、防城港市1950年属广东的钦廉专区，1951年5月由广西代管，次年正式归广西，1955年复归广东，1965年划属广西壮族自治区。1983年北海市升为地级市。1993年撤销防城港区和防城各族自治县，成立地级防城港市。1994年撤销钦州地区，设立地级钦州市。1997年，撤销玉林地区，设地级玉林市。2002年，撤销南宁地区，设立地级崇左市。1983年，湛江市改为省辖市。1951年，海南属广东海南行政公署。1988年，成立海南省人民政府。

三、历史沿革

下面按城市即广西壮族自治区南宁市、北海市、钦州市、防城港市、广东省湛江市和海南省，以及周边的玉林市和崇左市来分别叙述古代北部湾及周边地区的历史沿革。

1. 南宁市

南宁，简称"邕"，是广西壮族自治区首府，位于广西西南部，与越南社会主义共和国相邻，是红豆的故乡，也是一座历史悠久的边陲古城，具有深厚的文化积淀。从东晋大兴元年（318年）建置至2011年，已有1693年历史。历来是岭南边陲重镇，解放后成为广西壮族自治区的首府和政治、经济、文化中心。

越族分支繁多，史称"百越"，其中西瓯和骆越两个支系，就是南宁壮族的先民。始皇帝二十三年（公元前214年）置桂林郡、象郡。南宁属桂林郡辖地。汉高帝元年（公元前206年），赵佗建立南越国，南宁为其辖地。西汉隶属郁林郡领方县。三国时为吴辖地，隶属郁林郡临浦县（临浦县为领方县改称）管辖，一直延续到西晋。

史载，晋兴为南宁行政建置之始，也是南宁的第一个地名。起于东晋大兴元年（318年），止于隋朝开皇十八年（598年），沿用280年。东晋时，晋元帝大兴元年（318年），从郁林郡分出晋兴郡，下辖晋兴等4个县，南宁为广州晋兴郡晋兴县，晋兴郡治设在晋兴县城，即今南宁。这是南宁第一次成为既是县级又是郡级治所。在晋兴的历史沿用里，晋兴郡、晋兴县两者时而并存，时而废郡留县，郡、县并存时间长。治所都在晋兴（南宁）城。东晋、南朝和隋初的晋兴县是个大县，纵横最大距离约140千米，范围包括今南宁市城区、郊区和邕宁、武鸣、隆安、扶绥等县，面积约1.49万平方公里。

南朝时，宋、齐、梁、陈4个王朝先后更替，南宁隶属郡县均与东晋相同。隋统一天下后，据《隋书志》记载，隋开皇十八年（598年），改晋兴县为宣化县，为宣化县得名伊始，南宁为宣化县治所，归郁林郡统辖。与此同时，也把简州改称为缘州，宣化县隶属缘州。大业二年（606年）废缘州，把宣化县改隶属郁林郡（治所今贵港市）。宣化县的范围仍承袭南朝，包括今南宁市城区、郊区和邕宁县、武鸣县、隆安县和扶绥县北部等境域，治所宣化城（今南宁城）。

唐武德四年（921年）以宣化县地设南晋州，领宣化一县。武德五年（622年），宣化县分为宣化、武缘、朗宁、晋兴和横山5个县，隶属南晋州。贞观六年（公元632年），南晋州改称邕州，这是邕州得名之始。这些县为邕州领属。景云二年（711年），原属钦州的如和县（位于今邕宁县西南部的苏圩一带）划隶邕州管属。天宝元年（742年），改邕州为朗宁郡，由郡领县，把横山县（今邕宁县五塘一带地方）分出，隶属岭山郡（治所今横县境），把宣化、武缘、朗宁、晋兴和如和县隶属朗宁复为郡。乾元元年（758年）复为邕州，新置封陵县（位于今武鸣县）、思龙县（位于今隆安县），并撤销朗宁郡建制，由州领县。

邕州简称"邕。其由来唐《元和郡县志》记述为"因州西南邕溪水为名"。

咸通三年，岭南道分置东西二道，以广州为岭南东道，邕州为岭南西道，宣化城（今南宁城）为岭南西道治所，是相当于今省一级政权建置开始，至唐末结束，历史有45年。

五代南汉时，邕州领辖宣化、武缘、朗宁、晋兴、思龙、封陵、如和七县。邕州城为治所，也是建武军节度使驻地。

宋朝前期，承袭南汉的州县制，保留的县数和县名隶属邕州。开宝五年（972年），废朗宁县并入宣化县，废封陵县并入武缘县，废思龙县并入如和县，改晋兴县为乐昌县。大中祥符年间（1008~1016年）邕州下置永宁郡，领宣化、武缘、乐昌、如和县。此外，邕州还统领左右江、红水河和龙江一带的多个羁縻州、县、峒。景祐二年（1035年），如和县并入宣化县。皇祐三年（1051年），撤乐昌县并入武缘县。至宋末，隶属邕州永宁郡的县仅有宣化、武缘两县。

元朝的宣化县，继承宋朝领辖地域，范围为今南宁市城区、郊区、隆安县和扶绥县东南部，是个大县，治所今南宁城。至元十三年（1276年），宣化县隶属邕州安抚司。至元十六年（1279年），改邕州为邕州路，今南宁为路总管府治所，下辖宣化、武缘两县，并管左右两江溪峒。泰定元年（1324年）为庆边疆之绥服，寓南疆安宁之意，改邕州路为南宁路。南宁得名，即始于此。宣化县隶属南宁路。

2. 北海市

北海位于广西壮族自治区南端，濒临北部湾，是中国古代著名的"海上丝绸之路"的始发港。自秦汉建郡县至解放初，北海地域历属合浦县境，北海有独立建置之载籍之前，应以合浦县为依归。北海从西汉元鼎六年（公元前111年）建合浦郡、合浦县始，历属合浦郡、合浦县辖地。宋、元、明、清，先后是合浦县的三村乡、古里寨、靖海团。清康熙元年（1662年），设"北海镇标"，驻北海，北海地名始见于史籍。1984年5月，北海成为14个沿海开放城市之一。

合浦县地秦称百越或扬越。秦始皇三十三年（公元前214年）"南取百越之地""秦并天下，略定扬越，置桂林、象、南海三郡"，合浦隶属象郡。汉高帝元年（前206年），赵佗建立南越国，合浦为其辖地。西汉元鼎六年（公元前111年）灭南越国，置南海、苍梧、合浦、交趾、九真、日南七郡，郡下同时置县，隶交州。东汉建安八年（203年），合浦郡统有合浦、徐闻、高凉、临允、珠崖五县。北海属合浦郡合浦县地。三国时，合浦为吴辖地，北海市境先后属于珠官郡合浦县、合浦郡合浦县地。晋代至南朝，北海均属合浦县地。

隋开皇九年（589年）废合浦郡，置越州。大业元年（605年）改越州为禄州，大业三年（607年）复置合浦郡治合浦，隶扬州，统县十一，其中合浦、封山、龙苏三县均在合浦、浦北县境内。郡境含雷州半岛和玉林市。北海属合浦县地。

唐武德四年（621年），合浦郡更置越州，次年设交州总管府，不久改为都督府，统越州。贞观元年（627年）设岭南道经略使，统交州都督府。贞观八年（634年）改越州为廉州。调露元年（679年），改交州都督府为安南都护府。天宝元年（742年）复置合浦郡。乾元（758年）复为廉州，仍隶安南都护府。自贞观以来，州郡更置析并频繁，但北海属合浦县境不变。

后周显德七年（960年），改合浦县为媚川郡，北海先后属合浦县、媚川都辖地。宋开宝四年（971年），撤媚川郡，北海属合浦县境。太平兴国八年（983年），廉州更置为太平军，驻海门镇（今廉州镇），撤合浦县并入石康县，北海属太平军石康县辖境。咸平元年（998年），撤太平军，复置廉州和合浦郡，统合浦、石康二县，隶广南西路，廉州治海门。北海属合浦县境。元至元十五年（1278年）设湖广行中书省，合浦郡更置为廉州路安抚司，北海境属合浦县。

3. 钦州市

钦州位于祖国大陆的南方，广东省的西南部，广西壮族自治区的偏南部。钦州，古称安州，有1400年悠久的历史，南北朝宋代时期置宋寿郡，梁代设安州。隋开皇十八年（598年）改安州为钦州。唐武德五年（622年）改宁越郡为钦州总管府，元改为钦州路，明初改为钦州府，民国年间改为钦县。1994年6月经国务院批准，钦州市建制。钦州是三面接陆一面临海的地方，是南防铁路经过之地。无论在政治、经济、交通、军事和国防上，都具有特殊的地位。

钦州从唐虞三代（夏、商、周）以前为百越地，当地有百越民族居住，在禹贡外，未入职方，属南交。自秦始皇三十三年（公元前214年）派兵南攻百越，很快就平定了闽越地区。接着又平定了扬越地区，设桂林郡、象郡、南海郡。钦为合浦县地，隶属象郡，秦二世时，南海尉任嚣病且死，与赵陀书，使行南海尉事。秦已破灭，赵佗并桂林、象郡，自立为南越武王。秦末汉初，钦州为南越武王统辖地。

西汉时，钦州为合浦郡地，属交州。汉武帝元鼎六年（公元前111年）十月，伏波将军路博德平定南越以后，钦州仍属合浦郡地。东汉建武五年（29年），交州牧邓壕，率七郡太守，遣使奉贡。三国时，吴黄武五年（226年），分合浦以北（以南海、苍梧、郁林三郡）为广州；交趾以南（即合浦、日南、九真、交趾四郡）为交州。黄武七年（228年）改合浦为珠官郡，分合浦立北部，以都尉领之。晋泰始六年（270年），苍梧太守陶璜，收复交趾，以璜为交州牧，修允为合浦太守。

南朝宋时，钦州为宋寿郡，初属交州，后属越州。宋元嘉九年（432年），设置宋寿、宋广、安京三郡，属交州。泰始七年（471年），以宋寿、合浦、临漳、百梁、陇苏等九郡立越州（治所在今浦北）。

齐时，钦州复属交州。齐建元二年（480年），割越州宋寿郡属交州，恢复汉晋之旧地，同时改宋广郡属合浦；改安京郡属封山郡。

南梁武帝于宋寿郡置安州（治所在今钦南区久隆），统宋寿、宋广、安京三郡，安州改属桂州。梁天监四年（505年），置安州，隶桂州总管府。天监六年（507年），萧昌持节，八年柳恽持节，督广州、交州、越州、桂州四州之军事。安州只属于桂州，而不属于交越。大同元年（535年）分宋寿县南部沿海置玉山县（治所在今大番坡镇内）。陈时，安州不属于桂州。太建四年（572年），以南康王子方泰，迁使持节。都督广、交、越、安等十九州诸军事。此时，安州又属于广州刺史，而不隶属桂州。

隋开皇十七年（597年），安州刺史宁猛力，奏改安州为钦州。隋开皇十八年（598年），改安州为钦州，治钦江县，一说钦州之名始于此，"取钦顺之义"；二说因有钦江得名。宋寿县改钦江县，玉山县改属玉州。大业二年（607年），改钦州为宁越郡，同时废玉州，玉山县并入海安县（今防城港市境）。

唐武德四年（621年），复置钦州，兼置总管府。辖钦州、玉州。七年（624年），改总管府为都督府。贞观元年（627年），裁撤都督府。贞观二年（628年），废钦州。总章元年（668年），分海安县东部置乌雷县（治所在犀牛脚镇乌雷村东边），属钦州。上元二年（675年），分乌雷县西北部复置玉山县（742年改名华清县），并置陆州（治所在乌雷县）。天宝元年（742年），复为宁越郡。乾元元年（758年），复为钦州。属岭南道邕管。

五代时，钦州属南汉岭南大越国。宋太祖开宝四年（971年），设置广南西路，钦之版籍，始归有司，属广南西路。开宝五年（972年），废遵化、钦江、内亭三县，以其地并入灵山县。南宋移州治安远。

元至元十五年（1278年），设置钦州安抚司。十六年（1279年），改总管府，属海北、海南道。

4. 防城港市

防城港地处中国大陆海岸线的最西南端，是中国的深水良港，是全国25个沿海主要港口之一，中国西部地区第一大港。防城港始建于1968年，当时作为援越抗美海上隐蔽运输航线的主要起运港来建设，被称为"海上胡志明小道"的起点。防城港就其历史而言，是从防城、上思两县演变而来的。防城历史悠久，远在新石器时代，就已有先民在这块美丽的土地上生息、繁衍。

先秦时期，这一带属于百越之地。秦始皇三十三年（公元前214年），统一岭南后，置南海、桂林、象郡，今防城港属桂林郡地。

汉高帝元年（公元前206年），赵佗建立南越国，合浦为其辖地。今防城港属南越国辖地。西汉元鼎元年（公元前116年），汉武帝平南越，划出南海、象郡交界地置合浦郡，郡治徐闻（今广东省海康县地域），同时设合浦县。今防城港市属合浦郡合浦县地。

三国期间为吴国辖地，黄武七年（228年），合浦郡改称珠官郡。今防城港市属珠官郡。吴太元二年至太平三年（252~258年），珠官郡复称合浦郡。今防城港市属合浦郡。西晋沿袭吴制，仍属于合浦郡地。

南朝宋、齐，为宋寿郡宋寿县地，属交州管辖。梁、陈为安京郡安京县地。今防城港属安京县，隶安州。

隋开皇十年（590年），罢安京郡为安京县。开皇十八年（598年），改安州为钦州，今防城港隶属钦州。大业三年（607年），改钦州为宁越郡。今防城港属宁越郡。唐武德四年（621年），宁越郡改为钦州总管府。武德七年（624年），改为都督府。贞观元年（627年），撤销都督府。天宝元年（724年），改钦州为宁越郡。至德二年（757年），安京县改为保京县。乾元元年（758年），宁越郡复改钦州，今防城港属钦州。

五代沿袭唐制。宋为安远县地，隶广西南路。景德三年（1006年），改保京县为安远县。今防城港市属安远县，并开始有"防城"之称。元属钦州路，今防城港市隶钦州路。

5. 湛江市

湛江位于中国大陆最南端雷州半岛上，西靠北部湾，南出太平洋，与海南岛隔海相望，是近代兴起的一座海滨城，是中国首批对外开放的沿海港口城市之一。

据出土文物考证，今湛江辖地远在4000年前的新石器时代晚期（约夏、商之间），已有人类居住。

春秋战国时为百越南境，五岭阻隔的蛮荒之地。秦始皇三十三年（公元前214年）定南越，为象郡地，始隶中国版图。西汉元鼎六年（公元前111年）冬平南越。置九郡，属合浦郡，治徐闻县。

三国吴属珠官郡，又隶珠崖郡。晋属交州合浦郡。南朝宋属越州合浦郡。齐改齐康郡。于今遂溪境内置扇沙县和椹县。梁普通四年（523年）置合州，太清元年（547年）改南合州。陈因之。

隋平陈，开皇九年（589年）改南合州为合州，治海康县。开皇十年（590年）在今湛江市郊旧县村置铁杷县，十八年（598年）改椹县为椹川县。大业初（605年）省椹川县入扇沙。大业中合州废，仍属合浦郡。

唐武德四年（621年）复置南合州，五年复椹川县，贞观元年改南合州为东合州。贞观二年（628年）省椹川、扇沙入铁杷县。后又与椹沙县并置。贞观八年（634年）改东合州为雷州，雷州之名始此。唐天宝元年改雷州为海康郡。天宝二年（743年），并铁把、扇沙置遂溪县。乾元六年（758年）复海康郡为雷州。领海康、徐闻、遂溪三县。

五代时属于南汉。宋开宝四年称雷州军。开宝五年（972年）省遂溪县入海康县。绍兴十九年（1149年）复置遂溪县，绍兴二十年治迁今址。

元称雷州路，至元三十一年（1294年）在遂溪桩川村置椹川巡检司。

6. 海南省

海南省位于中国最南端，是中国陆地面积最小，海洋面积最大的省。1988年4月26日，中共海南省委、海南省人民政府正式挂牌。从此，海南成为我国第五个经济特区。海南建置的演变，自汉初在琼崖置郡县到1988年建省，历时2098年。

据明代《正德琼台志》记载，海南岛在唐虞三代称为"南服荒缴"（缴：边界），在秦代称为"越郡外境"。这说明海南岛在当时为祖国辖区荒远的边界。

汉武帝元鼎六年（公元前111年），伏波将军路博德和楼船将军杨仆平定了南越。次年即元封元年（公元前110年），以其地设置了南海、苍梧、郁林、合浦、交趾、九真、日南、珠崖、儋耳九郡。其中珠崖、儋耳两郡，就在海南岛上。珠崖郡治在琼山县东谭都，儋耳郡治在儋县义伦。珠崖、儋耳两郡属交州刺史管辖。据《汉书》贾捐之传记载，珠崖、儋耳两郡共有16个县。据考证，珠崖郡设置5个县：谭都县、玳瑁县（两县约合为今之琼山市）、苟中县（今之澄迈县）、紫贝县（今之文昌市）、临振县（今之三亚市）。儋耳郡设置3个县：九龙县（今之东方县）、玉来县（今之昌江县）、儋耳县（今之儋县）。两郡共计8个县，其余8个县无可考。据《汉书》云："郡在大海岸之边，出珍珠，故曰珠崖，"又云："儋耳者，大耳种也。"珠崖郡、儋耳郡，这是海南岛归入祖国版图最早的2个行政地名，标志着中央政权对海南岛直接统治的开始。汉昭帝始元五年（公元前82年）撤销儋耳县，并入珠崖郡。汉元帝初元三年（公元前46年），撤销珠崖郡，改为朱卢县（又称朱崖县），隶属合浦郡。以后建制有变化。据《正德琼白志》记载，"东汉（建武十九年即公元1年）置珠崖县属合浦郡，仍督于交州。"又记："明帝永平十年（67年）儋耳降附。"由此可见，东汉复置的珠崖、儋耳两县属合浦郡，为交州管辖。

三国时期，东吴黄龙三年（231年），吴大帝孙权派兵平定交州；赤乌五年（242年）派遣将军聂友，校尉陆凯率兵3万远征珠崖、儋耳，复置珠崖郡，属交州。晋代，在平吴之后撤销珠崖郡，并入合浦郡，属交州。南北朝时，宋朝元嘉八年（431年）复立珠崖郡；齐朝沿袭；梁朝在汉废儋耳郡地设置崖州，由广州统领；陈朝沿袭不变。隋炀帝大业年间（605~618年）复置珠崖郡，辖义伦、感恩、颜卢、毗善、昌化、吉安、延德、宁远、澄迈、武德10县。珠崖郡治设在义伦县。后从珠崖郡中分出延德、宁远2县，设置临振郡。珠崖、临振2郡，由扬州司隶刺史管辖。

唐高祖武德五年（622年），在海南岛上设崖、儋、振三州。崖州领颜城、澄迈、临机、平昌4县，州治在颜城（今琼山）；儋州领义伦、昌化、感恩、富罗4县，州治在义伦（今儋县）；振州领宁远、延德、临川、陵水4县，州治在宁远（今三亚市）。唐太宗贞观元年（827年），崖、儋、振等8州隶属岭南道，并析置州县及更名：把崖州颜城县更名为舍城县，平昌县更名为文昌县，以儋州昌化县一部分设吉安县。贞观二年（628年），以振州延德县一部分设吉阳县。贞观五年（631年），从崖州中分出琼州，领琼山、临机、万安、富云、博辽5县，州治在今琼山市。贞观十三年（639年），从琼山县分出曾口、颜罗、容琼3县，属琼州，而将琼州的万安、富云、博辽划归崖州。唐高宗显庆五年（660年），新设乐会县，归琼州。唐高宗龙朔二年（662年），分崖州和振州一部分新设万安州，领万安、富云、博辽（原属崖州）、陵水（原属振州）4县，州治在万安（今万宁县）。唐玄宗天宝元年（742年），改州为郡：琼州为琼山郡，儋州为昌化郡，振州为延德郡（又称宁远郡）。唐肃宗至德二年（757年），改万安州为万全郡，万安县也改为万全县。4郡均属至德元年所设的岭南节度使管辖。唐德宗贞元五年（789年），复立琼州，领颜罗、曾口、容琼、乐会、临高5县，设都督府以加强统治海南。唐懿宗咸通五年（公元864年），于琼山郡南境置忠州，不久遂废。五代时，海南属南汉，改琼山、昌化、万安3郡为州，撤销宁远郡。

宋太祖开宝四年（971年），平南汉。第二年，变动行政区划：把和琼州毗邻的崖州并入琼州，领琼山、临高、乐会、舍城、澄迈、文昌6县；把崖州之名移到唐代宁远郡地（今三亚市），领宁远、吉阳2县；儋州领义伦、昌化、感恩3县，万安州领万安、陵水2县。宋神宗熙宁初，以琼州为琼管安抚司，自始总领海南地区。熙宁六年（1073年），改儋州为昌化军，崖州为珠崖军。熙宁七年，改万安州为万安军。宋初，划全国行政区为十五路，神宗元丰三年（1080年），琼州划属广南西路。宋徽宗崇宁五年（1106年），于珠崖军西部的黄流、白沙、侧浪之间复置延德县。宋徽宗大观元年（1107年），改延德县为延德军。政和元年（1111年），废延德军为感恩县。宣和年间，改琼管安抚司为安抚都监。宋高宗绍兴六年（1136年），废昌化、万安、珠崖三军为县：昌化为宜伦县，万安为万宁县，珠崖为宁远县。七八年后，恢复昌化、万安、珠崖三军，以原属县还隶。后改昌化军为南宁军，珠崖军为吉阳军。

元世祖至元十五年（1278年），在海南岛设置琼州路安抚司，所领军、县与南宋时相同，隶属湖广行中书省。至元十七年，隶属海北海南道宣慰司。至元二十八年（1291年），改为琼州路军民安抚司。增设定安、会同2县。元文宗天历二年（1329年），又改为乾宁军民安抚司。不久，升定安县为南建州。元惠宗至正末年，海南改隶广西行中书省。

7. 玉林市

玉林市位于广西壮族自治区东南部，西距自治区首府南宁市190公里，是玉林地区行政公署驻地。玉林原名为郁林（鬱林），是一座具有两千多年历史的文化古城。被世人誉为"岭南美玉，胜景如林"的玉林，自古享有"岭南都会"之美誉。

玉林原系百越民族居住之地。先秦时期，处在原始社会末期，是百越民族分布的地区之一。先秦时期，今玉林市境属百越地，有骆越、西瓯等部族居住。战国后期，出现西瓯君和骆候，瓯骆人开始出现阶级分化。

秦始皇二十三年（公元前214年），分属桂林、象2郡。

西汉初，属南越同。元鼎六年（前111年），为布山县地和合浦县地，属交趾刺史部的鬱林郡和合浦郡。

王莽新朝，仍为布山县地和合浦县地，属鬱林、恒合郡。

东汉，今市境仍为布山、合浦2县地，属交趾刺史部的鬱林郡和合浦郡。建安八年（203年），改属交州刺史部的鬱林郡和合浦郡。

三国吴，今市境布山、合浦2县地仍属交州刺史部的鬱林郡和合浦郡。黄武五年（226年），布山县改属广州刺史部的鬱林郡。不久并入交州。（《南朝·宋书》载："吴立，曰阴平。"《清一统志》载："吴置阴平县，属鬱林郡。"）

晋朝，今市境为阴平县地、布山县地和合浦县地，分属广州刺史部的鬱林郡和交州刺交部的合浦郡。太康元年（280年），阴平县改名鬱平县。

南朝，今市境西北在宋、齐、梁时，为鬱平县地，属广州刺史部的鬱林郡。梁时改属定州，后改属南定州。陈天嘉二年（561年），置石南县，属石南郡，石南郡和鬱林郡皆属南定州。今市境东南的合浦县地，宋初属合浦郡，泰始七年（471年）置方度县，属越州的南流郡。齐朝，增置兴昌县，属越州的定川郡。梁朝，废方度、兴昌2县入定川郡。梁、陈两朝时，定川郡仍属越州。

隋朝，今市境西北的鬱平县地和石南县，初属南定州。开皇十年（590年），改属尹州。大业二年（606年）属鬱州，三年（607年）又改属于鬱林郡。大业十二年（616年），梁王肖铣析石南地置兴德县，不久，废兴德县。市境东南的定川郡，隋初属越州。开皇十年（590年）废郡后，置定川县，属越州，大业初改属禄州，不久改属合州、合浦郡，后省定川县入北流县。

唐武德四年（621年），今市境西北复置兴德县，与鬱平、石南属南尹州。

贞观九年（635年）改属贵州。麟德二年（665年），置兴业、潭栗2县，与兴德、鬱平、石南属鬱州。乾封元年（666年）改属鬱林州。建中二年（781年），废石南入兴业县（另据清嘉庆版《兴业县志》（续修）载："贞元间，省兴德、横平、潭栗，乃为兴业县，属鬱林州治。"）。

武德四年（621年），今市境东南又析北流县地置南流县，属容州。贞观十一年（637年），分南流县置定川、宕川2县，3县皆属牢州。永淳元年（682年），置善劳、善文、抚安、宁仁、安仁、怀义、福阳、古符，8县皆属党州。永淳二年（683年），析出安仁、怀义、福阳、古符四县属平琴州。至德二年（758年），改安仁为容山、抚安为抚康。建中二年（781年），容山、怀义、福阳、古符4县改属党州，又省善文、宁仁、福阳、古符4县。唐末，今市境有兴业、鬱平、兴德、潭栗、善劳、抚康、容山、怀义、南流、定川、富川11县，分属配林州、党州和牢州。

五代十国，今市境仍设兴业、鬱平、兴德、潭栗4县（《五代史职方考》、《十国春秋地理表》有石南县），属鬱林州；善劳、抚康、容山、怀义4县（《清一统志》为善劳、容山），属党州；南流、定川、宕川3县，属牢州。上述三州初属后梁，天福元年（936年）属楚，广顺元年（951年）属南汉。

宋开宝五年（972年），今市境废鬱平、兴德、潭栗入兴业县，又废善劳、抚康、容山、怀义、定川、宕川六县入南流县。兴业、南流2县属广南路（后改广南西路）鬱林州。

元朝，今市境仍设兴业、南流2县。兴业、南流2县属湖广等处行中书省岭南广西道（后改广西两江道、广西行中书省）鬱林州。

元至元十三年（1276年）属广西道，元贞元年（1295年）属广西两江道，至正二十三年（1363年）属广西行中书省。

8. 崇左市

崇左位于广西壮族自治区西南部，自古以来就是壮族先民骆越民族聚居之地。宋皇祐五年（1053年）置崇善县。1951年由崇善、左县合并置崇左县，取2县首字为名。2002年12月23日，国务院批准撤销南宁地区设立地级崇左市。2003年8月6日，崇左市正式成立。

秦始皇三十三年（公元前214年），秦统一岭南地区后，设桂林、象、南海3郡，象郡治所临尘（今崇左市区）。今崇左、宁明、龙州、大新、靖西、德保等地都属象郡。公元前207年，秦亡，赵佗击并桂林、象郡，自立为南越武王，建南越国。汉元鼎六年（公元前111年）冬，汉灭南越。公元前106年，汉朝又分全国为13州刺史部，象郡属交趾刺史部（治所龙编县，今越南北江）。汉元凤五年（公元前76年）废象郡，属地归鬱（郁）林郡（治所布山县，今广西桂平）。三国时，郁林属吴。永安七年（魏咸熙元年，公元264年）孙吴析交州分置广州（治所南海，今广州市），郁林郡为广州管辖。东晋大兴元年（公元318年），从郁林郡分出晋兴郡（治所晋兴县，今南宁市），崇左属晋兴郡晋城县（治所在今崇左与扶绥之间）地，历经南朝宋、齐、梁、陈4个朝代。隋属西原地。

唐贞观元年（627年），置左江镇，分领思同、万形、万承、波州、上下思城州。唐末设邕管羁縻太平州、左州。宋初沿袭唐制。仁宗年间，侬智高"大南国"起义，后被朝廷派狄青镇压。太宗太平兴国年间设左江道置太平寨（治今崇左）、永平寨（治今宁明县城）、古万寨（治今扶绥县西北）、永乐寨、横山寨5寨。太平寨辖太平、万承、思同、上下思城、思明、结安等土州峒，永平寨辖宁明县大部地区，古万寨辖江州、左州、茗盈、全茗、镇远属邕州。皇祐五年（公元1053年），置崇善县，隶邕州都督府辖太平寨，县治在今新和镇岜关山东南1公里处的鳌石村（今旧址已废）。元世祖至元二十九年（公元1292年）闰六月改太平寨置太平路。太平路治所今城区太平镇，元末徙治驮卢，辖崇善、陀陵、罗阳、永糠4县和太平、左、养利、思同、思诚、安平、万承、全茗、镇远、茗盈、龙英、结安、结伦、都结14个土州，辖境相当于今江州区大部、龙州县、大新县中部东部、天等县东部和隆安县西部。

第二节　近代的北部湾与周边城市的发展

下面按城市即广西壮族自治区南宁市、北海市、钦州市、防城港市、广东省湛江市和海南省，以及周边的玉林市和崇左市来分别叙述近代北部湾与周边城市的发展。

1. 南宁市

明洪武元年（1368年），废南宁路，置南宁府，隶属广西布政使司。宣化县隶属南宁府，治所今南宁城。明万历七年（1579年），武缘县从南宁府拨归思恩府领辖。嘉靖十二年（1533年）析宣化县西北部地区新置隆安县。隆庆六年（1572年）又析宣化县西部地区置新宁州（今扶绥县东部）。

清朝承袭明朝建置，宣化县隶属南宁府。府、县治所南宁城。宣化县境界，东至刘村塘（今邕宁县伶俐圩东面）与永淳县（1952年8月撤销，析并入横县、邕宁、宾阳县）接界130里；东北至昆仑关，接宾州界120里；北至高峰岭与武缘县接界65里；西北至那合村与武缘县接界100里；西至潭洛塘，接隆安县界

140 里；西南至那鸟塘，接新宁州（今扶绥县东部）界 70 里；南至潭王村（今邕宁县苏圩镇坛抱村）与忠州（今扶绥县南部）界 100 里；东南至那连圩（今邕宁县八尺江下游）接广东灵山县（今属广西）界 50 里。全县境东西 270 里，南北 165 里。

民国元年（1912 年）七月，废县并府，废宣化县留南宁府。同年十月，广西军政府从桂林迁南宁，南宁为广西省会。民国二年六月，废府留县，南宁府改为南宁县，隶邕南道，邕南道辖南宁、武鸣、那马等 10 个县、3 个州、8 个土司，治所南宁。民国三年六月，为避云南省之南宁县同名而易名邕宁县，为邕宁县得名之始，隶属邕南道（同年六月改称南宁道）。民国十五年十月废道，邕宁年县直隶广西省管辖，十九年隶属南宁民团区。民国二十一年四月，经广西省政府常务会议讨论通过，把原属扶南县（即新宁州改称，今扶绥县的一部分）迁龙区（今苏圩乡）的里宁、欧村、那莫、岜笃、岜马、那盆、定礼、连塘、坛洛、定波、那腊、洞圩、那海、晚利、那元、定了 16 村，及三官那陈乡的那徐、坛齐、那园、那遢、榷定 5 村，插花飞地村落划入邕宁县。邕宁县境域面积 4579 平方公里。四至境界：东界是八塘圩东端石龙村，位东经 108°31′；西界是楞福西端夹罗根平各村，位东经 107°30′；南界为那间圩南端那鹿、那妈等村，位北纬 22°08′；最北界为九塘圩高峰隘，位北纬 23°09′。民国二十三年隶属南宁行政监督区管辖。民国二十四年，隶属第九区管辖。民国二十五年，省政府从南宁迁桂林。民国二十九年，邕宁县隶属南宁行政监督区（第九区）管辖。民国三十一年四月，第八、第九区合并为第四行政区，邕宁县隶属第四区。直到 1949 年 11 月未变。

民国年间，先后 5 次建置或筹置南宁市，但都"夭折"了。第一次是民国十六年（1927 年）设立南宁市政工程处，筹划市级建制。第二次是"十八年七月"设立南宁市政府，与邕宁县政府合署办公，十一月，撤销市级建制。第三次是民国二十三年九月，广西省政府委员会行政会议划定南宁市区域，东至葛麻岭、军校（旧飞机场）；南至津头村；西至秀田村、平西新村；北至大王坟、金牛桥。第四次是民国三十三年八月，行政院要求重庆、兰州、桂林、南宁等个城市"尽快拟订都市计划，俾随时适合抗战的要求"，因同年十一月日军侵占南宁，南宁建市告吹。第五次是民国三十五年八月，行政院"准予广西南宁设市"，广西当局要求民国三十六年元旦成立，但邕宁县参议会以"条件未成熟"为理由，要求"暂缓设市"，后广西当局同意县参议会的意见，使南宁设市又"胎死腹中"。

2. 北海市

洪武元年（1368 年）湖广行中书省析置为广东、广西行省，改廉州路为府，领合浦、石康二县。三月，隶于广西行省，四月改隶广东行省。北海境属广东自此始。洪武七年（1374年）十月，降廉州府为廉州，撤合浦县入石康县。洪武九年（1376年），钦州降为县，与灵山同属廉州，隶雷州府。洪武十四年（1381年）五月，复廉州为府，钦县为州。廉州府领合浦、灵山、石康三县和钦州。成化八年（1472年），撤石康县并入合浦县，隶廉州如旧。北海属合浦县地。

洪武初，倭寇沿海为患，自石城（今廉江县）界西起，沿海岸区置八寨防倭，依次为川江寨、陇村寨、调埠寨、珠场寨、白沙寨、武刀寨、龙潭寨、古里寨，以巡检一员驻居中的珠场寨（今南康镇）统辖，史称"珠场八寨"或"防寇八寨"，北海市境分属龙潭、古里二寨防地。北海之有乡都（基层行政）建制，自宋朝始，此前无考。明朝有三村乡和清和乡的设置，三村乡辖今海城、银海（部分）二区，清和乡辖今铁山港区。

清顺治元年（1644年），廉州镇建置与隶属沿旧未变。康熙初，设北海镇标，驻北海，北海地名始见。珠场八寨改置珠场寨，更驻以水师巡检。道光八年（1828年），广东省举办团练，合浦县分设五十三团，各团下设局数不等。北海为靖海团管区，辖北海、涠洲、高德三局，铁山港区属珠江团管区。咸丰六年（1856年）珠场巡检移驻北海，北海属廉州府合浦县珠场巡检司治地。光绪十四年（1888年）升钦州为直隶州，置防城县归辖，廉州府统合浦、灵山二县，光绪二十年（1894年）以遂溪县属的涠洲岛归辖合浦。光绪三十二年（1906年）设廉钦道，统廉州府、钦州。宣统三年（1911年），议设北海自治会，属于廉州府合浦县。

民国元年（1912年），广东全境光复，废廉州府，成立广东省钦廉军政分府，旋又改称为钦廉绥靖处，驻钦州，辖原廉州府境。北海同时成立自治会行使管理市政职权，辖境北至杨家山（乾体乡属），东至西村港；划分第三、第四行政区，高德东片属第三区，西片属第四区。

民国三年（1914年），撤钦廉绥靖处，改设钦廉道，民国九年裁撤，合浦县直属广东省。北海属合浦县辖市。

民国十五年（1926年），成立北海市政筹备处，行市建制，直辖于广东省。此前的基层行政仍沿靖海团、局建制不变。至此，靖海团局裁撤。民国十七年十一月，撤市政筹备处，复归合浦县管辖。民国十九年设南区绥靖公署，驻茂名，合浦县归辖，北海属合浦县辖市不变。

民国二十年（1931年），合浦县分设自治区，北海市属第二区，区治北海，管区北至杨家山，东至福成，辖三镇（北海、高德、涠洲）五乡（海西、海东、高北、高南、福成）。

民国二十一年（1932年）十月，设立涠洲、斜阳管理局，受省直辖。

民国二十二年（1933年）六月，涠洲、斜阳管理局裁撤，仍归北海市管辖，设公安分驻所代行原管委会职权，设北海市政局，直辖于合浦县。基层政权复沿旧团局管区各设若干自治区，共52区。为时甚短，不能缕指。民国二十五年，南区绥靖公署裁撤，设第八区行政督察专员公署，辖合浦、钦县、灵山、防城、海康、遂溪、徐闻七县。区署驻廉州，北海隶属不变。

民国二十八年（1939年），合浦县第二区改为第五区，管区北至大龙圩，东至石头埠。辖二镇（北海、南康）五乡（高德、福成、白龙、白鹅江、大龙圩）。撤北海市政局，改置北海镇公所。

民国二十九至三十四年（1940～1945年），合浦县第五区改为第三区，仍驻北海，管区缩小，辖四镇（北海东镇、西镇、南康南镇、北镇）三乡（高德、福成、白龙）。涠洲岛为日军占领。暂成瓯脱之地。民国三十四年六月涠洲岛收复，为合浦县辖乡。

民国三十五年（1946年），合浦县第三区裁撤。民国三十八年第八区行政督察专员公署裁撤。北海东镇、西镇，高德乡，涠洲乡，婆围乡，福成乡直属合浦县管辖。

3. 钦州市

明洪武三年（1370年）改钦州路为府，领县如旧，隶属广东布政司。明洪武七年（1374年），降为州，以州治安远县。明洪武九年（1376年）四月，降为县（辖区不变），与灵山同属廉州，总隶雷州府。明洪武十四年（1381年）五月，复为州，废安远县，只领灵山一县。

清顺治十四年（1657年），改散州，不复领灵山，与合浦、灵山、同隶廉州府。光绪十四年（1888年），提升直隶州。割灵山之秋风、博峨、菩提、青塘、四练来属，析州西南境如昔防城两巡检司地，东兴分州地，及与法越分界，收复夷地，设置防城一县属之。此时钦州不属于廉府。而属于高、廉、雷道。光绪三十一年（1905年），粤督岑春煊奏改道制，以廉钦道驻钦，钦州归其所属。宣统三年（1911年），廉铁道郭人漳称钦廉军政府。十月郭去，交与冯相荣，改称民政总长，铁州直隶州属之。

民国元年（1912年），奉第一任大总统令，府及直隶州厅，一律改为县，钦县设知事一员，同时改民政总长为钦廉绥靖处督办，仍驻钦城，钦、合、灵、防四县，均归统治。民国三年（1914年），裁撤钦廉绥靖处，改设钦廉道尹，钦仍归统治。九年（1920年），裁撤钦廉道尹。

民国十年（1921年）陈炯明出漳州回粤，专粤政，裁县知事，改用民选县长制，此时钦直属于广东省政府。民国十一年（1923年）十二月，申葆藩得徒军协助入钦。民国十二年（1923年）三月，势力扩张至廉，设副总指挥部，兼设善后处，统治钦廉，各县长由其委任。民国十五年（1926年）一月，革命军来钦，申葆藩避退。由广东省府委任，直隶于省。

4. 防城港市

洪武二年（1369年），改钦州路为府。洪武八年（1375年），降为州。洪武九年（1376年），降为县，属廉州。隶雷州府，洪武十四年（1381年），复为州。府隶广东布政司，州属廉州府，县隶廉州；升州隶廉州府。今防城港市属廉州府。

清光绪十四年（1888年），钦州升直隶州，划出钦州西部设置防城县，隶属广东省。析州属防城、如昔（江平）二司置防城县。今防城港市属防城县。

民国时期至解放初，仍属广东省辖。

5. 湛江市

明称雷州府，仍领海康、徐闻、遂溪三县。清仍称雷州府。湛江市区在清代分属雷州府遂溪县和高州府吴川县。两县的边境，大致以广州湾、麻斜海至北面的石门港为分界线。港湾以东为吴川县地（由汉至晋五百三十年间为高凉县地。南朝一百九十年间为平定县地。隋到清一千三百余年间为吴川县地）。即今官渡、龙头、坡头、麻斜、乾塘以及南三岛、硇洲岛；港湾以西为遂溪县地，即今赤坎、霞山、调顺、麻章、湖光、太平及东海岛一带。

1898年，法国派遣舰队到中国南海示威，向清政府提出要租借中国南部海岸一个地方为"停船屯煤"之所，清政府复照允租吴川县之广州湾村庄及其附近海域，不料租界范围尚未划定，法国悍然于4月22日出兵占领海头汛（今霞山区海边陆地）炮台，构筑兵营，深入内地进行烧杀抢掠，于是，一场轰轰烈烈的遂溪人民抗法斗争便爆发了。南柳、海头、某塘等20余村群众，自发组织起来痛击法国侵略者，激烈的战斗持续了20个月，清政府却继续采取妥协政策，派广西提督苏元春主持划界，于1899年11月16日（光绪二十五年十月十四日）同法国签订《中法互订广州湾租界条约》，划出广州湾租借界地，期限99年。然而，由于遂溪人民的坚决抗击，法国侵略者武装扩大占领区的计划失败了，它不得不把广州湾的西界缩回赤坎的文章桥（后改建成寸金桥），而不敢把黄略、麻章、新埠划入界内，并且退出吴川县属的黄坡、石门、三柏等地。从最初的要求方圆一百数十里的租界区，缩小为15千米左右。当时划定的租界范围在北纬20°45′与21°17′，东经107°55′与108°16′之间。跨遂溪、吴川两县部分陆地和两县之间的港湾水域（即今湛江港），陆地面积518平方公里。连海域面积共2130平方公里。法国把租界范围内的陆地、港湾总称为广州湾。设总公使署管辖。赤坎、海头、东海、硇洲、坡头、麻斜、新圩、志满等地皆划入界内。第二次世界大战期间，日本为确保其南进计划，1941年7月与法国签订《广州湾共同防御协定》，对广州湾实行军事监督。1943年3月，日本武装占领广州湾。

1945年8月15日，日本宣布无条件投降。8月18日，国民政府与法国政府在重庆签订《中法交收广州湾租地专约》。同年9月21日，广州湾受降仪式在赤坎举行，日方代表在投降书上签字，国民政府自日军手中收复被法国统治近四十七年的广州湾。10月19日，举行中法交收广州湾租界典礼，法国依约把广州湾正式交还中国。广州湾收回后改名为湛江市。

6. 海南省

明太祖洪武二年（公元1369年），改乾宁军民安抚司为琼州，吉阳军为崖州，南宁军为儋州，万安军为万州。四州各领属县隶广西如元代。洪武三年，升琼州为府，总领崖、儋、万3州13县，隶属广东行中书省。洪武七年，设立广东布政司之后，琼州府隶属广东布政司。明英宗正统五年（1440年），撤销宜伦、万宁、宁远3县，琼州府领3州10县。

顺治十二年（1655年），琼州府第一任知府朱之光到任。岛上行政设置仍依明置。清道光十二年（1832年）规定崖州协水师副将和水师守备，轮替出洋巡缉。有大小师船4号，巡洋兵丁146名。清道光十七年（1837年）建立定期巡海会哨制度，每年四月十日和十月初十各会哨一次。光绪年间（1875～1908年），海南南部黎族人民起义频繁，经派张之洞率兵征讨后，为加强对南部黎族的统治，光绪三十一年（1905年）四月，升崖州为直隶州，改万州为万县。万县、陵水县、昌化县、感恩县属崖州直隶州。

至此，琼州府领1个州7个县：儋州、琼山县、澄迈县、临高县、定安县、文昌县、会同县、乐会县，崖州直隶州领感恩县、昌化县、陵水县、万县4个县。琼州府和崖州直隶州均隶属广东省。清宣统三年（1911年），广东省都督府宣布将西沙群岛划归琼崖崖县管辖。辛亥革命推翻清朝后，废府、州，设琼崖道。

民国元年（1912年）七月，在海南设琼崖绥靖处，为广东省派出机关，管辖13个县，称琼崖13属：琼山县、澄迈县、临高县、定安县、文昌县、乐会县、会同县、昌化县、陵水县、感恩县、儋县、万县、崖县。民国二年（1913年）三月，改琼崖绥靖处为琼崖镇守府，掌理军民两政。同年九月，设绥靖督办。民国三年（1914年），复置琼崖道。改万县为万宁县。因会同县与湖南省的会同县同名，改为琼东县。改昌化县为昌江县。民国十年（1921年），废琼崖道，设琼崖善后处，由粤军驻琼旅长兼处长，掌管军民两政。同年，南方军政府又重新把西沙群岛划归琼崖崖县管辖。

民国十五年（1926年）二月，国民革命军渡琼，赶走军阀邓本殷，废善后处，成立琼崖行政委员会。行政委员张难先调离琼崖。同年十一月，琼崖仅设行政视察专员公署。同年十二月，从琼山县划出海口港，成立海口市政厅。民国二十二年（1933年），设琼崖绥靖委员会公署于海口。1935年，广东省分设9个行政督察区，海南为第九区，专署设海口。1946年，广东省府设省府琼崖办事处和第九区公署于海口。1949年，国民党南京政府改海南为特别行政区，公署仍在海口。

7. 玉林市

明洪武元年（1368年），博白县属梧州府郁林州。南流县于洪武二年（1369年）省入郁林州，废普宁县入容州，兴业县和郁林州属广西行省（后改市政使司）梧州府；洪武十年（1377年）五月，容州降为容县，隶属梧州府；北流、陆川县归属郁林州。

清朝，今市境的郁林州和兴业县初属广西。清顺治，郁林州从梧州府分出，隶属桂平梧郁道。雍正三年（1725年）郁林州改属广西郁林直隶州。光绪十三年（1887年）隶属左江道。清嘉庆初至清末，辖博白、北流、陆川、兴业4个县。

中华民国，今市境设兴业县和郁林县，（元年，州改为府，二年府改为县），兴业县治在今石南镇环江村，郁林县治在今市府大院。民国二年，兴业、郁林二县属广西省郁江道，三年改属苍梧道，十五年改属广西。民国十九年，郁林、兴业二县属郁林民团区，二十一年四月，改属梧州民团区。民国二十三年三月，改属梧州行政监督区。民国二十五年九月，届浔州行政监督区，十一月又改属玉林行政监督区。民国二十九年四月，届第六区行政督察专员兼保安司令公署（下同），三十一年三月，属第三区，三十六年三月，属第八区；四月至三十八年，属第九区。

8. 崇左市

明朝朱元璋的朝臣提出，对广西少数民族，"宜如宋元制，录其酋长，以统其民"。洪武二年（1369年）七月改太平路为广西布政司左江道太平府，太平府治所初置驮卢团，洪武三年复还丽江（今太平镇），辖太平等16个土州和崇善等4个县。凭祥、江州直隶于广西布政司。嘉靖十九年（1540年）崇善县治由新和迁到太平府治太平镇附廓（县治设在太平镇南街当时的积庆寺内）。清初，思明府降为土府来属，龙州、下石西、江、凭祥、思陵5土州和罗白土县来属。雍正十年（1732年）析思明土府置土思州，十一年改思明州为宁明州，改思明土府为明江厅，省思诚土州入崇善县。

民国元年（1911年）土左州、凭祥改为县。民国二年（1912年）撤销太平府府制，由省直接统辖各县。1917年，全省划分为6道，崇左地区属镇南道（治今龙州）。1921年8月，废除道制，各县行政由省直辖。1928年，撤销土江州、罗白县，并入崇善县。对实行土州制的地方继续"改土归流"，土司制度逐渐瓦解。1930年2月1日，在邓小平等领导下，举行了龙州起义，建立左江革命委员会，下辖龙州、崇善、凭祥、上金、养利、龙茗等县革命委员会。解放前夕，大部分属第七行政督察区，小部分属第四、第六行政督察区。第七区，治龙津（今龙州），辖龙津、崇善、左县、凭祥、宁明、明江、上金、雷平、万承、养利、思乐11个县。扶南、绥渌、同正3个县（今扶绥县）在第四区。镇结、龙茗、向都3个县（今天等县）在第六区。

第三节　现代北部湾与城市发展

下面按城市即广西壮族自治区南宁市、北海市、钦州市、防城港市、广东省湛江市和海南省，以及周边的玉林市和崇左市来分别叙述现代北部湾与城市发展。

1. 南宁市

1949年12月4日，南宁解放。接着筹备成立南宁市，将城区和郊区的津头村、凌铁村、埌边村、麻村（大麻、小麻）、新兴村（竹排冲、沙牛岭）、三兴村（滕屋、蔡屋、那坝）、东南村（葛麻岭）、长堽村、茅桥农场、永和村（中尧）、中兴村（下尧）、新屋、亭子街、平南一、二村（白沙、水塘）、平西村和淡村等从邕宁县划出。1950年1月23日，南宁市人民政府正式对外办公，又把明秀、横塘、万秀、虎邱和皂角等村划入郊区。南宁市的面积78.73平方公里，东起埌东村，西至心圩桥，约10千米；北至茅桥，南达白沙村，约9千米。1950年2月8日，广西省人民政府成立，省会设在南宁市。

1953年5月，邕宁县第一区明华年乡的风岭坡（心圩附近）划归南宁市郊区。1954年3月，原属邕宁县西乡塘南部、心圩乡下屯、大岭个屯、个乡陈尧和划苏卢入南宁市管辖，南宁市面积达128平方公里。1955年7月，南宁市人民政府改称南宁市人民委员会。1958年3月5日，广西壮族自治区成立，南宁市成为自治区首府。同年9月，南宁专区和南宁市实行地市统一领导。1959年1月，邕宁县的心圩、安吉、沙井、那洪、苏圩、那齐、永安、慕村、吴圩、坛白、老口、江西、杨美、永吉、正义、下楞、坛洛、富庶、那龙、金陵、襄（双）定和三塘等公社划为南宁市管辖。1959年8月，南宁市那龙公社业仁大队槟宅屯划归隆安县管辖。南宁市总面积增至2464平方公里。1960年7月，除沙井、那洪、三塘3个公社以及老口乡的石西村、乔板村外，其余均从南宁市划回邕宁县管辖。1968年4月13日，成立南宁市革命委员会，取代市人民委员会。1980年6

月 28 日，南宁市第七届人民代表大会第一次会议决定撤销市革命委员会，恢复南宁市人民政府。

1982 年 8 月 2 日，国务院批准邕宁县的江西、那龙、坛洛 3 个公社划归南宁市管辖，南宁市面积为 1795.13 平方公里。1983 年 10 月 8 日，国务院批准将原属南宁地区的邕宁、武鸣两县划归南宁市管辖。1984 年 1 月移交，4 月南宁市人民政府正式接管。南宁市总面积为 10029 平方公里。

2002 年 12 月 23 日，国务院批准撤销南宁地区设立地级崇左市，辖原南宁地区南部凭祥市和崇左、扶绥、大新、宁明、龙州等县。原南宁地区北部横县、马山、宾阳、隆安、上林四县划归南宁市。2009 年，南宁市行政区划为兴宁区、江南区、青秀区、西乡塘区、邕宁区、良庆区六城区和武鸣县、横县、宾阳县、上林县、马山县、隆安县六县，共 84 个镇、15 个乡、3 个民族乡、22 个街道。

2. 北海市

1949 年 12 月 4 日，北海解放，7 日，成立北海军政委员会，20 日，接管原东、西镇公所，分设东、西街人民政府，除涠洲岛尚未解放外，市区行政仍按旧政权管辖范围进行管理。

1950 年 1 月，设广东省南路专区，旋改为钦廉专区，统合浦、防城、钦县、灵山四县。专署驻北海。5 月，设北海镇人民政府，取代军政委员会行政职能。属合浦县人民政府领导。6 月，建立乡、街基层政权，城区分设中山外街、中山东街、中山西街、珠海东街、珠海西街和新民街 6 个街道办事处；郊区分设东靖乡、西靖乡、高德乡、七星乡、海东乡、涠洲乡 6 个乡政府。

1951 年 1 月，北海镇改为地级市建制，3 月成立北海市人民政府，直属广东省政府领导。基层政权更置，郊区设第一区、第四区和第五区 3 个区公所，城区设第二区、第三区 2 个区政府。5 月，广东省钦廉专署所辖 4 县（含北海市）转托广西省领导，1952 年 3 月划归广西省，北海市将原来 5 个区改为 4 个区，分建 22 个乡 3 个镇。1953 年 1 月，北海市委托中共钦州地委领导，省辖市级别不变。将第一、第二区政府合并为郊区。第二区政府辖 16 个小乡，2 个镇。保留第三区政府，辖 3 乡 1 镇。市区政府改称第一区人民政府，辖 6 个居民委员会。将包家、平阳、军屯 3 个乡划归合浦县。1955 年 7 月 1 日，北海复归广东省，原省辖市建制不变，改归中共合浦地委领导。1956 年 4 月，北海市改为县级市，7 月，包家、军屯、平阳三乡再度划归北海。

1958 年 11 月，北海市改为合浦县北海人民公社，北海市人民政府改称北海人民公社管理委员会。公社与基层改师团建制。1959 年 6 月，撤销北海公社建制，北海改为县级镇，受湛江专署管辖；原各个团分别改为渔业、郊区、涠洲、城镇四个公社。1960 年 2 月，增设水上运输公社。1961 年 4 月，公社体制调整，将5个公社调整为8个：城镇、西塘、高德、地角、外沙、咸田、涠洲、水运，共设生产大队74个。

1964年10月，恢复北海县级市建制。1965年6月，北海市划归广西壮族自治区，由新设的钦州专员公署管辖。

1968年4月，成立北海市革命委员会，实行党政一元化领导。1979年，建立华侨渔业公社，属乡镇级建制。1980年，撤销北海市革命委员会，恢复北海市人民政府，县级市不变。

1983年10月，恢复北海市地级市建制，由广西壮族自治区直接领导。1984年9月，撤销公社，恢复区、乡（镇）建制，设海城、郊区2区；地角、新港（原华侨渔业公社，后又改称侨港镇）、涠洲3镇；高德、西塘、咸田3乡。

1987年7月1日，原隶属钦州地区的合浦县划为北海市属县。

1993年12月，郊区所属的西塘乡、咸田乡改为镇建制。

1995年2月，北海市行政区划调整：撤销郊区，设立银海区，合浦县属福城镇划入；增设铁山港区，以合浦县属的南康、营盘2个镇归辖，增设兴港镇；扩大海城区行政区域面积。北海市行政区划为1县3区。

3. 钦州市

1949年12月7日，钦州解放。1949年12月8日至1950年8月29日，钦县属广东省南路专区（专署设在湛江）。1950年8月30日至1951年2月28日属广东省钦廉专区（专署设在北海市）。

1950年年初，将那陈、南荣等乡不合理的飞花地划归广西邕宁领导。1950年3月，广西邕宁所属的三官区（即大塘区）拨归钦县领导。1951年2月19日至1955年6月，钦廉专区（先后改为钦州、合浦专区）划归广西领导。1951年3月，专区迁来钦城，改为钦州专区，辖钦县、灵山、合浦、防城、浦北（1952年成立）、上思（1952年春划归钦州专区管）、北海市、东兴口（1952年撤销东兴市建制）。1953年春，钦州专区迁合浦廉城，改为合浦专区。同时上思县划归南宁专区领导。1955年7月，合浦专区再划归广东。钦县划归广东省领导。将锦亮、那湾、大塘、团城、南晓、南荣、太安、团洞、屯里、雅王、晓贤、那农、那团、那黎、陵庄、台马、大满、采朗、南州、桥板、风亭、百乐、那黄乡划归广西领导。

1957年7月1日，经国务院批准，成立钦北僮族自治县。钦县分为钦县、钦北县。钦北县址设在大寺镇。将原属防城县的大岩乡、大直镇、那夜乡、大利乡、屯笔乡、那桃乡、屯品乡、那么乡、彭久乡、那泮乡、新晓乡、料连乡、富雄乡、屯宽乡、那天乡、亭子乡、那沙乡、滩营乡、六用乡、波罗根乡、西显乡、洞尾乡、那柏乡、平旺乡、太平乡划归钦北县领导。钦北僮族自治县于1958

年5月7日正式宣布成立。1958年11月15日，钦北僮族自治县又并归钦县。将太平乡、滩营乡（除西显外），全部划归东兴各族自治县领导；陆屋乡、广隆乡的全部并归灵山县领导。1959年撤销合浦专区，改属广东省湛江专区。钦县归湛江专区领导。1963年9月14日，国务院全体会议第一三五次会议通过，并以国议字45号文件下达批准，设立钦州僮族自治县。撤销钦县。钦州僮族自治县的行政区划，就是原来钦县的行政区划，并于1964年2月5日，在钦州宣布正式成立。经国务院批准，湛江专区划分为湛江、钦州两个专区。钦州专区于1965年8月1日正式成立。辖钦州、灵山、合浦、浦北、东兴各族自治县、北海市、上思县（由南宁专区拨入）。根据钦署（65）秘字002号文件精神，钦州僮族自治县同时改称钦州县。划归广西壮族自治区领导。

1983年，经国务院批准，钦州县改为钦州市。以原钦州县的行政区域为钦州市的行政区域。1987年5月21日，国务院批准（国函[1987]84号）将钦州地区的合浦县划归北海市管辖。1994年6月28日，国务院批准（国函[1994]62号）：①撤销钦州地区、钦州市，设立地级钦州市，市人民政府驻新兴路。②钦州市新设钦北、钦南区。钦南区辖钦州、沙埠、康熙岭、尖山、久隆、黄屋屯、东场、犀牛脚、大番坡、龙门港13个镇，区人民政府驻钦州镇；钦北区辖新棠、板城、小董、大垌、长滩、那蒙、大寺、贵台、大直、青塘、平吉11个镇和那香乡，区人民政府驻钦州湾大道。③钦州市辖原钦州地区的浦北县、灵山县和新设的钦北区、钦南区。

4. 防城港市

1949年12月6日，防城县全境解放。1951年2月以前属广东。1951年3月至1955年6月划归广西，1955年7月至1965年7月复归广东湛江专区，其间，1957年3月27日，设立十万大山僮族瑶族自治县，辖防城县部分地区。1958年5月，经国务院批准，十万大山僮族瑶族自治县更名东兴各族自治县，1958年12月，防城县、东兴各族自治县合并后，称东兴各族自治县，县城设在东兴镇。

1965年8月，东兴各族自治县又划归广西壮族自区合浦地区管辖。1978年11月，经国务院批准，县城从东兴镇迁到防城镇，县名改为防城各族自治县。1985年3月，中共广西壮族自治区委员会、广西壮族自治区人民政府决定设立地级编制的防城港区，直接由自治区领导。1993年5月，国务院批准成立防城港市，撤销防城港区和防城各族自治县，设立防城港市，辖港口区、防城区（含东兴经济开发区）、上思县。1996年4月29日，东兴经济开发区改设为县级东兴市。2008年，防城港市辖港口区、防城区、上思县、东兴市。

5. 湛江市

湛江地区历史上曾划分为高州六属（茂名、电白、信宜、廉江、化县、吴川）和雷州三属（徐闻、海康、遂溪），故称高雷地区。与钦廉四属（合浦、灵山、钦县、防城）及两阳（阳江、阳春）合称为广东南路。

新中国成立后，1950年2月成立南路专员公署，驻湛江市赤坎。辖防城、钦县、灵山、合浦、廉江、遂溪、海康、徐闻、吴川、梅茂、电白、化县、茂名、信宜14个县及湛江市。1950年9月改为高雷专员公署，析合浦、灵山、钦县、防城入合浦专区，其余辖地不变。1952年11月高雷专员公署撤销，设粤西行政公署。下辖徐闻、海康、遂溪、廉江、化县、茂名、信宜、电白、吴梅、阳江、阳春、恩平、开平、台山和湛江市，共辖14个县1个市。同年11月析湛江市的硇洲洲岛和东海岛成立雷东县，1953年析吴川县的南三岛划入雷东县。1954年吴梅县复称吴川县。1956年2月改称湛江专员公署，下辖阳江、阳春、茂名、电白、吴川、化县、廉江、遂溪、海康、徐闻、雷东和湛江市（台、开、恩划归佛山专区）。1958年冬，合浦专区与湛江专区合并，仍称湛江专员公署。增加东兴、钦县、合浦、灵山和北海镇（县级镇，后改市）。至此，湛江专员公署下辖16个县2个市。同年冬撤销雷东县。将辖地及遂溪县的麻章、吴川县的坡头、龙头划入湛江市郊区。1958年将茂名县金塘、公馆、新坡、袂花、高山、镇盛、山阁、牛头8个公社及吴川县兰石、浅水两公社部分地区合建茂名市。隶属湛江专员公署。原茂名县改名高州县。同年11月，按地理、经济、生产等条件进行并大县。将海康县南渡河以南与徐闻县合建为雷南县。南渡河以北与遂溪县、廉江县合并为雷北县。高州县与信宜县合并为高州县。化县与吴川县合并为化州县。阳江与阳春合并为两阳县。至此湛江专员公署下辖合浦、灵山、钦县、东兴、雷南、雷北、化州、高州、两阳9个县及北海、湛江、茂名3个市。1961年春撤销大县，恢复原县建制。

1965年，合浦、灵山、钦县、东兴四县及北海市划归广西壮族自治区。湛江专区管辖范围为11个县2个市。1967年3月成立湛江地区军事管制委员会，1968年4月改为湛江地区革命委员会。

1978年9月恢复湛江地区行政公署，1983年9月1日撤销地区，实行市管县。原湛江地区徐闻、海康、遂溪、廉江、吴川五县划归湛江市；电白、化州、高州、信宜县划入茂名市；阳江、阳春县划入江门市，后又划出成立阳江市。目前，湛江市辖吴川、廉江、雷州3市，徐闻、遂溪2县，赤坎、霞山、坡头、麻章4区和湛江经济开发区、东海岛经济开发试验区。

6. 海南省

1950年5月，海南岛解放。之后，设立海南行政区公署，为广东省人民政府派出机关。1984年6月31日，第六届全国人民代表大会第二次会议，审议并通过了国务院关于成立海南行政区人民政府的议案。同年10月1日，海南行政区人民政府成立，属广东省。1987年9月6日，第六届全国人民代表大会第二十二次会议，通过设立海南省议案，提请第七届全国人民代表大会审议。1988年4月，第七届全国人民代表大会通过设立海南省议案。同年4月26日，海南省政府正式挂牌成立。

7. 玉林市

1949年11月29日鬱林县解放，12月1日兴业县解放。解放后，鬱林、兴业二县属鬱林专区。1951年7月属容县专区。1952年8月，奉广西省人民政府令，并经政务院1953年4月23日批准撤销兴业县，原兴业县第一、第二、第三、第四区划归鬱林县管辖，改为第九、第十、第十一、第十二区4个区。1953年6月，贵县析出福隆、合成、合民3个乡划归鬱林县。

1956年3月30日经国务院批准，鬱林县更名为玉林县，仍属容县专区。1958年7月，属玉林专区。1966年4月城关镇从玉林县划出，改为玉林镇。1970年12月玉林镇复归玉林县管辖。1971年玉林县属玉林地区。1983年10月8日经国务院批准，撤销玉林县，设立玉林市，以原玉林县的行政区域为玉林市的行政区域。1994年4月18日，撤销北流县，设立北流市。1997年4月22日，撤销玉林地区和县级玉林市，设立地级玉林市。玉林市设立玉州区和兴业县。玉州区辖玉林、福绵、南江、城西、名山、仁东、樟木、成均、新桥、城北、茂林、沙田12个镇和石和、仁厚、大塘3个乡。区人民政府驻玉林镇民主路。兴业县辖原县级玉林市的石南、城隍、大平山、蒲塘、北市、葵阳、沙塘、山心8个镇和龙安、铁联、博爱、高峰、洛阳、小平山、卖酒7个乡。县人民政府驻石南镇。玉林市辖原玉林地区的容县、陆川县、博白县和新设立的兴业县、玉州区，原玉林地区的北流市由自治区直辖。2009年12月，玉林新增设玉东新区。目前，辖玉州区、福绵管理区、玉东新区（2009年12月6日成立）、北流市、容县、陆川县、博白县和兴业县。

8. 崇左市

1949年12月19日，崇善县城解放；1950年1月14日，左县解放。中华人民共和国成立之初，左江地区属龙州专区。1951年4月，崇善县与左县合并为崇左县（1952年8月11日政务院批准），"崇左"因此得名。1951年5月，宁明、明江、凭祥三县合并为镇南县，龙津县和上金县合并为龙津上金联合县（后改丽江县）；6月，镇结县与向都县合并为镇向县；7月扶南、绥渌、同正3个县合并置扶绥县；9月镇向又与龙茗合并为镇都县（1957年4月更名天等县），雷平、万承、养利3个县合并置大新县。1951年10月19日，龙州专区更名为崇左专区。崇左专区下辖崇左、扶绥、镇南、思乐、丽江、大新、镇都、隆安、上思9县。1952年8月崇左、宾阳两专区合并置邕宁专区（1953年4月23日政务院批准）。丽江县因与云南省丽江县同名，改称龙津县（1962年复名龙州县）。撤销镇南、思乐两县，合并置宁明县。1956年10月宁明县析凭祥市。1958年11月14日邕宁专区更名为南宁专区，1971年11月更名为南宁地区。2002年12月23日，国务院批准撤销南宁地区，设立地级崇左市。崇左市设立江州区，以原崇左县的行政区域为江州区的行政区域。崇左市辖原南宁地区的宁明县、扶绥县、龙州县、大新县、天等县和新设立的江洲区。原南宁地区的县级凭祥市由广西壮族自治区直辖。将原南宁地区管辖的隆安县、马山县、上林县、宾阳县、横县划归南宁市管辖。2003年8月6日，崇左市正式挂牌成立。目前，崇左辖江州区和扶绥、大新、天等、龙州、宁明5个县，代管县级凭祥市。

第三章　今日北部湾

第一节　北部湾自然文化概况

一、地理区位

北部湾位于我国南海的西北部,是一个半封闭的海湾,东临我国的雷州半岛和海南岛,北临我国广西壮族自治区,西临越南,南与南海相连。面积接近13万平方公里,平均水深40米,最深达100米。属热带季风气候,具有温暖湿润的海洋气候特征。年均温20℃~26℃,最冷月1~2月,温度仍在15.5℃~21℃;最热月7月为27℃~29℃。年平均日照时1750~2650小时,光照充足,终年温暖,四季常青。总体上说,北部湾气候比较舒适宜人,适合户外活动的时间较长。

北部湾地处华南经济圈、西南经济圈和东盟经济圈的结合部,是中国西部大开发地区唯一的沿海区域。区位优势明显,自然地理优越,战略地位突出。

北部湾介于东亚与东南亚之间,是重要的海上交通枢纽,已逐渐成为沟通中国内陆、中南半岛与东南亚诸岛国的重要通道;北部湾是面向东南亚、背靠大西南、邻近港澳、接壤越南的枢纽区域,具有重要的战略地位;北部湾是中国大西南地区走向世界的便捷通道和重要门户,可以成为西南地区未来沟通国际、国内的重要水上交通枢纽,随着南昆铁路的通车,北部湾的沿海港口逐渐成为中国云南、贵州、四川、重庆、广西5省(市、区)向南出海的最近途径,成为中国距东南亚各国以及南亚海湾区最近的交通口岸。随着三亚和岘港、洋浦与北海、防城港、钦州、湛江与海口及其他主要港口间的先后通航,"一日区"的交通优势强化了彼此的经济联系。①

二、自然旅游资源

北部湾地理条件优越，自然资源极为丰富。作为典型的热带—亚热带大陆性季风气候的跨国滨海区，北部湾海岸线绵长，海湾、海岛、岬角、海峡众多；既具有现代国际旅游所追求的"阳光、海水、沙滩、绿色、空气"五大要素，又兼具河流、港口、岛屿、气候、森林等世界热门的观光旅游风景资源。同时，北部湾地势三面高、中间低，从陆地向海洋倾斜，山海相接，地理特征明显，各种自然景观众多，如海岛、山川、谷地、瀑布等，具备开发多种旅游产品的优势条件。

（一）地文景观类旅游资源

北部湾地文景观类旅游资源充分体现自然地理环境的过渡性、多样性和不均衡性。山体总体规模大、数量多，景观多样、类型丰富，有大量奇特的、吸引度较高的资源单体，如广西南宁大明山、青秀山、北海冠头岭、防城南山、中国雷琼世界地质公园等。并以综合自然旅游地为主导，综合旅游资源丰富度较高，旅游资源开发支撑条件较好②。如广西上思十万大山国家森林公园，园区内无山不绿，无峰不秀，无石不奇，无水不飞泉。有保存完好的原始亚热带雨林，蕴含着丰富动植物资源植物种类1892多种，动物种类283种。公园里空气清新，风光旖旎，空气中负氧离子含量高达8.9万个/立方厘米，被誉为"华夏第一天然氧吧"，最适合久居尘土飞扬的城市中的人们来这里"洗肺"。十万大山国家森林公园主要景点有阴阳树、天然药浴池、龙袍树、天女浴池、金猫洗脸等。

（二）水域风光类旅游资源

北部湾位于中国沿海西南端，属季风气候，气候温暖潮湿，水文景观类旅游资源极其丰富。有多处观光河段、观光湖区、湿地、潭池、海湾等，是滨海旅游区资源特色的典型。由于地理区位和自然条件的优势，可供利用的水文类旅游资源数量众多，规模大，因此水文景观类旅游资源极具开发潜力。如北海银滩国家旅游度假区，北海银滩西起侨港镇渔港，东至大冠沙，由西区、东区和海域沙滩区组成，东西绵延约24千米，海滩宽度30~3000米，陆地面积12平方公里，总面积约38平方公里。面积超过大连、烟台、青岛、厦门和北戴河海滨浴场沙滩的总和，而平均坡度仅为0.05。沙滩均由高品位的石英砂堆积而成，在阳光的照射下，洁白、细腻的沙滩会泛出银光，故称银滩，北海银滩以其"滩长平、沙细白、水温净、浪柔软、无鲨鱼"的特点，被誉为"天下第一滩"。

---

① 北部湾旅游发展规划说明书（2009~2020）[R].2009.
② 北部湾旅游发展规划说明书（2009~2020）[R].2009.

北海银滩度假区由三个度假单元（银滩公园、海滩公园、恒利海洋运动度假娱乐中心）和陆岸住宅别墅、酒店群组成。海水浴、海上运动、沙滩高尔夫、排球、足球等沙滩运动以及大型音乐喷泉观赏、旅游娱乐等是北海银滩旅游度假区的主要内容。北海银滩度假区内的海域海水纯净，陆岸植被丰富，环境优雅宁静，空气格外清新。由于其具有"滩长平、沙细白、水温净、浪柔软、无鲨鱼"的特点，可容纳国际上最大规模的沙滩运动娱乐项目和海上运动娱乐项目，是我国南方最理想的滨海浴场和海上运动场所。而且，浴场宽阔，海水退潮快，涨潮慢，沙滩自净能力强，游泳安全系数高，海水透明度大于2米，超过我国沿海海水平均标准的1倍以上，年平均水温23.7℃，每年有9个多月可以入水游泳；公园内，空气中负离子含量数为内地城市的50~1000倍，空气特别清新，是各类慢性及老年性疾病患者最适宜的疗养环境，因而被许多中外专家认为是中国最理想的海滨浴场和度假疗养胜地，有"南方北戴河"之誉。

（三）生物景观类旅游资源

北部湾生物景观类旅游资源种类丰富，8种基本类型，占全国生物景观11类基本类型的72.7%。该类景观资源单体为51处。资源单体中包括红树林、自然保护区、动物植物园、生态公园等。陆地动物和鸟类栖息地占有一定的比重，也反映出该类资源的丰富度。其中，海南热带植物园、海南热带野生动植物园、湛江红树林国家级自然保护区、北海海洋之窗等生物景观资源具有很强的吸引力和竞争力。

三、人文历史旅游资源

世界上大多数沿海地区气候宜人，生产生活资料丰富，适合于人类居住生活，开发历史悠久，具有浓厚历史、文化、民族风情和宗教色彩，在漫长而广阔的沿海地区广泛分布有丰富的海洋文化遗存，构成滨海旅游资源的重要组成部分。

北部湾地区历史悠久，文化源远流长。早在4000多年前的夏、商、周时期，在今广东湛江辖地就有人类居住了。而2000年前，广西北部湾沿海一带以采珠业闻名，是海上丝绸之路的始发港，为亚欧交流与合作做出了贡献。

（一）历史遗址类旅游资源

北部湾是历史上持续不断大陆移民的重要聚居地，大陆中原文化在这里得以延续，并且与本土文化交融的过程中形成鲜明的地方特色，留下大量古遗址、古墓葬、古建筑、石刻、近现代重要史迹等历史遗存。如作为国家级历史文化名城，海口市目前有各级文物保护单位60处，其中全国重点保护单位6处（丘浚故居、丘浚墓、海瑞墓、五公祠、中共琼崖第一次代表大会旧址和秀英炮台），全国重点烈士纪念建筑物保护单位1处（李硕勋烈士纪念亭）；海南省文物保护单位7处（唐胄墓、儒符石塔、府城鼓楼、琼台书院魁星楼、宋徽宗神霄玉清万寿宫诏碑、琼崖红军云龙改编旧址、冯白驹故居）；市县文物保护单位46处（珠崖郡治遗址、东寨港琼北地震遗址、琼台福地遗址、府城西门城墙等）。2009年海口骑楼老街入选首批十大"中国历史文化名街"。

除了海口市以外，北部湾经济区还拥有凭祥友谊关、凭祥大连城、龙州小连城、凭祥平岗岭地下长城、龙州红八军军部旧址、湛江军港、广西滨海防法军事设施等古今军事设施。

（二）人文活动类旅游资源

作为多民族聚集地，不同民族相互交融，形成具有地方特色的民风民俗。北部湾经济区居住着的壮、瑶、苗、侗、毛南、水、京等多个少数民族，有着丰富多彩的少数民族风情旅游资源，民族风情古朴浓郁，绚丽多彩，其中，京族、毛南族、松佬族具有唯一性，如被称为广西民族风情旅游四绝的壮族的歌、瑶族的舞、苗族的节、侗族的楼和桥，特别是世代居住在防城港市万尾、巫头、山心三岛的京族，以其独特的生活习性和民族风俗成为我国南海最有特色的少数民族之一。① 这些都是北部湾地区发展历史文化旅游品牌、宗教文化、民俗文化旅游品牌的重要基础条件。

第二节　北部湾经济基础

随着1999年中国—东盟自由贸易区的提出，2002年《中国—东盟全面经济合作框架协议》的签署，北部湾经济区的建设进程不断加快。中国商务与投资峰会、大湄公河次区域合作、"两廊一圈"经济带的不断推进，在巩固深化中国—东盟合作的同时，也确立了北部湾经济区作为面向东盟开放合作的重点地区的地位。北部湾经济区被喻为继珠三角、长三角与环渤海地区之后的"中国经济增长第四极"。

改革开放特别是实施西部大开发战略以来，北部湾经济区经济社会发展取得显著成就，进入了历史上最好的发展时期。经济实力明显增强，经济总量占全国比重不断提高；基础设施建设取得重大进展，沿海港口吞吐能力不断提升，集疏运条件逐步完善，西南出海大通道作用得到发挥；特色优势产业快速发展，一批

---

① 高元衡. 沿海旅游目的地成长研究——以广西北部湾经济区为例[D]. 华东师范大学博士学位论文，2009.

国家重大项目已经建成或将开工建设；开放水平不断提高，与国内其他地区的经济合作日益深化，在面向东盟开放合作中的地位日益凸显；人民生活水平明显提高，生态建设和环境保护得到加强。随着经济全球化深入发展，科技革命加速推进，全球和区域合作方兴未艾，求和平、谋发展、促合作已经成为不可阻挡的时代潮流；国家贯彻与邻为善、以邻为伴的周边外交方针，我国与东盟等周边国家的睦邻友好和务实合作将得到进一步加强。这些为北部湾经济区营造了和平稳定发展的周边国际环境。国家深入实施西部大开发战略和推进兴边富民行动，鼓励东部产业和外资向中西部地区转移，重大项目布局将充分考虑支持中西部发展，加大力度扶持民族地区、边疆地区发展，支持西南地区经济协作、泛珠三角区域合作以及国内其他区域合作，为北部湾经济区加快发展注入了新的活力和动力。

2008年北部湾经济区抓住工业化、信息化、城镇化、市场化、国际化全面发展的机遇，发挥区位优势，加强引导扶持，承接产业转移，加快发展现代产业体系，推动产业优化升级，大力推进信息化和工业化融合，加快发展现代农业，提高服务业现代化水平，加速科技成果转化，加强知识产权保护，不断提高自主创新能力、节能环保水平、产业整体素质和市场竞争力。①

一、工业

北部湾经济区发挥沿海港口优势，充分利用两个市场、两种资源，大力改善发展环境，加快完善产业布局，在沿海规划建设高起点、高水平的现代加工制造业体系，培育跨国公司和国际知名品牌。石油化工业利用较好的港口条件和南海丰富的油气资源，建设钦州大型炼油基地，发展原油加工等石化产业。造纸业利用适宜种植速生林的优势，建设钦州、铁山港等大型林浆纸基地，生产高中档造纸系列产品，发展林浆纸一体化产业，形成沿海林浆纸一体化产业群。冶金业按照国家钢铁产业政策要求，充分发挥沿海优势，实施产品结构调整，积极推进钢铁企业联合重组，加快淘汰落后钢铁产能，提高产品附加值。轻工食品业依托沿海港口，大力发展粮油食品加工等产业，把制糖工业建成综合利用、循环发展的产业。利用丰富的农产品资源，积极发展茧丝绸、果蔬、剑麻、八角、金花茶、竹笋、烟草等深加工；利用区位优势，发展纺织服装工业。高新技术方面，加快科技成果引进消化吸收再创新，重点培育发展电子信息、生物工程、新材料、现代中药、节能环保等高技术产业，积极发展软件开发、新型电子元器件、生物基材料和稀土等高性能材料、生物质能源、节能环保材料及产品等。同时发挥海洋资源优势，大力培育发展海产品深加工、海洋生物制药、海洋化工等海洋产业，

---

① 广西北部湾经济区发展规划［R］.2008.

加强海洋油气等矿产资源勘查与开发，促进海洋科技成果产业化。

2008年，广西全年全部工业增加值2627.39亿元，比2007年增长18.6%。规模以上工业增加值1976.42亿元，增长22.6%；产品销售率94.05%；工业新产品产值510.46亿元，增长3.2%；工业品出口交货值324.87亿元，增长23.6%。湛江全年全部工业完成增加值456.91亿元，增长11.0%，工业对全市经济增长的贡献率为46.5%。全市规模以上工业企业实现增加值393.45亿元，增长11.2%。海口市受市场竞争日趋激烈、企业资金偏紧、原材料价格上扬等因素的影响，工业生产增速呈现下滑。全市工业实现总产值328.7亿元，比2007年下降5.6%，其中规模以上工业累计完成产值305.41亿元，下降6.6%。

二、农业

北部湾经济区坚持把发展现代农业，繁荣农村经济作为社会主义新农村建设的首要任务，大力发展高效优质生态安全农业，积极发展农产品精深加工业，不断提升水利化、机械化和信息化水平。种植业方面，稳定粮食种植面积，改善农业生产条件，依靠科技提高品质和单产，重点发展热带亚热带果蔬等特色园艺作物。畜牧业积极调整畜牧业结构，转变畜牧业发展方式，改良畜禽品种，开发地方家禽品种资源，大力发展奶、水牛产业，积极开展草地改良、人工种草，提高畜牧业综合生产能力，促进畜牧业生产由粗放、耗粮型向集约、节粮型转变，重点发展特色优势畜禽。海洋渔业积极推广生态养殖，严格控制近海捕捞强度。合理开发北部湾渔业资源，积极稳妥发展远洋渔业，完善渔政渔港设施建设。近几年来，经济区一直不断加强农业服务体系建设，完善农产品生产、加工、流通等配套服务；积极推进农产品批发市场设施建设和升级改造，加大科技支农力度，扩大信息进入农户覆盖面，鼓励发展农机社会化服务；加强地方特色产品原产地保护。建设动植物疫病防控工程，提高农产品质量安全水平。

2008年，广西全年粮食种植面积2973.1千公顷，粮食产量1394.7万吨，肉类总产量350.7万吨，水产品产量250.0万吨，全年新增有效灌溉面积4.35千公顷，新增节水灌溉面积15.48千公顷。湛江市全年完成农林牧渔业增加值230.66亿元，粮食种植面积449.94万亩，粮食产量151.11万吨，肉类总产量34.61万吨，全年水产品产量94.72万吨。海口市全市实现完成农林牧渔业总产值50.57亿元，实现农林牧渔业增加值31.4亿元。其中，种植业增加值14.55亿元，林业增加值1.96亿元，牧业增加值10.21亿元，渔业增加值3.6亿元，农林牧渔服务业增加值1.08亿元。

三、服务业

北部湾经济区在服务产业中一直坚持产业化、市场化、社会化方向，拓宽领域、扩大规模、优化结构、增强功能、规范市场,提高服务业现代化水平。物流业依托区位优势和深水良港优势,大力发展海洋运输,加快构建沿海和城市保税物流体系。充分利用中国—东盟博览会形成的平台,大力发展国际经济贸易和服务贸易,建设区域性国际现代物流基地。依托边境贸易、边境出口加工、跨国旅游,建设边境商贸物流基地和边境综合保税区。培育现代物流企业集团,加强与国内外物流企业合作,大力发展第三方物流,加快电子口岸建设,形成面向东盟、连接西南、通达珠三角的高效便捷低成本物流服务体系。金融业则积极引进各类金融机构,大力发展银行、保险、证券、期货、信托等金融业,加快培育金融市场,组建一批新的投融资公司,探索建立产业投资基金,积极发展创业投资企业,利用资本市场直接融资,加快中小银行重组、改革步伐,构建区域性金融中心,形成现代化金融服务体系。稳妥推进调整放宽农村地区银行业金融机构准入政策试点工作,大力培育多层次、广覆盖、可持续的农村金融体系。信息服务业不断增强邮政电信服务能力,大力推进电子商务和电子政务,积极发展地理信息、动漫等数字内容产业。促进信息服务硬件建设与软件建设相融合,加快行业信息化应用,建设包括商务投资、金融、港口航运、产品质量检验检疫、旅游、劳动力、科技、文化等综合性和专业性信息在内的中国—东盟区域性国际信息交流服务中心。旅游业立足旅游需求,发挥特色优势,依托中国优秀旅游城市,把北部湾经济区培育成为区域性国际旅游目的地和旅游促进中心。完善旅游产品体系,积极发展生态旅游、康体旅游、温泉度假、邮轮游艇、海岛旅游、自驾车旅游等休闲度假旅游产品。不断加强旅游基础设施和公共服务体系、安全与质量保障体系建设,大力提升旅游业服务水平。

　　作为北部湾核心区的广西,2008年全区生产总值(GDP)达到7171.58亿元,;第三产业增加值2679.94亿元,增长11.7%。第一、第二、第三产业增加值占地区生产总值的比重分别为20.3%、42.3%和37.4%。第一、第二、第三产业对经济增长的贡献率分别为7.7%、55.7%和36.6%。湛江市全年实现生产总值(GDP)1048.66亿元,第三产业增加值320.93亿元,增长12.5%。在第三产业中,交通运输、仓储和邮政业增长14.0%,批发和零售业增长14.7%,住宿和餐饮业增长11.1%,金融业增长1.7%,房地产业增长10.2%,其他服务业增长12.5%。产业结构继续调整优化,三次产业结构由上年的22.5:46.4:31.1调整为22.0:47.4:30.6。海口市2008年全年生产总值(GDP)实现443.18亿元(不含农垦),第三产业实现增加值298.5亿元,增长14.4%。一次、二次、三次产业结构为7.0:25.6:67.4。

　　中国—东盟自由贸易区建设加快推进,中国—东盟博览会和商务与投资峰会、大湄公河次区域经济合作等一系列合作机制的建立和实施,深化了中国—东盟合作，为北部湾经济区发挥面向东盟合作前沿和桥头堡作用奠定了基础。国家高度重视北部湾经济区发展，明确将北部湾经济区作为西部大开发和面向东盟开放合作的重点地区，提出新要求，赋予新使命。北部湾经济区加快发展的机遇已经来到，条件已经具备，时机已经成熟。目前，北部湾经济区总体经济实力还不强，工业化、城镇化水平较低，现代大工业少，高技术产业薄弱，经济要素分散，缺乏大型骨干企业和中心城市带动；港口规模不大，竞争力不强，集疏运交通设施依然滞后，快速通达周边省特别是珠三角大市场以及东盟国家的陆路通道亟待完善，与经济腹地和国际市场联系不够紧密；现代市场体系不健全，民间资本不活跃，创业氛围不浓；近海地区生态保护及修复压力较大；社会事业发展滞后，人才开发、引进和储备不足等。加快推进北部湾经济区开放开发，有利于推动经济社会全面进步，从整体上带动和提升民族地区发展水平，振兴民族经济，巩固民族团结，保障边疆稳定；有利于深入实施西部大开发战略，增强西南出海大通道功能，促进西南地区对外开放和经济发展，形成带动和支撑西部大开发的战略高地；有利于完善我国沿海沿边经济布局，使东中西部发展更加协调，联系更加紧密，为国家经济社会发展战略注入新的强大动力；有利于加快建设中国—东盟自由贸易区，深化中国与东盟面向繁荣与和平的战略伙伴关系，北部湾有望成为中国的第二个香港。

第三节 北部湾城市旅游现状

北部湾旅游市场包括中国和越南两个部分，由于越南方面数据难以获取，因此本部分重点分析北部湾（中国区）①的旅游现状和特点。

北部湾地理区位条件优越，对内紧邻珠三角及港澳台地区，对外依托东盟市场，虽区域旅游尚处初级发展阶段，但依托多重国家战略的汇集，资源优势的整合，旅游发展潜力无限。

一、旅游业经济发展态势良好

（1）旅游市场总体保持平稳增长。2008年北部湾地区总游客量达7450.55万人次，相当于2001年的2.32倍，7年时间翻了一番多。其中，入境游客147.94万人次，约占游客总量的1.99%；国内游客7302.5万人次，占游客总量

---

① 本章提及的北部湾（中国区）包括：广西的南宁、北海、钦州、防城港、玉林、崇左；广东的湛江、茂名；海南的海口、三亚。

98.01%。旅游总收入达479.86亿元，比2007年增长了1.5倍。其中外汇收入换算成人民币为33.51亿元，占旅游总收入的6.98%；国内旅游收入446.35亿元，占旅游总收入的93.02%。入境游客人均消费327.6美元，平均停留1.09天；国内游客人均消费611.2元，平均停留1.75天。

（2）区域内市场发展不均衡。2008年，北部湾海南片区接待入境游客97.9万人次，占北部湾入境游客总量的66.02%；广西北部湾地区接待入境游客43.71万人次，占总量的29.53%；湛江接待入境游客6.33万人次，占总量的4.28%。从接待国内游客来看，广西沿海4455.5万人次，占北部湾国内游客总量的61.01%；海南1962万人次，占总量的26.87%；湛江885万人次，占总量的12.12%。从旅游总收入来看，广西沿海为241.16亿元，占总量的50.26%；海南片区为192亿元，占总量的40.01%；湛江46.7亿元，占总量的9.73%。

二、旅游产品体系初步建立

（1）生态观光旅游。北部湾属亚热带气候，自然资源丰富，自然风光良好，山秀海阔，文化奇特，自然生态污染程度低，经过开发形成了德天跨国大瀑布、天涯海角、南山文化旅游区、青秀山风景区等一批知名度高、影响力大、竞争力强的旅游吸引物。

（2）会议展览。每年一度的中国—东盟博览会、中国—东盟商务与投资峰会，使中国与东盟各国政治经济互利互惠，大力发展会展商务旅游，举办各种会议展览、经贸活动，打造城市会展品牌已经形成了北部湾一种新的旅游交流形式。

（3）休闲度假。依托得天独厚的滨海资源，北部湾滨海休闲度假旅游不断发展，具有北海银滩国家旅游度假区、九曲湾温泉度假村等一大批知名的滨海休闲度假区。

（4）民俗节庆赛事。各类民俗节庆活动和体育赛事也逐渐成为北部湾旅游的一大亮点。北部湾汇聚了汉、壮、苗、瑶、黎等多个民族，各民族都有自己独特的文化传承以及各种独特的习俗。节庆方面，除了大家熟知的一年一度的广西南宁国际民歌节外，还有壮族的三月三歌圩、京族祭海神的哈节、瑶族的盘王节等节日庆典；体育赛事方面，如"环海南岛国际公路自行车赛"、世界级的模特大赛，等等。

三、旅游接待具备一定能力

（1）旅游交通。自中国—东盟博览会召开以来，长期制约北部湾地区和东盟旅游合作的空中航线得到了很大改善。北部湾连接国内外的航运、公路、铁路立体式交通骨架已经基本成型。现在正在建设的琼州跨海通道工程，预计2020

年琼州跨海通道工程建成后海口至湛江的铁路旅行时间由目前（2010年3月）的4.5小时缩短至1.5小时以内，公路出行时间由7~8小时缩短至2小时以内。琼州海峡跨海工程对于完善全国综合交通运输体系，加强"泛珠江三角洲"地区的交流与合作，促进中国—东盟自由贸易区的发展都具有重要而深远的意义。

（2）住宿设施。2008年北部湾（中国区）共有三星级以上星级酒店共240家，其中五星级26家，四星级61家，三星级153家。按地区划分，广西沿海有51家；广东有28家；海南海口、三亚共有161家。此外，还有一大批招待所、旅社、经济型酒店等其他住宿设施。

（3）旅行社。2008年，北部湾（中国区）有旅行社329家，其中国内旅行社247家，国际旅行社82家。海南省旅行社发展最为迅速，有149家。但是，北部湾旅游服务行业企业规模小，没有形成比较知名的旅行法务企业或集团。

表3-1 北部湾（中国区）旅行社分布统计

地区分布		片区总数（家）	国内	国际	总数（家）
广西	南宁	142	43	15	58
	北海		23	7	30
	防城港		3	5	8
	钦州		10	1	11
	玉林		23	3	26
	崇左		4	5	9
广东	湛江	38	21	2	23
	茂名		13	2	15
海南	海口	149	93	42	—
	三亚		14		
总计			247	82	329

资料来源：《北部湾旅游发展规划说明书》。

第四节 北部湾城市旅游特征及存在问题

一、北部湾城市旅游特征

经过多年的发展，北部湾经济区全面实施区域经济开放带动和重点突破战略，旅游经济总量和效益大幅度提高，旅游业连续多年实现了健康、快速发展，已成为带动地方经济和社会发展重要的动力和先导产业。在观光旅游为主的时代，北部湾旅游资源的潜在优势未能得以充分发挥。随着休闲度假旅游时代的到来，北部湾区域旅游的巨大优势得到了全面释放，主要特点表现在：

（1）具有高品位、垄断性的旅游资源和品牌。北部湾旅游资源丰富，自然风光与人文风情并茂，具有许多高品位的一流旅游资源，如中国—东盟博览会、南宁国际民歌节、北海涠洲岛、北海银滩、中华白海豚保护区、德天跨国大瀑布等位，资源品位一流，市场垄断性强。

（2）组合优势明显，旅游产品多样。类型多样的旅游资源形成了北部湾特有的"海"之韵、"边"之神秘、"山"之神奇、"林"之清秀、"瀑"之神妙等景观特色。涵盖了跨国海湾、海岛海岸、边关风情、生态山水、民风民俗，形成了以观光旅游为基础，以休闲度假为主攻方向，以各类专项特色产品为补充，独具北部湾地域特色、体系完善的旅游产品体系。有山水旅游观光产品，如南宁大明山、大新德天跨国大瀑布、海口石山火山群等；海洋观光产品，如涠洲岛火山地质公园、合浦山口红树林自然保护区、北海儒艮自然保护区等；海岛观光旅游产品，如北海涠洲岛、斜阳岛、钦州七十二泾群岛、麻兰岛等；都市观光旅游产品，如南宁市的中国—东盟博览会、各市的小吃街、购物街、文化街等街道建设。

二、北部湾城市旅游存在问题

优质资源低效利用，未形成龙头景区和亮点项目：旅游产品开发层次较低，旅游设施配套和服务档次不高，整天面向的依然是周边中低端市场，综合效益较低。优质旅游资源低效利用现象明显，表现为寡头式占用、错位利用、粗放式利用和分散利用，多点开花。

（1）产品结构单一，缺少一定的文化内涵。北部湾旅游产品结构单一，大多是观光型旅游产品，而有特色的休闲娱乐、度假型旅游产品发展还不足，缺乏修学考察、探险等专项旅游产品。众所周知，旅游者在进行单纯的观光旅游时，在旅游目的地的停留时间短，消费水平低。只有度假型、娱乐休闲型之类的旅游产品才能延长游客的停留时间，刺激消费，提高旅游总收入。而北部湾现有的度假型旅游产品也没能真正延长游客的停留时间。旅游产品缺乏一定的文化内涵，许多游客来北部湾各城市旅游后留下的印象只是山水美，热带风光优美，对北部湾各地的地方文化了解甚少。当今世界旅游发展的趋势表明：缺乏文化内涵的旅游产品终究会缺乏市场竞争力。

（2）旅游企业品牌化、集团化发展不足，产业联动性不高。北部湾现有旅游企业以量多、规模小为主，跨区域经营的知名连锁企业、旅游集团非常欠缺，因此，在资金投入、品牌与运作、产品与设施建设、人力资源与管理等方面与国际化要求尚有相当距离，旅游企业之间也缺乏长期、规范、稳定、深入的合作。同时在旅游消费中，交通、住宿、餐饮三项基本消费占57.41%，而旅游购物、文化娱乐等弹性消费仅占21.09%。此外，旅游业与城市建设、工业、农业、商贸业等其他产业的联动程度也较低。

（3）整体性发展不够，管理体制亟待健全。旅游开发缺乏整体规划、统筹安排，陷入各自低水平开发、重复性建设、同质性竞争。联动性发展不足，协同优势不凸显。在旅游市场秩序方面，由于旅游行政部门的职责所限、与相关部门的协作机制尚未有效建立等原因，存在监管不到位，旅游企业服务不规范、服务水平不高、旅游诚信建设滞后等问题。

第四章　北部湾城市旅游发展评析与策略

第一节　北部湾城市旅游化改造的背景与分析

一、旅游化改造的经济背景

（一）产业结构比重的转变

目前，我国处于工业化发展阶段，第二产业的发展强度仍超过第三产业，支撑着国民经济的发展，但第二产业的相对比重稳定并逐步下降，而第三产业对于整个经济增长的贡献实现了相对稳定的持续上升状态，进入产业结构的高度化发展。据有关研究测算，在中国，旅游收入每增加1元，可带动第三产业相应增加10.7元，旅游外汇收入每增加1美元，利用外资额则相应增加5.9美元。旅游产业是关联度高、涉及面宽、带动力强的综合性产业，旅游消费直接投向是吃、住、行、游、购、娱6个部门。间接影响的有金融、保险、通信、医疗、农业、环保、印刷等58个部门。现代旅游的一个重要特点是其强大的关联性，不仅旅游业内部的产业链条日益清晰，而且跨产业联合发展也已经成为现代旅游尤其是现代都市旅游的发展趋势。北部湾自然资源丰富，区位优势明显，具有适宜发展多种与旅游相关联产业的优势。

（二）北部湾旅游市场所占比重较小

北部湾地理区位条件优越，为区域整体社会经济发展的快速增长奠定良好的发展基础；国家战略和政策聚焦带来基础设施全面改善，为发展旅游服务配套提供支撑和有效衔接，也为北部湾旅游的腾飞奠定了坚实基础。但是目前，北部湾国内、国际旅游市场仍处在起步发展阶段。旅游资源整体开发水平不高，不少优秀旅游资源处于待开发和低水平开发状态，旅游基础设施相对落后，旅游文化和旅游社会环境亟待加强开发建设。以旅游收入为例，2008年区域国内旅游收入为446.35亿元，仅占全国国内旅游收入的5.1%（8749亿元）；国际旅游收入仅为33.51亿元，只占全国入境旅游收入的1.18%（2819亿元）。近邻珠三角巨型输出的国内客源，对大西南内陆区域的巨大吸引力，以及邻近东南亚、港澳等入境客源市场，却尚未形成有效的区域性大市场。因此，强调跨区域整合资源，推进大项目建设，开发大产品，建设国际精品旅游线路，全面提升北部湾旅游整体竞争力的旅游化改造迫在眉睫。

二、旅游业发展趋势分析

（一）世界旅游业的发展趋势

1. 世界旅游业发展概况

世界旅游业在经济全球化和经济一体化的作用下，进入了快速发展的黄金时代，旅游业已成为世界第一大产业。经济全球化和区域经济一体化的进程深刻地影响着世界旅游业的发展轨迹，打破了原有的旅游市场格局。东亚太经济的崛起，为世界旅游热点向东亚太转移创造了经济平台。中国—东盟自由贸易区的形成，将出现一个拥有17亿消费者、近2万亿美元国内生产总值、1.2万亿美元贸易量的经济区。东亚太地区接待国际旅游人数占世界的份额将从1995年的14.2%上升为2020年的27.3%，超过美洲（2020年为17.8%），位居世界第一。欧、美主宰世界旅游市场的局面已被打破，全球旅游市场形成欧、亚、美三足鼎立的新格局。

2. 世界旅游业发展的主流趋势

（1）度假旅游将成为世界旅游业的主流产品和重要支柱。在未来的旅游市场中，观光型旅游并不会完全失去市场，但在传统的旅游客源国家中度假旅游将更为盛行，并会逐步取代观光旅游成为国际旅游的主体。度假旅游产品、专项旅游产品、个性化旅游产品将是旅游业发展的主流趋势。

（2）"银色市场"不断扩大。西方主要客源国大都进入了老年型国家。现代的老年人是有钱、有闲、健康活跃的阶层，退休后开始了他们人生的第二个春天，对异国的古老传统文化比年轻人更感兴趣，对旅游休闲度假更有兴趣。"银色市场"越来越被各旅游接待国所重视，"银色市场"将成为重要的市场面。

（3）区域旅游势头不减。由于地缘和文化的原因，对大部分国家来说，邻近市场仍将是本国旅游客源的主体市场。区域经济一体化会以其"地利、人和"的优势，推动区域旅游业以更高的速度增长。在不久的将来，东南亚海域将成为世界滨海游乐业蓬勃发展的地区之一。①

（二）国内旅游业的发展趋势

1. 国内旅游业概况

进入21世纪以来，伴随着中国经济飞跃发展、综合国力不断增强、国民生活水平显著提高，旅游产业迅速发展起来，并且保持着持续的发展活力。尤其是各级政府对旅游发展的高度重视和扶持，从长假制度到干线、支线机场建设、景区旅游配套专项资金等，使我国旅游产业得到蓬勃发展，旅游产业规模不断扩张。从2005年开始，中国旅游业和全球旅游业进入了一个新的景气周期，其间入境旅游人数年均增长率为8%~10%。据WTO预测，到2020年，我国将成为世界上第一大旅游目的地和第四大客源国。

2. 国内旅游业发展的主流趋势

（1）旅游区域化合作加强。旅游产业的发展加强了不同区域间的合作。根据区域内和周边地区的旅游资源、交通条件、地理位置，按照旅游经济活动的特点和规律，利用不同区域旅游资源和旅游产品的互补性，使各方均能受益的区域联合显示出旺盛的生命力。如长三角地区"15+1"无障碍旅游区、大珠三角区域旅游一体化等。

（2）休闲度假和旅游体验逐步迈入大众化轨道。紧随世界旅游业的发展步伐，国内旅游业者已开始洞悉旅游发展的新动向，着力培育旅游度假胜地这一主流产品，利用自身不可复制的社会资源、民俗文化资源和交通、通信、网络等基础设施以及度假地的游憩设施，形成规模性的复合型度假产品体系，满足各个层面的游客需求。

（三）北部湾地区旅游业发展的主流趋势

1. 北部湾将成为多元素交融的度假休闲胜地

北部湾旅游资源丰富，其突出的特色可以概括为"六大风情"，即热带海滨风情、热带海岛风情、跨国海湾风情、中越边境风情、少数民族风情、历史文化风情。这些资源特色，与周边近邻的客源市场和热点旅游目的地形成了巨大的反差和互补性。特别是品质优良的热带滨海沙滩和少数民族风情极富有吸引力。北部湾将成为多元素交融的度假休闲胜地。

2. 专项旅游产品开发加速，产品体系全面转型升级

北部湾以观光旅游和休闲度假为主体，完善旅游产品谱系，依托特色旅游资源富集区，培育旅游产品基地，通过有效整合，进行全面转型升级。从以观光为主的门票经济向综合收益为主的产业经济转变；从观光产品为主向滨海休闲度

---

① 魏敏. 世界旅游业发展趋势与胶东半岛旅游业发展战略定位［J］. 山东社会科学，2010（4）.

假、城市商务旅游等为主的复合型旅游目的地跨越；着眼于服务于国家战略需要，强化区域整合，实现向和谐旅游、统筹发展跨越；着眼于城市群和大工业发展，强化公共设施向优化整合转变，实现向社会资源旅游化跨越。逐步形成独具北部湾地域特色、体系完善的旅游产品体系。

3. 区域化合作不断加强，旅游业逐步具备国际性。

目前，北部湾区域已经形成中国—东盟自由贸易区合作、泛珠三角与CEPA合作等6个战略合作协议，拥有"中国—东盟博览会"国际性合作平台、"泛珠三角区域合作与发展论坛"和"泛珠三角区域经贸合作洽谈会"两个区域性合作平台，构建了很好的战略性合作平台基础。同时，中国与东盟、广西与越南已经合作开发了一些旅游产品，如推出"中—新—马—泰"、"中—越—泰"、"中—越—柬"等多条跨国线路，将优美的自然山水、灿烂的历史文化与浓郁的东南亚风情捆绑在一起，对国内外游客产生了巨大吸引力。随着各项政策的不断推进和实施，北部湾还将进一步改善入境客源市场进出顺畅的通行环境，加速免税购物、主题娱乐、高档酒店餐饮等设施建设，吸引更多近程和远程高端度假客源市场。同时，吸引国际大型旅游企业进驻，加速现有旅游企业改造和整合进程，推进旅游优势企业实施跨地区、跨行业、跨所有制等多种形式的联合重组和资本扩张，带动北部湾旅游业国际化接轨步伐。①

三、旅游化发展的 SWTO 分析

（一）优势

1. 资源种类多，内容丰富

北部湾经济区旅游资源十分丰富，类型多，品位高，具有典型的亚热带气候特征和"海之神韵、边之神秘、山之神奇和林之清秀"的总体资源特征。一是从滨海旅游资源禀赋看，北部湾不逊于世界顶级滨海旅游目的地；二是北部湾富集了海、岛、山等多类自然资源，边境、边关、民族风情、历史文化等多种文化资源，资源类型多样、品位高、组合度好；三是北部湾开发程度低，海洋环境、自然生态保护良好。②

2. 区位优势明显

北部湾处华南经济圈、西南经济圈和东盟经济圈的结合部，是中国西部大开发地区唯一的沿海区域。区位优势明显，自然地理优越，战略地位突出。

北部湾介于东亚与东南亚之间，是重要的海上交通枢纽，已逐渐成为沟通中

---

① 朱杰堂，席雪红. 我国旅游产业发展的趋势走向［J］. 郑州航空工业管理学院学报，2008（3）.
② 陈文捷，阳国亮，温丽玲，黄荣娟. 广西北部湾旅游可持续发展SWOT分析［J］. 东南亚纵横，2009（11）.

国内陆、中南半岛与东南亚诸岛国的重要通道；北部湾是面向东南亚、背靠大西南、邻近港澳、接壤越南的枢纽区域，具有重要的战略地位；北部湾是中国大西南地区走向世界的便捷通道和重要门户，可以成为西南地区未来沟通国际、国内的重要水上交通枢纽。随着三亚和岘港、洋浦与北海、防城港、钦州、湛江与海口及其他主要港口间的先后通航，"一日区"的交通优势强化了彼此间紧密的经济联系。①

3. 多重政策扶持

北部湾（中国区）拥有良好的政策环境，享受沿边、沿海的优惠政策，是西部大开发的一个重点区域，是我国西部地区扩大对内、对外开放，构筑国内外经济合作新平台的核心区域，汇集了国家政策优势及综合国力优势。《中国与东盟全面经济合作框架协议》的签署特别使自由贸易区建设进程加快，《南海各方行为宣言》的逐步落实，《中越北部湾划界协定》的顺利实施，为北部湾区域的合作与发展创造了良好的宏观环境。同时，《广西北部湾经济区发展规划》和《海南国际旅游岛建设发展规划纲要（2010~2020）》的正式批复，北部湾经济区发展由地方战略上升为国家战略，国家给予5项新政策，即综合配套改革、重大项目布局、保税物流体系、金融创新、开放合作等。这些政策形成了北部湾旅游产业发展的强大支撑。

(二) 劣势

1. 整体关联性不高，区域品牌知名度低

北部湾各城市之间的旅游开发关联协调性不高，各区域旅游业发展尚处于孤军混战时期，区域旅游整体形象尚未确立，依然停留在地理区域概念。从而造成资源开发分散，规模小，产业化水平低，严重削弱了北部湾旅游的国际影响力和竞争力，损害了北部湾旅游开发的整体环境。

2. 经济发展水平低，基础设施建设薄弱

基础设施建设是经济发展的最基本的一环，也是旅游畅通性的重要保证。受经济发展水平的影响，北部湾经济区的旅游基础设施建设薄弱、旅游资源开发水平较低。一般而言，区域经济发展程度直接影响旅游投资能力、开发规模和开发方向。北部湾经济区各市虽然处于沿海经济圈，但由于种种原因，其经济水平与相邻的沿海城市存在明显的差距，景区建设和基础服务设施配套能力滞后，旅游发展资金相对匮乏，制约了旅游业的发展，部分高品位的旅游资源尚未得到充分开发，导致一些一流的旅游资源因投资不足而降低了品位，区域旅游资源亟待整合、提升。

---

① 高元衡. 沿海旅游目的地成长研究——以广西北部湾经济区为例 [D]. 华东师范大学博士学位论文，2009.

3. 人才缺乏和科技力量薄弱

北部湾（中国区）除广东片区外，广西和海南受地方经济发展滞后的影响，人力资源竞争力处于劣势。专业研究机构数量少，高校数量少，能为旅游提供的专业人才数量有限，科研能力不强，人才总量相对不足，队伍整体素质有待提高，经济与社会发展需要的应用开发型人才、高技能人才和各类实用人才紧缺，稳定人才的工作也存在不少困难。

（三）机遇

1. 国际国内休闲度假消费需求日益旺盛

我国正在全面进入小康社会，居民消费水平不断提高，消费结构的优化、升级，促进产业结构的优化、升级，发展旅游消费，正适应这一客观要求。2008年，我国国内旅游总人次为17.12亿人次，比2007年增长6.3%；国内旅游收入为8749亿元，比2007年增长12.6%，是全球最大的国内旅游市场之一。全年国际国内旅游总收入1.16万亿元，比2007年增长5.8%，其中接待入境游客24325337人，入境旅游收入2839亿元。2007年12月，经国务院通过的《全国年节及纪念日放假办法》和《职工带薪年休假条例》对外公布，我国法定节假日由10天增加到11天，游客外出游玩的时间增多，加上人们外出旅游的积极性增加，国内外旅游市场前景十分乐观。这有利于北部湾亚热带滨海旅游资源优势的潜能的全面释放，有利于其迅速扩大市场、提升知名度。北部湾开放程度和国际合作的不断加深，将为其争夺已经相对成熟的国际度假旅游市场提供契机。国际国内度假市场的并驾齐驱，将为北部湾打造世界顶级滨海旅游目的地形象创造机会。

2. 区域性经济、旅游合作加强的机遇

中国与东盟十国建成的自由贸易区，形成15亿人口的区域共同市场。东亚太经济的崛起，为世界旅游热点向亚太转移创造了经济平台。在未来10年中形成的中国—东盟自由贸易区，将出现一个拥有17亿消费者、近2万亿美元国内生产总值、1.2万亿美元贸易量的经济区。多个区域合作平台和多重国家战略的共同交会，必将迅速推进北部湾区域经济的整体提升，刺激区域内部旅游市场需求。北部湾周边的东南亚、珠三角、大西南等区域经济正处于快速发展的黄金阶段，是东亚太地区经济迅速崛起的重要力量，形成了环绕北部湾的国际国内旅游大市场。

（四）挑战

1. 区域旅游发展同质化带来的挑战

北部湾所辖的广西沿海、广东雷州半岛、海南西海岸和越南的东北部沿海，旅游资源禀赋具有很大程度的同质性。目前，在整体形象尚未确定和各地旅游个性不明显的情况下，各地的发展战略、产品开发、设施配套等各方面比较趋同，相互之间同质化竞争现象比较严重。

2. 力求多产业平衡发展的压力

多重国家战略的交会及北部湾经济区开发战略的实施，使北部湾成为南中国又一亮丽的窗口。广西北部湾的中心战略是大港口和大工业，这势必会对旅游发展产生一定的挤压。这意味着北部湾有着其他地区所不具有的诸多发展诉求，在土地利用、岸线利用以及产业发展、城市建设、旅游开发等方面存在激烈的空间争夺与利益博弈。因此，如何提升旅游产业的战略地位，力求多产业平衡发展是必须认真思考的问题。

3. 快速发展的工业化对生态环境的潜在威胁

随着泛北部湾经济合作与建设的推进，一些大型重化、能源工业企业也纷至沓来，工业化的快递发展对于北部湾相对脆弱的生态环境将是一个巨大的潜在威胁。生态环境具有脆弱性，如果处理不当，不仅有可能威胁到旅游业的发展，甚至给区域可持续发展带来伤害。因此，缓解目前环境压力，保护旅游生态环境迫在眉睫。

第二节　北部湾城市旅游化的政策支持

一、北部湾城市旅游政策支持

（1）2008年2月21日，国务院正式批准实施《广西北部湾经济区发展规划》，广西北部湾经济区开放开发正式纳入国家战略。《广西北部湾经济区发展规划》中提到："立足旅游需求，发挥特色优势，依托中国优秀旅游城市，把北部湾经济区培育成为区域性国际旅游目的地和旅游促进中心。完善旅游产品体系，积极发展生态旅游、康体旅游、温泉度假、游轮游艇、海岛旅游、自驾车旅游等休闲度假旅游产品。依托国家4A级以上旅游景点，打造旅游精品，构筑泛北部湾旅游圈。加强旅游基础设施和公共服务体系、安全与质量保障体系建设，大力提升旅游业服务水平。"

（2）2009年11月25日，国务院常务会议讨论并原则通过了《关于加快发展旅游业的意见》（以下简称《意见》）。国家旅游局有关负责人表示，国务院常务会议提出把旅游业培育成国民经济的战略性支柱产业和人民群众更加满意的现代服务业，为不断增进在旅游休闲方面的国民福利，为我国旅游业新一轮腾飞确定了方向。《意见》中提到：各级政府部门要深化旅游业改革开放，优化旅游消费环境；倡导文明健康的旅游方式，加快旅游基础设施建设；推动旅游产品多样化发展，培育新的旅游消费热点；提高旅游服务水平，丰富旅游文化内涵；推进节能环保，促进区域旅游协调发展。同时，《意见》中还提倡各部门做好协调工作，为旅游业的发展做好保障措施。加强规划和法制建设，加强旅游市场监管和诚信建设；加强旅游从业人员素质建设，加强旅游安全保障体系建设。特别是各级政府要加大政府投入，金融支持，不断完善配套政策和措施。

（3）2009年12月，《国务院关于推进海南国际旅游岛建设发展的若干意见》正式印发，文件中给予海南的6个战略定位是：我国旅游业改革创新的试验区；世界一流的海岛休闲度假旅游目的地；全国生态文明建设示范区；国际经济合作和文化交流的重要平台；南海资源开发和服务基地；国家热带现代农业基地。作为国家的重大战略部署，2020年，我国将海南初步建成世界一流海岛休闲度假旅游胜地，使之成为开放之岛、绿色之岛、文明之岛、和谐之岛。

（4）2009年初，越南批准了《至2020年北部湾沿海经济圈发展规划》，以期大力推进北部湾沿海经济圈的发展，其范围包括越南北方的广宁省和海防市，目标是将该经济圈发展成富有活力的经济区，使之与越中两个经济走廊和中国南部沿海地区对接，为越南主动、有效地扩大与中国和东盟的发展合作创造有利条件。越南北部湾沿海经济圈的建设将极大地促进越南北部沿海社会经济和旅游的发展，成为北部湾区域的重要支撑极。

新的时期、新的政策、新的定位，为整个北部湾地区旅游产业转型提供了良好契机。全新的发展背景和发展机遇，不论是北部湾的整体还是各城市旅游业的跨越式腾飞都创造了条件。以新形象、新业态、新平台构建为重点的发展路径，将有力推动北部湾城市旅游走向科学、可持续发展之路。

二、北部湾城市旅游现有规划

按照国家《关于加快发展旅游业的意见》、《广西北部湾经济区发展规划》与建设海南国际旅游岛的战略部署和推动北部湾区域经济社会和谐发展的总体要求，根据北部湾旅游发展面对的内外部环境，确立将北部湾打造成为与地中海、加勒比海等相媲美的世界顶级滨海旅游目的地。

（1）2009年9月，由国家旅游局牵头编制，广西、广东、海南三省（区）派员参加，编制出了《北部湾旅游发展规划》。该规划是推动北部湾旅游发展与区域合作的国家行动纲领；指导北部湾区域各地区旅游业发展的行动指南；落实《广西北部湾经济区发展规划》的专项规划；是中国第一个由国家编制的严格意义上的国际旅游区规划，突出战略性、国际性、生态性和整合性。此规划通过对北部湾发展基础与条件的评价，通过对发展战略、发展布局、产品开发、产业发展市场开拓、区域开放合作等方面对北部湾旅游发展进行了全方位的剖析和规划。根据此规划，北部湾旅游将以滨海度假、跨国旅游、海洋旅游、国际商会会展、边境风情体验为主体，融合游览观光、主题娱乐、时尚运动、康体养生、文化体验、生态旅游、修学科考、休闲地产等功能于一体的复合型、全年全天候国际旅游目的地。北部湾将成为我国旅游国际化发展的桥头堡和国际区域旅游合作的典范，成为旅游产业转型升级与创新发展的引擎。至2020年，北部湾将打造成为与地中海、加勒比海等相媲美的世界级滨海旅游目的地。

（2）2010年6月，《海南国际旅游岛建设发展规划纲要（2010~2020）》（以下简称《纲要》）正式批复，海南国际旅游岛建设正式步入正轨。《纲要》提出，海南将主要发展旅游业、文化体育产业、房地产业、金融保险业、商贸餐饮业和现代物流业、热带特色现代农业、新型工业和高新技术产业、海洋经济八大产业。计划到2020年，海南初步建成世界一流的海岛休闲度假旅游胜地，每年接待国内外游客达7680万人次，旅游总收入1240亿元，旅游业增加值、第三产业增加值分别占地区生产总值比重的12%、60%，第三产业从业比重达60%。此外，《纲要》规定，全省主要旅游资源的规划权和重大旅游项目的审批权集中到省一级，并提出到2015年形成岛内"2小时旅游交通圈"；到2020年，全省清洁能源在一次能源消费中的比例达到50%以上，汽车尾气排放标准达到全国先进水平。土地政策方面则明显朝经营性旅游地产倾斜，按照《纲要》，将来海南的滨海、滨河、滨湖等优质土地资源，将主要用于度假区酒店及旅游配套服务设施的建设。

（3）为了贯彻落实国家旅游发展的各项政策、要求，北部湾各市也纷纷出台了规划文件，在各市的"十二五"规划中都有提到扶持和发展旅游产业。再者，一些专项性的，如《海口旅游发展总体规划》、《北海涠洲岛旅游区发展规划》等。这些规划皆立足于北部湾区域旅游建设的战略层面，在各自旅游产品体系的完善提升方面，侧重于世界滨海旅游发展趋势与现代时尚休闲度假潮流、国内外旅游消费者需求、区域内旅游竞合格局的综合考量。为各自在旅游功能空间的细化、旅游项目的规划衔接与量化落实、城市功能旅游化改造中提供指引。

三、北部湾城市旅游化改造策略

（一）提升自身吸引力

1. 整合资源，打造七大旅游功能区

北部湾旅游资源分布广泛，丰富多样，因此要整合北部湾地区的自然、人文、环境等优势组合资源，以国际市场需求为导向，开发特色化产品；充分挖掘本区域丰富而独特的民族文化，彰显北部湾地域符号元素，营造特色化的旅游氛围，打造主题鲜明的旅游功能区。主体旅游功能区是指在保护好自然生态环境和自然文化遗产的基础上，充分利用该地域空间的特色旅游资源，在满足其原基本功能和特点的前提下，以旅游开发为该地域空间主要内容和发展重点，突出旅游的主要功能和主导作用，各地在土地利用规划、项目申报及审批的时候明确其旅游发展功能，保障旅游发展用地。主要有旅游度假区、地质公园、森林公园、自然保护区的实验区、风景名胜区、国家重点文物保护单位及旅游岸线七种类型主体旅游功能区。①

（1）旅游度假区类主体旅游功能区。以旅游度假服务为主要功能，将文化娱乐、康体健身等项游乐活动作为度假休闲的主要内容。旅游度假区类主体旅游功能区主要有：北海银滩国家旅游度假区、北海涠洲岛旅游度假区、合浦南国星湖岛旅游度假区、防城港江山半岛旅游度假区等。

（2）地质公园类主体旅游功能区。以地质遗迹资源的保护为前提，根据资源特色，通过适度开发，形成具有特色的旅游产品，达到保护和利用的目的。主要有广西北海涠洲岛火山国家地质公园、中国雷琼世界地质公园等。

（3）自然保护区类主体旅游功能区。在保障自然生态平衡的前提下，在保护区内进行适度的旅游开发，做到人与自然的和谐共处。自然保护区类主体旅游功能区主要有：广西大明山国家级自然保护区、十万大山国家级自然保护区、北仑河口国家级自然保护区、防城金花茶国家级自然保护区等。

（4）森林公园类主体旅游功能区。以良好的森林资源为基础，遵循开发和保护的原则，向游客提供度假、休憩、疗养等功能场所，发挥经济、生态和社会效益。森林公园类主体旅游功能区主要有：上思十万大山国家森林公园、南宁良凤江国家森林公园、横县九龙瀑布群国家森林公园、北流大容山国家森林公园、北海冠头岭国家森林公园等。

（5）风景名胜区类主体旅游功能区。以自然景观性资源为基础，尽量保持原有特色，适度开发，为游客提供风景优美、设施方便、社会文明、生态环境良好、景观形象和游赏魅力独特、人与自然协调发展的风景游憩空间。风景名胜区类主体旅游功能区主要有：大新德天跨国大瀑布风景旅游区、广西花山崖画风景旅游区、凭祥友谊关风景旅游区、南宁青秀山风景名胜区等。

（6）国家重点文物保护单位类主体旅游功能区。充分利用文物资源的垄断性优势，以文物古迹为主题，处理好文物保护与旅游发展之间的关系，开发系列产品，发展文物古迹旅游。国家重点文物保护单位类主体旅游功能区主要有：容

---

① 北部湾旅游发展规划说明书（2009~2020）[R]．2009．

县真武阁、容县近代建筑、钦州刘冯故居、凭祥友谊关、花山崖画、南宁昆仑关战役旧址、湛江硇洲灯塔、雷州雷祖祠、湛江雷州古城等。

（7）旅游岸线类主体旅游功能区。依托丰富而独特的海岸资源，适应市场的发展趋势，通过适当的开发建设，将旅游岸线建设成为形象突出、风格独特、生态健全、功能齐全、设施完善的综合旅游服务区。该类旅游功能区主要包括：北海市山口生态旅游岸线、营盘珍珠旅游岸线、涠洲岛—斜阳岛旅游岸线、银滩—冠头岭旅游岸线、钦州市七十二泾—大环半岛旅游岸线、龙门港旅游岸线、防城港市企沙沙扒墩—天堂滩旅游岸线等。

2. 突出差异，构建各地旅游特色

北部湾各市旅游资源大致同类，但又各有特色，因此在开发重心上要突出差异，秀出自我特色，避免同质性竞争。如南宁市亚热带自然风光和壮民族风情特色突出，中国绿城、中国水城、壮乡歌海、会展之城等品牌形象鲜明，是以商务会展、休闲度假、文化体验和游览观光为主要功能的北部湾重要的旅游集散中心、组织中心和区域性国际旅游目的地。北海市南亚热带海滨风光、北部湾海洋文化、优良海洋生态资源突出，可以休闲度假、滨海观光、海洋旅游、跨国旅游、边贸购物、娱乐健身为主要旅游功能。

(二) 挖掘市场拉力

1. 巩固客源市场

北部湾的旅游客源市场主要由三部分构成：一是国内游客；二是东南亚国家的游客；三是欧美地区的游客。随着中国与东盟国家关系的改善，中国—东盟已发展成为重要的双向旅游目的地。但是，北部湾旅游市场无论是国内还是国际方面都还处于起步阶段。2008年，区域国内旅游收入仅占中国国内旅游收入的5.1%（8749亿元）；而国际旅游收入仅为中国入境旅游收入的1.18%（2819亿元）。2008年，北部湾区域国内游客占游客总量的98.01%，入境市场仅仅占1.99%。所以要加强北部湾各省和东盟各国互为重要客源市场的合作和吸引第三方旅游市场的营销合作，共享客源市场群体，并开拓新的旅游市场，努力打造泛北部湾区域旅游大市场，形成资源共享、客源互流、市场对接、联动发展的区域新格局。

2. 完善管理体系

进一步理顺行业管理体制，坚持统一领导、属地管理、分级负责、条块结合的原则；逐步增强该区域内旅游行业管理部门的调控手段，建立管理权威，逐步把与旅游业密切相关的边缘性、辐射性、交叉性领域纳入旅游行业管理范围，解决该管管不了的问题；旅游主管部门要主动做好全方位的协调工作，促进上下左右各有关部门的支持配合，增强行业管理的有效性，建设公平的市场环境，建立良好的旅游市场秩序,形成规范的市场运行。

3. 提升市场形象

以整合营销统筹全局:整合北部湾旅游资源,塑造区域旅游整体形象,加快完善北部湾在旅游形象识别系统、促销口号系统和形象行为规范传达系统三个方面的整体形象设计策划;整合整个北部湾经济区经济、交通、港口、信息等其他资源,全方位、多渠道进行区域旅游整体形象的宣传和推广。

(三)加大内外驱动力

1. 国内驱动力

加大国家对北部湾旅游的扶持力度,将北部湾作为国家重点发展的国际旅游度假区,开展海南国际旅游岛、泛珠与 CEPA 合作、北部湾经济区三区政策共享试验。在中央预算内加大投资,重点支持旅游基础设施、精品景区和公共服务体系建设。各级政府要将支持旅游业发展纳入政府公共财政预算,加大对旅游基础设施建设的投入。同时,要不断健全旅游业发展的法制环境,及时开展旅游业发展中新情况和新问题的法律研究,加快旅游市场监管、资源保护、从业规范等方面的专项法规制定工作,推进编制北部湾旅游发展促进条例、资源保护条例等。

2. 国际驱动力

在中国—东盟自由贸易区合作框架下,以中国—东盟博览会为平台,利用博览会秘书处的跨国组织协调功能,设立区内各国旅游合作与协调处,形成纵向通畅、横向协调、统分结合、多层次推进的统筹协作机制。加强区域旅游合作,创新区域旅游开发、营销、管理、服务机制和平台。加强对跨区域旅游资源开发的协调整合,建立利益共享、风险共担的联合开发机制。

第五章 环北部湾（广西）城市旅游化建设

城市群，"是城市化发展到成熟阶段（即地带性城市化阶段）的城市地域空间组织形式，是城市化进入高级阶段的标志"。① 城市群不是几个大城市的简单相加，也不是城区面积的简单扩大，而是城市之间的深度联合，它是城市功能的重新定位、是城市资源的市新整合、是城市要素的相互补充、是城市之间的优势互补。只有以城市为立足点，依托城市群集约组织区域经济发展，通过城市群内部高度的专业化分工与协作，才能逐步建立相对独立又相互依赖、高度开放又积极参与全球经济分工的产业体系。

环北部湾是指中国南部环绕北部湾的地区，它包括中国和越南的"两国四方"：北部湾东部的广东雷州半岛和海南省，西部的越南北部沿海地区，北部的广西南宁、北海、钦州、防城港市。广西北部湾城市群处于北部湾顶端的中心位置，主要包括南宁市、北海市、钦州市、防城港市所辖区域范围。

2008年1月国家正式批准的《广西北部湾经济区发展规划》中，明确提出将北部湾打造成"区域性国际旅游目的地和旅游促进中心"，将旅游业作为重点发展的产业之一，推动整个北部湾经济区的开放开发合作发展。因此，昔日的"海上胡志明小道"的防城港，如今已经成为中越边境经贸合作最为活跃的城市，多年前被孙中山先生预言为"中国南方第二大港"的钦州如今已经成为华南重要的石化、能源等临海工业基地，从前名不见经传的南宁市如今已经成为世界各地采购商和供应商纷纷涌入的中国—东盟博览会永久举办地，往日被视为"交通末梢"的北海如今已经成为中国与东盟"海上旅游黄金线"的始发点。

过去，基础设施和产业水平都比较落后的北部湾，曾经几乎成了一个被商界冷落的"灰姑娘"。如今，这片沉睡多年的海域正在以超常规速度崛起。北部湾城市群唤醒，一个中国—东盟自由贸易区的新增长极正在形成，该区域旅游资源

---

① 裴志扬. 城市群发展研究[M]. 郑州：河南人民出版社，2009.

丰富，区位优势明显，发展旅游业具有得天独厚的条件。

首先，广西北部湾经济区地处华南经济圈、西南经济圈和东盟经济圈的接合部，是我国西部大开发地区唯一的沿海区域。其次，广西北部湾经济区对内是西南地区最便捷的出海大通道，对外是双向连接中国与东盟尤其是泛珠与东盟最便捷的国际大通道，是促进中国与东盟全面合作的重要桥梁和战略枢纽。最后，具有优越的交通优势。铁路方面，湘桂、黔桂、黎湛和南昆铁路在南宁交会，是西南地区重要的铁路枢纽；内陆运输方面，邕江是西江的支流，而西江又是珠江的干流，待西江二期整治工程完工后，一千吨级内河船舶可以从南宁直达港澳；海运方面，广西北部湾经济区拥有三大港口——北海港、防城港和钦州港。

广西北部湾经济区位于亚洲的东南部，北接亚欧大陆，南望澳大利亚，东濒太平洋，西临印度洋，并与孟加拉、印度毗邻，连接三大洲（亚、非、大洋）和两大洋（太平洋、印度洋），地理位置非常重要，区位条件优越，是重要的海上交通枢纽，尤其环北部湾又是地理经济学所说的"一日区"。这为促成彼此间紧密的经济联系与发展国际经济技术合作创造了有利的条件，进而为泛北部湾旅游合作创造了有利的条件。

第一节 南宁城市旅游建设

一、南宁市概况

南宁，广西壮族自治区首府，位于广西西南部，与越南社会主义共和国毗邻，是红豆的故乡，也是一座历史悠久的边陲古城，具有深厚的文化积淀，古称邕州，是一个以壮族为主的多民族和睦相处的现代化城市。居住着壮、苗、瑶等36个少数民族，是广西的政治、经济、科技、文化中心，是环境优美适合人类居住的绿色之城。

（一）整体环境

南宁十分重视环境建设，全面启动城市建设"136"重点工程，进一步加强完善区域综合性核心城市的功能，截至2008年底，城市空气质量位于国内省会城市前列，建成区园林绿地面积6029公顷，绿化覆盖面积6979公顷，建成区绿化覆盖率达38.98%，人均公园绿地面积10.29平方米。美丽的景观天赋，独特的区位优势，南宁市委、市政府的前瞻性规划理念加上市民的创造和热情，打造出了南宁快速崛起、迈向区域性国际城市的六张独特名片。"六张城市名片"分别是:"全国文明城市","联合国人居奖","中国绿城"、"广西北部湾经济区核心城市"、"中国—东盟博览会永久举办地"、"南宁国际民歌艺术节"。

(二) 交通建设

中国政府之所以选择广西南宁市作为中国—东盟博览会的举办地,其中的基本前提是因为广西具有地处中国—东盟自由贸易区中心位置的优越区位条件和我国大多数省份进入东盟最便捷通道的交通条件,有能力承担起中国对接东盟的物流中心的重要角色。作为大西南出海通道的枢纽城市,南宁已形成了航空、铁路、公路、水路四通八达的立体交通网运输网络。空中走廊已开通飞往北京、上海、广州、香港等国内各大城市及越南河内、泰国曼谷的20多条国内、国际及地区航线;铁路运输通过全国最先进的电气化铁路南昆线及湘桂线与京广线等干线相通可直达全国各地,其中湘桂线终点号和越南接轨;公路运输纵横交错,通达广西各地、县、市和全国的公路共161条,其中桂林经南宁直通北海的桂海高速公路已建成575千米,是目前全国最长的省内高速公路。

2008年,南宁市公路货物运输量8592万吨,增长20%;公路旅客运输量10692万人;水路货物运输量1376万吨,旅客运输量74.5万人;民航旅客运输量171.3万人;航空货邮运量3.1万吨。南宁民航开通国内航线54条,国际航线16条,全年起降航班3.5万架次。2008年末,南宁境内公路总里程达10398千米,其中等级公路总里程8312千米。在等级公路中,高速公路总里程525千米;一级公路里程39千米;二级公路里程902千米;三级公路里程891千米;四级公路里程5954千米。①

二、南宁市旅游业概况

(一) 旅游接待能力

2008年,南宁共接待国内旅游者2558.14万人次,比2007年增长24.3%;国内旅游收入141.21亿元,增长23.63%。接待境外旅游者13.85万人次,下降1.87%。其中,外国游客10.38万人次,增长0.8%;港、澳、台同胞3.47万人次,下降9.16%。国际旅游收入0.41亿美元,下降1.07%。年末全市共拥有星级宾馆82家,比2007年减少2家。旅行社72家,其中国际旅行社20家。

(二) 景区景点建设

拥有8个国家4A景区,分别是南宁青秀山风景旅游区、南宁嘉和城景区、南宁九曲湾温泉景区、广西八桂田园、南宁市动物园、广西药用植物园、南宁大明山风景旅游区、广西科技馆;10个国家3A景区,分别是南宁良凤江国家森林

---

① 南宁市政府网:http://www.nanning.gov.cn/.

公园、南宁武鸣伊岭岩风景区、南宁人民公园、南宁金花茶公园、横县西津湖景区、南宁乡村大世界、隆安龙虎山风景区、横县九龙瀑布群景区、昆仑关旅游风景区、宾阳蔡氏书香古宅群景区。

三、南宁市旅游资源分析

（一）迷人的南亚热带自然风光

南宁有着秀丽的亚热带自然风光，山、水、洞与绿色景观的有机结合，构筑奇山秀水洞幽景绿的良好生态环境，适应当代游客回归自然的需求，令游客流连忘返。

（1）山奇——以青秀山和大明山最具特色。青秀山又名青山，是首批国家4A级旅游区，整个风景区由几十座大小山岭组成，主峰海拔289米，景点30多处，有"山不高而秀，水不深而清"的美名。大明山则有"广西庐山"之美称，1000米以上的山峰有66座，主峰龙头山海拔1760米，是桂中南最高峰，山上溪流纵横，森林密布，气候独特，四季景观各具特色。

（2）水秀——市区内江、湖、瀑布构成了一道道亮丽的"水"的风景线。流经境内的邕江与两岸的风光构成了一幅绚丽多彩的画卷。位于市区的南湖湖面宽广，湖水碧绿，湖岸上的绿树、桥梁、高楼等倒映水中，呈现一幅迷人景色。

（3）洞幽——南宁喀斯特地貌发育完美，奇峰各异，洞穴深幽，规模宏大，石钟乳琳琅满目，千姿百态。有国家3A级风景旅游区的武鸣伊岭岩和世界十大名洞之一的金伦洞，具有较高的探险、科学考察、旅游等价值。

（4）绿景——南宁较大范围位于北回归线南侧，属南亚热带季风气候，光热充足，雨量充沛，冬无严寒，终年适宜动植物生长，生态环境良好。常见的动物有60多种，植物有3000多种。南宁市区素有"半城绿树半城楼"的美誉，四季花果飘香，鸟语不绝。1999年被联合国授予"迪拜人居环境最佳范例奖"。大气质量常年达到国家一至二级标准，排名历来位居全国省会城市前列。2007年又获"联合国人居奖"。

（二）多彩的人文景观

（1）遗址文化—南宁顶蛳山贝丘遗址是国家级文物保护单位，它是解放以来广西发现最大，保存良好，文化内涵最为丰富的新石器时代贝丘遗址。昆仑关战役遗址当今不仅是一个理想的爱国主义教育基地，也是一个美丽的旅游风景区。

（2）民俗文化—南宁是中国唯一的壮族首府城市，又是世界唯一以壮族为主体的多民族聚居的大都市，拥有浓厚的乡土气息和山寨风格。南宁"歌圩"有着深厚的民俗文化底蕴，据考证已有1200余年的历史，由歌圩演化而来的南宁国际民歌艺术节，如今已发展成为广西各民族与全国各兄弟民族及世界民族之间的友谊桥梁，人们在每年一度的民歌节上以歌传情，以歌会友，向世界展示着不同民族的文化和风采。

（3）城市文化—南宁从语言、宗教到风俗，从音乐、艺术、饮食到服饰，都呈现出东西交会，兼收并蓄的城市文化特征。①

四、南宁城市旅游产品开发现状

（一）会展旅游

2003年10月8日，温家宝总理出席在印度尼西亚巴厘岛举办的第七次"10+1"领导人会议上建议，从2004年起，每年在广西南宁举办中国—东盟博览会。从此，具有高规格、大规模、国际性的博览会永久落户南宁，成为南宁旅游业开发中又一热门旅游项目。

（二）城市观光旅游

南宁市旅游资源丰富，且分布广，种类齐，数量多。邕江两岸风光秀丽，部分河段具有开发潜力和开发价值。许多短小溪流因山地落差较大，形成瀑布景观，以大明山龙尾瀑布、广西九龙瀑布群较有名。2008年，全市共有旅游景区景点100多个，主要旅游景区景点33个。其中，国家4A级旅游景区8个，3A级旅游景区10个。

（三）红色旅游

南宁市有中共广西省"一大"旧址、共青团南宁地委旧址、昆仑关战役旧址、桂南战役阵亡将士纪念亭等，这些文物遗址既有旅游价值，又是爱国主义教育、革命传统教育的基地。

（四）民族风情旅游

南宁是一个以壮族为主、多民族聚居的首府城市，广西博物馆素有"壮乡辞典"之誉，壮族的风土人情、生活习俗、服饰装束、文化艺术等均保留着本民族的特色。三月三歌圩、炮龙节、春牛舞、师公戏、抢花炮、打扁担舞、农具节、达努节、邕州老街庙会、蒲庙开圩纪念日、关公磨刀诞、壮族三声部民歌等具有鲜明的地方民族文化特点。此外，南宁的芒果、菠萝蜜、菠萝、荔枝、龙眼、红龙果、西瓜等各色水果，横县茉莉花茶、上林香米、马山黑山羊、隆安板栗以及南宁老友面、绿豆粽、粉虫、粉饺、蒲庙生榨米粉、吴圩牛杂、灵马鲶鱼、高峰柠檬鸭、宾阳酸粉等特产与地方小吃都吸引着国内外众多游客。

---

① 黎遗业. 广西南宁旅游业的发展研究［J］. 南宁师范高等专科学校学报，2007（4）.

五、南宁城市旅游化建设的主要问题

（一）旅游产品结构单一，缺乏龙头景区和亮点项目

南宁已开发的旅游项目缺乏新的投资，导致旅游景观单一老化，对游客缺乏吸引力，新建的景点缺乏高水准规划，投入不够，缺乏特色和档次，难以形成有力的卖点，吸引力不强。南宁旅游产品主要为单一的观光型产品，对游客缺乏吸引力，游客多为公务、商务或过境游客，与南宁作为广西首府应有的旅游地位极不相称。品牌性旅游产品不足、旅游产品结构单一等深层次问题势必影响到南宁未来旅游业发展的竞争力。[①]

（二）基础设施薄弱，从业人员素质偏低

近几年，南宁服务接待设施虽有较大改善，但由于资金投入有限，不能完全满足旅游发展的需要。如南宁住宿、餐饮和会议的设施均未达到国际标准水平，很多顶尖级的会议无法在南宁召开。目前，南宁旅游业从业人员素质不高，专业队伍建设滞后，部分从业人员没有参加过专业培训，缺乏技术过硬的服务接待人员和熟练掌握外语的复合型员工。[②]

（三）旅游促销乏力，管理体制亟待健全

南宁市旅游宣传促销的资金投入明显不足。在旅游市场秩序方面，由于旅游行政主管部门的职责所限、与相关部门的协作机制尚未有效建立等原因，存在监管不到位，旅游企业服务不规范、服务水平不高、旅游诚信建设滞后等问题。

第二节 北海城市旅游建设

一、北海地理位置

北海位于广西南部，北部湾东北岸。地处东经 108°50′45″~109°47′28″，北纬 20°26′~21°55′34″之间。市区南北西三面环海，有涠洲（24.74 平方千米）、斜阳（1.8 平方千米）两个海岛，涠洲距市区大约 20.2 海里。全市总面积 3337 平方千米，市区面积 957 平方千米。市辖合浦县、海城区、银海区、铁山港区，市政府所在地为海城区。

北海市与海南省隔海相望，邻近东南亚诸国，背靠大西南云贵川诸省，处于

---

① 谭欣，谭丽燕. 提升南宁旅游产品竞争力的对策［J］. 沿海企业与科技，2007（2）.
② 黎遗业. 广西南宁旅游业的发展研究［J］. 南宁师范高等专科学校学报，2007（4）.

大西南、海南及东南亚的中枢位置，地理位置优越。西北距自治区首府南宁206千米，东距广东湛江198千米，东南距海南省海口市147海里。境内有钦北铁路、209国道、325国道经过，高速公路可直达南宁、湛江等地，也把北海与桂林、重庆、成都、广州等重要城市连接起来，构筑了中国西南地区便捷的公路出海通道。

北海是中国古代"海上丝绸之路"始发港，于2010年11月9日经国务院批复为历史文化名城，是中国西部地区唯一的沿海开放城市，是中国西部唯一具备空港、海港、高速公路和铁路的城市，是享誉海内外的旅游休闲度假胜地。

二、北海城市旅游化建设

（一）城市性质与旅游形象的定位

作为北部湾区域性旅游中心，主要服务于东盟国家的国际旅游目的地。

（二）发展目标

将北海建设为旅游业全面发展，具有国际化水准、大都市格局、亚热带风情的旅游度假胜地，成为在我国乃至东南亚地区具有强大竞争力的以休闲度假为主的国际滨海旅游休闲度假中心、现代化的滨海旅游度假目的地和泛北部湾游轮游艇基地。

（三）交通建设

北海已经开通往返于北京、上海、武汉、广州、杭州、长沙、桂林、深圳、香港地区等16个国内国际各主要城市的航班。目前，北海铁路只开通北海—南宁和北海—桂林的往返列车，其中南宁到北海的高速铁路于2012年通车，北海到南宁的时间缩短为1小时以内，大大方便人们的出行。北海的公路网络四通八达，目前有209国道（呼北线）、325国道（广南线）、北海至铁山港、南宁至北海以及桂林经南宁至北海、北海至重庆、北海至湛江等多条高速公路在此交会。北海与世界上98个国家和地区的216多个港口有着密切的贸易往来；拥有万吨级以上泊位4个，5千吨级以下的泊位16个；每天都有开往海口和涠洲岛的班轮。水上客运：主要的客运航线有3条，北海至海口、北海至涠洲岛、北海至越南下龙湾。

（四）旅游资源

北海拥有"滨海、风光、人文、古迹"四大类旅游资源和"海水、海滩、海岛、海鲜、海珍、海底珊瑚、海洋动物、海上森林、海上航线、海洋文化"十大海洋旅游特色，集"海、滩、岛、湖、山、林"于一体，以滨海自然风光和以南珠文化为代表的人文景观兼备。目前，北海市拥有北海银滩国家旅游度假区和星岛湖省级旅游度假区、冠头岭国家森林公园、山口国家红树林自然保护区、儒艮（美人鱼）国家自然保护区、涠洲岛国家地质公园、涠洲岛候鸟保护区、海底世界、海洋之窗等一批旅游景点（区）。其中：海底世界、海洋之窗是国家4A级景点；有"天下第一滩"美誉的北海银滩更是国家4A级王牌景区；涠洲岛是中国最年轻的火山岛，在《中国国家地理》杂志组织的"选美中国"评选中荣获中国最美的十大海岛第二名；"世外桃源"斜阳岛被列为联合国人与自然生物圈保护区的海上森林红树林、中央电视台电视连续剧《水浒传》外景拍摄基地星岛湖、百年骑楼老街及西洋建筑等。2007年入选"最具国际影响力旅游城市"，获得"滨海旅游目的地奖"，并荣获"中国十大休闲城市"称号。

三、总体框架

北海市旅游总体布局采取以"银滩为龙头，涠洲斜阳、廉州星岛湖为两翼，外围配以若干衬托旅游区的空间布局形式，形成各旅游功能区主题突出、互补性强、内部网络化，能适应各层次客源需求，以海滨度假、康复、疗养、观光、运动、娱乐、购物、美食为主要功能的国际海滨旅游目的地。

具体来说，北海旅游的整合与旅游产品开发的总体框架概括为："159"工程，即一条黄金旅游带，五大旅游功能区，九大旅游特色产品。

1. 一条黄金旅游带

黄金旅游带指冠头岭到大冠沙的银滩旅游带，主要特色是现代休闲度假及海洋系列文化共聚。银滩旅游带拥有多类型、高品质、规模大的海滨沙滩资源，在其24千米长的海岸带内，海岸类型包括沙岸、岩岸、沙质滩涂、红树林滩涂等，银滩最大的连片沙滩长达20余千米，平均宽百米以上，最宽处7千米，其滩长平、沙细白、水温静、浪柔软、无鲨鱼的特征具有极高的旅游价值，该带是全市旅游发展资源和产品整合的优先区域。旅游开发建设的总体布局是以银滩中区为核心，通过各景点以及相关项目将西、东两区有机组合起来，形成"珠联璧合"的格局。该旅游带是北海大旅游环线的主体，是北海市旅游业的龙头与中心。贯穿于旅游带中的美景路是主要景区通道。沿线开发建设一批特色鲜明的景观及功能齐全的旅游设施，如度假酒店、度假村、度假公寓、休闲体育项目、渔家风情园、万国海鲜长城、海洋文化公园、海洋博物馆、旅游购物步行街以及各类吧厅等。

2. 五大旅游功能区

根据北海市旅游资源的地域结构、类型结构、开发利用方向，北海市可分为5大旅游功能区。

（1）北海半岛休闲度假旅游区。该旅游功能区是北海市旅游发展的主体，以银滩旅游带为重点，现代城市和现代滨海度假相结合，是多功能的综合旅游区。北海半岛休闲度假旅游区指北海市建成区范围（铁山港区及涠洲岛除外），由分别位于南部的银滩旅游带、位于北部岸线的北岸旅游带及中心城区共同构成，南北距离约6千米，有四通八达的城市道路连接，交通十分方便。

1）银滩旅游带，银滩旅游带规划分为三个区。

东区（位于大冠沙至冯家江口之间），其功能定位为发展前景广阔的生态休闲胜地，以生态湿地保护为主，发展海洋研究和修学健身旅游为辅，形成集环保、教育、旅游为一体的生态旅游区。

中区（位于银滩镇至侨港镇之间），其功能定位为吸引力较强的休闲娱乐胜地，兼具观光、度假、运动、购物、海水浴等功能。可以容纳较多的游客量和布置一定的建筑物，在建及拟建的项目有：国际游艇俱乐部、海世界度假酒店、碧海银沙国际旅游区、情人岛平安港阳光城、侨港民俗风情街等项目。

西区（位于侨港镇以西至冠头岭之间），该区是一个多功能、高档次的、高品位的休闲度假胜地。在建及拟建项目有：银河国际旅游度假中心、冠岭山庄、国际会展中心、国际沙滩运动俱乐部、水上乐园、山景别墅、高档度假酒店等。

2）北岸旅游带，指沿城市北部岸线东起香格里拉大饭店，西至外沙海鲜岛，主要特色是商务会议、海鲜美食、海洋文化、海洋生物、百年老街、宗教文化等，主要支撑点有香格里拉大饭店、富丽华大酒店、普渡震宫、南珠宫、海底世界、红帆步行街、珠海路老街、洋关旧址、外沙鲜活海味及干海味市场、外沙海鲜岛。

3）中心区，指除了南部银滩旅游带及北岸旅游带以外的城市中心区，主要特色是文物古迹、游览购物、商务旅游，主要景点有：英、法、德等国驻北海领事馆、还珠堂洋之窗、时代广场、新力购物中心、启东商场、和安商港、宝谊大厦、中国南珠城、珠宝店、甲天下国际大酒店、银晖国际大酒店、利源国际大酒店、荔珠国际大酒店、嘉莱度假酒店等。

（2）涠洲—斜阳岛海岛生态旅游区，包括涠洲岛、斜阳岛。主要特色是火山地质地貌、海底珊瑚、海岛海岸景观、亚热带动植物景观和海岛民俗风情等。该区是全市旅游资源和产品整合的重点区域之一。旅游开发建设的总体布局为"一环、两带、十区"。"一环"为环岛海域，"两带"为海岸景观带和开敞景观带；十区为：南湾娱乐度假区、竹蔗寮娱乐度假区、石盘河休闲运动区、海岛民俗风情区、相思湖生态园区、北港生态园区、平顶山旅游服务区、北港新城区、南湾新城区、斜阳岛科考区。

涠洲岛的功能主要是发展成为海岛度假型高档旅游区，兼有开展海上运动、休闲健身、科普、科研、科考等功能，在建及拟建项目有：涠洲岛古火山口景点、涠洲岛海底观光项目、涠洲岛国家级地质公园建设、海岛度假宾馆、亚热带风情园等。斜阳岛目前作为探险、猎奇、野外生存、原始生态等功能区进行保护。

（3）廉州—星岛湖观光度假旅游区，包括廉州、星岛湖。主要特色是历史和人文景观与人工水体景观有机结合。该区是全市旅游资源和产品整合的重点区域之一，是滨海旅游的配套产品。该区旅游开发建设的总体布局以合浦廉州镇为客源中心点，依托北海广大的客源市场，先行发展合浦的古迹观光及温泉健身游，加大星岛湖的开发力度。功能定位为利用历史遗留古迹及自然湖光山色，开展求知访古、健身、观光度假型旅游产品。在建或拟开发的重点项目有：合浦温泉度假村、古汉墓群公园、东坡公园、海角亭公园、孔庙及东山寺修复工程、东园旅游区、星岛湖整体开发等。

（4）山口红树林海岸生态旅游区，包括山口、沙田、白沙。主要特色是红树林景观、大士阁古建筑和珍奇"美人鱼"等。该区是全市旅游资源和产品整合的重点区域之一。旅游开发建设的总体布局以红树林生态旅游区为发展中心，带动周边大士阁等景点的建设。功能定位为生态观光旅游以及科普考察区，满足游客观光、求知、度假需求。在建或拟开发的重点项目有：中国红树林博物馆、大士阁公园、山口红树林海洋生态旅游区。

（5）曲樟湖光山水客家文化旅游区，包括曲樟、公馆、闸口、十字乡、石康、常乐。主要特色是曲樟湖光山景与客家民俗风情相结合。该区是北海旅游开发的后备旅游区。旅游开发建设的总体布局是以利用曲樟山高水长的地理优势，修建疗养、康复基地，建设客家旅游文化项目，再以水上游览线路加以贯通整个区域。在建或拟开发的重点项目有：北海—曲樟二级公路、六湖水库百里奇景水上游览项目、曲樟疗养康复中心、客家文化大观园。

3. 九大特色旅游产品

指滨海度假旅游、海洋及沙滩运动旅游、生态探秘旅游、避寒养生旅游、南珠风情旅游、跨国旅游、美食购物旅游、文物古迹游、会议展览旅游。

（1）滨海度假旅游，特色是50里银滩，休闲度假，海洋生物观赏，海洋文化展示与海产品购物相结合。

主要支撑点有：银滩公园、海底世界、南珠宫、还珠堂、老街、"南珠魂"城雕、南珠城、银滩、观涛岭。

（2）海洋、沙滩运动旅游，特色是观光、运动、度假、休闲结合。

主要支撑点有：银滩海上快艇、海上摩托艇、海上拖伞、沙滩车、沙滩高尔夫、沙滩足球、沙滩排球、海上环北海游（银滩明珠号）、休闲渔业（渔船出海作业）等。

（3）生态探秘旅游，特色是生态、科考、度假、海洋生物观赏、海底探奇相结合。主要支撑点有：涠洲岛国家地质公园及海底珊瑚、斜阳岛、海底世界、还珠堂海洋之窗、南国星岛湖、山口大士阁、山口红树林生态保护区、金品东盟百花园、田野现代农业生态旅游观光园。

（4）避寒养生旅游，特色是冬季避寒、银发旅游，康复、度假相结合。主要支撑点有：银滩、半岛旅游区。

（5）南珠风情旅游，特色是南珠文化、疍家文化及京族风情相结合。主要支撑点有：白龙珍珠城、休闲渔业、外沙海鲜岛、侨港镇越南风情区、白虎头村疍家风情表演及疍家文化展览、白虎头渔家庄公园。

（6）跨国旅游，逐步建成泛北部湾游轮基地，特色是展示独特的异国风情。

线路有：北海/香港/澳门、北海/越南、北海/马来西亚、北海/新加坡、北海/泰国、北海/韩国、北海/欧洲各国。

（7）美食购物旅游，特色是集海鲜美食、南珠购物、北海特产、休闲为一体。主要支撑点有：银滩美食城、侨港越南风味、外沙海鲜岛、冠头岭渔家餐馆、外沙海鲜城海鲜市场及海味干品市场、南珠宫、亨通珠宝、还珠堂海洋之窗、新力广场、时代广场、启东商场、和安商港、中国南珠城等。

（8）文物古迹游，特色是追溯北海历史、探究中国古代海上丝绸之路始发港。主要支撑点有：英、法、德等八国驻北海领事馆、洋关大楼、北海百年老城、文昌塔、古汉墓群、东坡亭、海角亭、大士阁、惠爱桥等。

（9）会议展览旅游，特色是集会议、展览于一体。主要支撑点有：各大酒店、国际会展中心。

4. 十六个重点建设的旅游支撑项目

十六个重点旅游项目是：海湾国际体育运动休闲基地，阳光海岸——银滩五星级度假酒店区，盛世珠还——大型歌舞展，海世界——度假酒店，冠岭山庄——集度假、娱乐、会议为一体的休闲中心，似水年华——水世界乐园，神奇涠洲——海底珊瑚、火山奇观、浪漫假期，百年沧桑——珠海路骑楼文化步行街，神奇北部湾——世界海洋文化公园，汉武大观——历史文化主题公园，东盟自由港——星岛湖旅游区，东方迈阿密——国际养生、养老基地，希望大地——田野农业生态观光园，欢乐农庄——东园工农业旅游生态区，国际游艇俱乐部，金滩海温泉度假村。

除此之外，还争取建设其他旅游项目：人间仙境——跨海大桥、南珠观光塔，情人湾——国际游船港，冠岭宗教文化旅游区，梦里水乡——世界客家文化城，海景大道旅游带及配套设施，海上丝绸之路博物苑，沙滩大赛场——休闲体育、文化、娱乐大本营，未来家园——环保主题公园，海底大森林——红树林国际湿地公园，诺曼底野战营，咕哩寨风情园，地之角——风波岭大型庙会，《老人与海》——大型综合艺术探索营，南海水晶宫——东盟歌剧院，沧海桑田——大型渔家乐，北海明珠国际会展中心等。

四、困难与不足

北海市旅游发展的现状与北海拥有的旅游资源发展潜力不相称，与其他沿海旅游发达城市相比还存在较大的差距，制约因素与问题主要是：

（1）北海市旅游业的投入不足，旅游业发展基础薄弱。北海旅游业总体投入不大，旅游业原始积累不足。旅游开发的资金缺乏，导致旅游基础设施建设和配套严重不足。

（2）个别部门对旅游产业发展认识不足，缺乏系统支持。发展旅游产业的观念落后，思想不开放，办法不够多，投资软环境较差。由于开发水平低，经营管理落后，北海丰富的旅游资源优势远远未能转化为产业优势和经济优势。

（3）旅游产品结构不合理，缺乏滨海旅游的主导产品，尤其是高端产品。北海市的旅游业一直处于景区景点太少，旅游产品品种单一，缺乏旅游的主导产品，并逐年老化，旅客缺乏多样性选择，旅客停留时间短。

（4）旅游资源的深度开发和精心整合不够，缺乏对国际化、标准化、个性化要求较高的度假旅游、特种旅游和文化旅游产品的开发生产，一些优势旅游资源正面临破坏或被作他用，全市旅游资源和环境保护问题日益突出。

（5）重大旅游项目的选址和用地落实困难，招商引资效果不明显。

（6）部分旅游区（点）管理体制还不够顺畅，在一定程度上还制约着旅游区（点）的规划、开发和管理。旅游产业开发水平低下，经营管理落后。现有的旅游景区景点服务设施不配套，管理机制滞后的问题比较突出。

（7）专业旅游开发和管理的人才短缺。

（8）旅游信息网络还不够健全，市场监管力度有待加强。

这些存在问题在一定程度上造成了北海市旅游吸引度提高不大、境外旅游市场开拓与培育力度不足、旅游接待人次及旅游总收入增长程度不理想的后果，越南、云南、四川、广东、海南、湖南等周边国家和省区市旅游业的快速发展既与北海旅游形成优势互补，又对北海旅游形成巨大的冲击和严峻的挑战，使北海市区域旅游发展不平衡的矛盾进一步突出，市场竞争压力加大，直接影响全市旅游总体水平的提高。北海市旅游业正面临着前所未有的严峻挑战，使北海市旅游业处于"逆水行舟，不进则退"的境地。因此，正视现实、困难与差距，树立信心，以科学发展观来加大旅游业的整合力度与资金投入，大手笔、大策划、高起点、高水平、重点突破、以点带面，超常规迅速提高北海旅游业的核心竞争力，是北海旅游业在新一轮经济发展大潮中站稳脚跟、全面发展的唯一出路。

表5-1　北海市重点旅游项目计划表

序号	项目名称	投资额度（亿元）	项目建议选址
1	海湾国际体育运动休闲基地	8	银滩西区马鞍岭、大墩海
2	阳光海岸——银滩五星级度假酒店区	28	银滩西区
3	盛世珠还——大型实景剧	2	银滩中区
4	海世界——度假酒店	5	银滩中区海上乐园
5	冠岭山庄——集休闲、度假、娱乐、会议为一体的综合度假项目	10	冠头岭西北角
6	似水年华——水世界乐园	4	银滩中区情人岛公园
7	神奇涠洲——海底珊瑚、火山奇观、浪漫假期	25	涠洲岛
8	百年沧桑——珠海路骑楼文化步行街	5	珠海路
9	神奇北部湾——世界海洋文化公园	9	银滩西区
10	汉武大观——历史文化主题公园	10	合浦汉墓博物馆及周围
11	东盟自由港——星岛湖旅游区	10	合浦星岛湖旅游度假区
12	东方迈阿密——国际养生、养老基地	5	银滩东区中段
13	希望大地——田野农业生态观光园	1	滨海公路银滩支线中段
14	欢乐农庄——东园工农业旅游生态园	1.5	廉州镇
15	国际游艇俱乐部	2	银滩公园西侧
16	金滩海温泉度假村	2.5	金滩新城南流江入海口

资料来源：《北海市"十一五"旅游业发展规划（草案）》。

表5-2　北海市其他旅游项目计划表

序号	项目名称	投资额度（亿元）	项目建议选址
1	人间仙境——跨海大桥、南珠观光塔	15	合浦金滩至北海外沙
2	情人湾——国际游船港	20	冠头岭下南湾港
3	冠岭宗教文化旅游区	15	冠头岭南端及海面上
4	梦里水乡——世界客家文化城	20	合浦曲樟
5	海景大道旅游带及配套设施	40	环北海半岛滨海带
6	海上丝绸之路博物苑	3	世纪苑

续表

序号	项目名称	投资额度（亿元）	项目建议选址
7	沙滩大赛场——休闲体育、文化、娱乐大本营	3	银滩东区
8	未来家园——环保主题公园	8	冠头岭至石步岭
9	海底大森林——红树林国际湿地公园	2	合浦山口
10	地之角——风波岭大型庙会	2	地角风波岭
11	《老人与海》——大型综合艺术探索营	3	银滩东区
12	南海水晶宫——东盟歌剧院	12	银滩东区综合产业区以南海面
13	沧海桑田——大型渔家乐	1.5	西村港以东竹林盐场
14	北海明珠国际会展中心	15	银滩东区综合产业区

资料来源：《北海市"十一五"旅游业发展规划（草案）》。

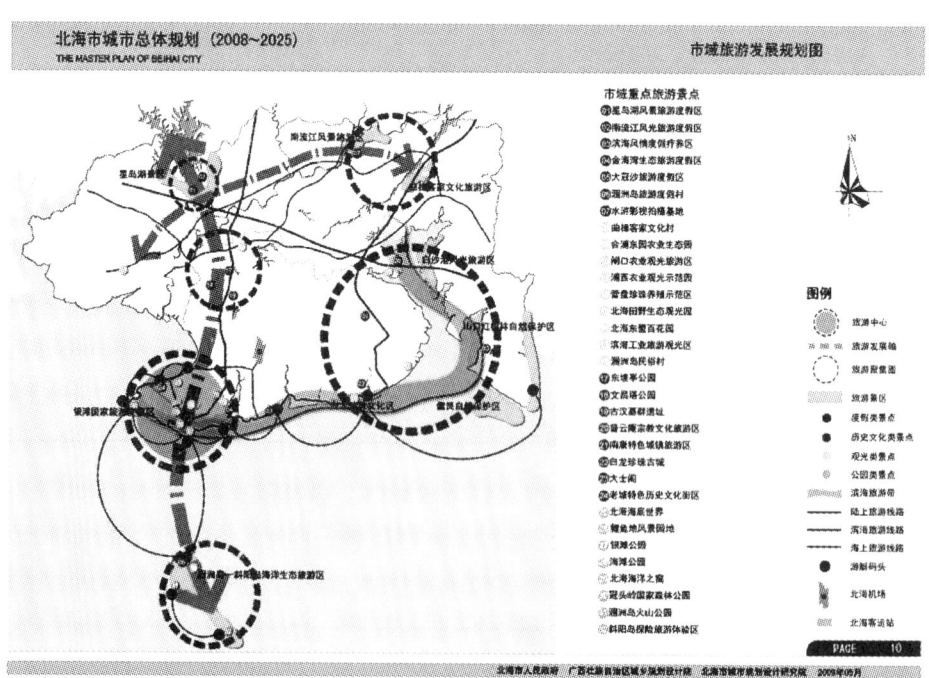

图 5-1 北海市域旅游发展规划示意图

第三节 钦州城市旅游化建设

一、钦州市概况

钦州古称安州,地处祖国西南沿海,背靠大西南,面临北部湾,是大西南最便捷的出海通道。总人口 310 多万,总面积 10843 平方千米,小岛屿 303 个,陆地海岸线长 260.4 千米。有海外华侨同胞 38 万人,分布在 46 个国家和地区。拥有 1400 年悠久的历史,近代历史上钦州出现刘永福、冯子材两位蜚声中外的民族英雄。[①]

二、钦州市城市旅游化建设

(一) 整体环境

钦州是广西沿海金三角上的一块宝地。这里气候温和宜人,河流水库众多,土壤肥沃,植物繁茂。自然资源丰富,依水临海,山川美丽,游览风景迷人,名优产品繁花似锦,有兴旺发达的农业。也有大有可为的海洋捕捞养殖业,城乡市场广阔,开发建设有着很大潜在优势。为适应改革开放形势的需要,钦州致力于投资环境的改善。近年来,钦州市政府和各县区政府投入巨资,大搞城镇基础建设,制定了各种优惠政策,2008 年,钦州市城市基础设施完成投资 12.66 亿元,桥梁 45 座,路灯 2.53 万盏,城镇人口人均公共绿地面积 5.01 平方米。同时积极与海内外进行多种形式的经济技术合作,大大提高了办事效率。

(二) 交通建设

钦州港是个不可多得的天然深水良港,是孙中山先生《建国方略》中规划的"南方第二大港"。近年来,由于钦州的区位优势突出,市委、市政府采取措施得力,特别是实行了业主制建码头、仓储的形式,建设高潮迭起。目前,已建有万吨级码头 3 个,正在建 3000 吨至万吨级码头 11 个;已建成仓储(库)11 个,总投资 24.25 亿元。钦州市区位优势非常突出。已建成的铁路有南(宁)—钦(州)、黎(塘)—钦(州)、钦(州)—北(海)、钦(州)—防(港)、钦(州)—钦州港五条铁路和高速公路在钦州交会。大交通的格局,已经形成。

2008 年,钦州市公路货物运输量 1496.1 万吨,增长 18.9%;公路旅客运输

---

① 钦州市政府网:http://www.qinzhou.gov.cn/.

量2624.3万人；水路货物运输量668.2万吨，旅客运输量16.8万人；港口完成货物吞吐量1508万吨，比上年增长25%。

三、钦州市旅游概况

（一）旅游接待能力

2008年，钦州市接待国内游客346.09万人次，旅游总收入15.66亿元。接待海外游客1.8万人次，外汇收入645.42万美元。近年来，全市建造了一批星级宾馆和涉外酒店，成立了一批旅行社，制作了许多旅游工艺品，初步形成了食、住、娱、购配套体系，吸引了大批旅客前来观光。其中，钦州市内主要宾馆有：金湾大酒店、钦州宾馆、交通宾馆、银湾大酒店、白海豚国际酒楼等。

（二）景区景点建设

拥有3个4A级景区，分别是钦州三娘湾旅游区、钦州刘冯故居景区、钦州八寨沟旅游景区；2个3A级景区，分别是灵山六峰山景区、钦州龙门群岛海上生态公园。同时，还新开发了大芦村民俗风情旅游区、王岗山风景区、铭德生态园、那雾岭、六峰山、麻兰岛等景区景点。

（三）钦州市旅游资源分析

1. 滨海资源

海洋文化是广西在西南各省区中最具有特质和优势的文化，钦州市位于广西海洋文化区的中心，海洋文化资源富集，利于抢占广西海洋文化的制高点。以三娘湾、七十二泾、月亮湾、王岗山、麻蓝岛等为主导的滨海旅游资源是钦州旅游产品的王牌。

2. 生态资源

钦州市地域位于著名的湘桂地理走廊与广西最南部的大青山—十万大山—六万山—云开大山弧形山系的交会区，地质构造独特，自然生态资源丰富，有着以寨沟、五皇岭为主的森林生态绿色旅游资源以及以灵山龙武鸣珂荔枝园、钦北金华果场、浦北香蕉园、滨海红树林为主的"绿色"旅游资源等丰富的自然生态资源。

3. 历史文化资源

三大历史文化带的交会区，历史文化沉积层深厚。钦州位于湘桂走廊历史文化带，南、北流江历史文化带，环北部湾历史文化带这三大历史文化带的交会区，文物丰富，古迹众多。主要有以民族英雄刘永福、冯子材故居为代表的爱国主义教育基地旅游观光资源。

4. 工业旅游资源

结合钦州发展大工业的目标。大工业不仅会为大旅游发展提供支撑，而且还是一种日益显得重要的旅游资源。要充分利用钦州这个工业新都的工业旅游资源优势,在做好蓝色、绿色与古色的同时,有计划、有步骤、有重点地开发工业旅游。①

四、钦州城市旅游产品开发现状

(一) 滨海生态休闲游

钦州市近期推出了以三娘湾和八寨沟为主导、蓝色与绿色有机结合的生态休闲旅游产品。旅游线路的组合主要集中在钦州市区,即以三娘湾、王岗山、月亮湾、麻蓝岛、七十二泾为主导的滨海旅游;以八寨沟为主导的森林生态休闲度假旅游。

(二) 名胜古迹游

钦州有省级文物保护单位 10 处,市级文物保护单位 23 处,县级文物保护单位 15 处。省级文物保护单位主要有三宣堂、冯公堡第、冯子材墓、安州故城遗址、久隆古墓群、越州故城遗址;市级文物保护单位主要有广州会馆、天涯亭、玉井流香、文峰卓笔、孙中山铜像及孙中山逝世周年纪念碑。

(三) 民俗风情游

主要有麻蓝岛民俗风情旅游度假村和大芦民俗风情旅游区。麻蓝岛民俗风情旅游度假村位于钦南区犀牛脚镇南面,距离钦州约 30 千米。该岛集沙滩、礁石、红树林于一体,岛国风味浓郁,是难得的天然海水浴场。两大民俗旅游区每到黄金旅游季节,都会有民俗风情节目表演,如民族服饰表演、唱当地的山歌等,非常有吸引力。

(四) 民族文化节庆游

钦州有"元宵节"、"三月三"、"端午节"、"重阳节"等节庆活动。"三月三"是"歌圩"日,到了这一天每家每户都吃乌米饭,然后设歌台不分昼夜对歌。"端午节"则举行盛大的赛龙舟等活动。②

五、钦州城市旅游化建设的主要问题

(一) 旅游资源开发尚处起步阶段

钦州拥有不可多得的天然深水良港,多年来一直以发展港口工业为主,第三产业特别是旅游业起步较晚,旅游资源开发尚处起步阶段。目前,钦州尚无国家级旅游度假区,自治区级的旅游度假区也只有灵山县的六峰山风景区一处。

---

① 胡绿俊,文军. 开发钦州市旅游业的探讨 [J]. 社会与经济发展,2007 (7).
② 徐业菊. 突出民族文化品位 激活钦州特色旅游 [J]. 钦州师范高等专科学校学报,2002.

（二）旅游企业品牌化、集团化发展不足

钦州的旅游企业规模小，跨区域经营的知名连锁企业、旅游集团非常欠缺，因此在资金投入、品牌与运作、产品与设施建设、人力资源与管理等方面与国际化要求尚有相当距离，旅游企业之间缺乏长期、规范、稳定、深入的合作。

（三）缺乏强力卖点的旅游品牌及其对应的主导旅游产品

近年来，钦州旅游产品开发虽有相当投入，但由于优势旅游资源的低效利用和产品精品化开发程度低下，已有的滨海旅游、名胜古迹旅游等旅游品牌建设滞后，总体上知名度和影响力不高。

第四节 防城港城市旅游建设

一、地理位置

防城港地处中国大陆海岸线的最西南端，是一座美丽的海湾城市、边关城市、港口城市。防城港地处东经108°20′，北纬21°37′，位于广西南部北部湾北岸，地理位置和地缘条件得天独厚。港湾水深避风，三面环山，犹如内陆湖泊。航道短，水域、陆域宽阔，可利用岸线长。现辖港口区、防城区、上思县、东兴市，总面积6181平方公里，陆地边境线230多千米，人口近90万。

防城港是中国北部湾城市中唯一一个既沿海又沿边的城市。全市大陆海岸线584千米，边境线200多千米，拥有国家级口岸6个，市区距广西首府南宁市156千米，有南防高速公路、南防铁路相通。防城港口以避风、水深、不淤积和航道短、可用海岸线长而闻名于世，是广西沿海最大港口、华南第三大港和全国19个枢纽港之一。

防城港是中国内陆腹地进入东盟最便捷的主门户、大通道、桥头堡和我国对外开放的前沿、窗口。防城港市地处广西北部湾经济区的核心区域，已经纳入国家发展战略，在中国—东盟自由贸易区和泛北部湾区域合作中具有得天独厚的比较优势。

二、旅游城市化建设

（一）城市性质与旅游形象的定位

防城港市的城市性质确定为：我国沿海主要的港口城市，环北部湾地区重要临海工业基地和门户城市，区域性国际滨海旅游胜地。

防城港市的旅游形象定位：南疆休闲港湾，边海跨国廊道。防城港市要围绕"边、海、山、民"的资源特色，构筑"上山下海出国"的主体旅游体系，把防城港市建设成为旅游主题形象鲜明、产品特色突出、旅游基础设施完善、旅游务质量优良的区域性国际滨海旅游胜地。

（二）发展目标

把防城港建设"滨海"、"门户"、"生态"特色突出，以休闲度假、游览观光、商务会展、康体养生、旅游集散为主要功能的国际滨海旅游胜地，旅游业成为防城港市国民经济的支柱产业之一、现代服务业的龙头，成为中越边海跨国旅游通道，中国面向东盟国家的旅游桥头堡。把防城港建设成为国际豪华游轮港。

（三）交通建设

防城港是广西最大的海港，和世界180多个国家和地区有贸易来往，境内有南防铁路和钦防高速和全国铁路网和公路网连接。

防城港北接黔川，西靠云南，东临粤、琼、港澳，南濒北部湾，是连接中国大陆资源丰富的大西南和经济活跃的东南亚地区的枢纽地带。水陆交通便利，南防高速公路直达港口，与西南公路出海大通道相连，这使得防城港可以直接与全国公路联网。铁路经南防线、黎钦线与全国铁路相连。特别是经南昆线、水柏线、内昆线抵达防城港，可大大缩短运距时空。海运开辟有连接"珠三角"、"长三角"、环渤海湾等经济圈的国内航线；并已与70多个国家和地区的220个港口通航，海运网络覆盖全球。集装箱航线开辟了东南亚、东北亚、中东、欧洲、美西、美东、澳门及香港地区的国际直航或中转班轮航线以及防城港—蛇口/赤湾—全球集装箱公共快线。

（四）旅游资源

防城港市北枕十万大山，南临北部湾，处于中国海陆交会的最南端，是我国唯一的京族聚居地，生态旅游资源、滨海旅游资源和民族风情、边关风情等旅游资源丰富。

防城港市旅游资源类型涵盖了全国8个主类的全部类型，30种亚类资源，占全部31种亚类的96.8%，128种基本类型，占全部155种基本类型的82.6%，资源丰度高，在全国、全区属于旅游资源相对丰沛城市。

防城港市旅游资源丰富，资源品位高，具有很高的开发价值；自然景观优美，生态环境优良；旅游资源特色突出，组合优势明显；与周边城市旅游资源具有良好的资源互补性，有利于形成跨区域、跨国旅游线路；旅游资源的开发还处于初步阶段，发展潜力大。

在所调查的250个旅游资源单体中，五级资源有2个，为东兴边城风情、北仑河口国家级自然保护区；四级旅游资源有7个，为十万大山国家级自然保护区、江山半岛旅游度假区、防城金花茶国家级自然保护区、京岛风景名胜区、竹山景区、中越界河（北仑河）风光、中越友谊公园；三级资源有 34 个，二级资源有 112 个，一级资源有 95 个，分别占总数的 0.8％、2.8％、13.6％、44.8％、38.0％。

（五）总体框架

构筑"一海、一山、两城、两带、三品牌"的旅游发展总体框架，即"11223"框架。

（1）一海——北部湾大海。北部湾大海——依托北部湾海洋，抓住广西北部湾经济大发展、中国—东盟自由贸易区快速推进、泛北部湾区域合作的不断深入契机，走向海洋，积极发展海洋经济产业，开发海洋特色旅游，构建北部湾国际旅游目的地大格局。

（2）一山——十万大山。十万大山——依托十万大山这片北部湾腹地的大面积森林，优良的森林生态环境，借助十万大山在国内已具有一定知名度的条件和十万大山国家级自然保护区、十万大山国家森林公园、防城金花茶国家级自然保护区的品牌作用，打生态牌、走生态路，凸显"北部湾绿肺"的主题形象，建设中国著名的山地生态旅游目的地。

（3）两城——防城港、东兴两个特色城市。防城港市——以华南第三大港——防城港为依托，借助"三岛三湾"开发建设、防城港城市发展、防城港国民经济快速发展态势和防城港将建成我国沿海主要的港口城市、环北部湾地区重要临海工业基地和门户城市的发展目标，把防城港建设成为中国风光优美、风情浓郁、魅力突出的南方港口城市。

东兴市——以中国大陆海岸线、中国边境线为起点的特色，借助东兴边贸快速发展、东兴城市设施逐步完善、中国—东盟陆路通道建设实施，整合中越边境其他区旅游资源，深化同越南的区域合作，大力发展边海跨国旅游，打造"中国边海第一城"的主题形象。

（4）两带——北部湾滨海、中越边境两条特色旅游带。北部湾滨海旅游带——以北部湾优美的滨海风光、优良的海洋生态、浓郁的京族风情为特色，以滨海公路和未来防城港市—东兴市—越南海防市跨国高速公路为纽带，整合北部湾滨海旅游资源，构建南宁市—钦州市—防城港市—东兴市—越南海防市、下龙湾北部湾滨海跨国旅游带。

中越边境旅游带——以中越边境优美的界河风光、厚重的历史文化、浓郁的瑶族风情、独特的中越边贸、良好的农林生态为特色，以中越边境公路为纽带，整合沿线旅游资源，构建中越边境旅游带。

（5）三品牌——滨海休闲、边海跨国、生态体验三大旅游品牌。滨海休闲旅游品牌——整合防城港海港城市、京族三岛、北仑河口、竹山、"三岛"（即江山半岛、渔万岛和企沙半岛）、"三湾"（即珍珠湾、西湾和东湾）等滨海休闲度假旅游资源，完善滨海休闲度假设施，丰富滨海生态休闲和滨海运动休闲活动，同北部湾其他滨海旅游城市联动发展，构建国际滨海休闲胜地，打造北部湾滨海休闲度假旅游品牌。

边海跨国旅游品牌——整合东兴边城、那良古镇、中越边境各口岸、中越界河——北仑河、中越边贸集市、红石谷、九龙潭、瑶山峡谷等边境旅游资源，挖掘边关历史文化、边境民族文化、边贸市井文化，开发中越边境旅游，深化同越南的联合协作，建设中越跨国旅游景区、中越边境跨国旅游综合实验区。开发北部湾海上旅游，突出最近的中越海上跨国旅游线特点，构建中越海上跨国旅游协作区。打造北部湾边海跨国旅游品牌。

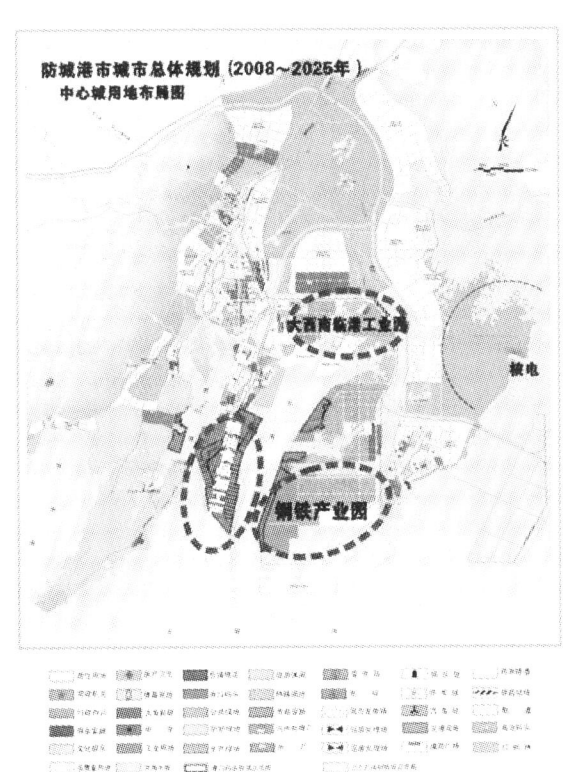

图 5-2　防城港市中心城布局（2008~2025 年）

生态体验旅游品牌——依托十万大山、南山、金花茶保护区的优良的森林生态环境、舒适的山地森林气候、独特的生物多样性，开发山地休闲和森林生态体验旅游；依托北部湾优良的海洋生态环境、北仑河口国家级自然保护区、优美的滨海生态风光，开发滨海生态旅游；加强同农林产业的联动发展，开发农林生态观光游；统筹森林生态、山地生态、滨海生态、农林生态旅游，打造北部湾生态体验旅游品牌。

三、困难与不足

存在的劣势：

（1）旅游开发晚，知名度不高，塑造新品牌难度很大；

（2）边、山、海相隔较远，布局分散，开发深度不够，难以形成规模效益；

（3）城市经济基础薄弱，基础设施匮乏，标志性的海边酒店、滨海风情商业一条街等设施和项目都较为欠缺；

（4）临海工业的发展可能带来环境及旅游资源损耗，造成游客出游意愿降低。

第六章 环北部湾（广东）城市旅游化建设

第一节 湛江及其旅游业

一、湛江市概况

（一）地理区位

湛江位于北纬 20°12′~21°35′，东经 109°31′~110°55′，处于我国大陆的最南端的雷州半岛，属于热带和亚热带季风气候，终年受海洋气候调节。湛江市东濒南海，南隔 18 海里的琼州海峡与海南省隔海相望，西临北部湾，背靠大西南，是广东、广西、海南三省（区）的交会点，是我国西南地区主要的出海口之一，也是环北部湾区域中的最大城市，是华南、西南、海南相连接的枢纽中心。内连三南，外通五洲，湛江市有着特殊而重要的战略地位。

（二）社会经济状况

湛江市是一个地级市，市区分为赤坎、霞山、坡头、麻章 4 个市区，下辖遂溪（县）、徐闻（县）、雷州（市）、廉江（市）、吴川（市）等县（市）。湛江市是广东西部区域中心城市，也是中国 14 个最早沿海开放城市之一，属于国家一类城市。长期以来，湛江一直是广东西部地区的政治、经济、文化、人才、科研中心，也是广东率先基本实现现代化的一翼，湛江所具有的发展潜力和后劲，是广东省发展的潜在优势。

（三）基础设施建设

湛江市是全国综合实力 50 强和全国基础设施 40 优的城市之一，基础设施建设比较完善。湛江港是国际一流的深水良港，具有大、深、阔、掩护条件好等特征。湛江港不仅是我国西南地区通向出海口铁路运距较短的港口,还是我国通往东南亚、欧洲、非洲等航程最短的港口。目前,湛江市已建成交通运输港口20多个,大小泊位186个,年吞吐量3164万吨,初步形成了以湛江港为主,以环雷州半岛中小港口为辅的相互配套的港口群,年吞吐量达1800多万吨,与世界上100多个国家和地区通航。湛江市现代化的天然深水良港也是国际豪华游轮的最佳直接靠泊口岸,从1984年起,湛江港已成功接待了美国"开拓者"号、俄罗斯"高尔基"号等国际豪华游轮24个航次的访问;亚洲最大的豪华游轮"狮子星"号每周一抵达湛江,已带来了6万多名游客。

湛江境内,207国道、325国道贯穿全境,有三条高速公路——广湛、渝湛、湛徐——会交于湛江,市内有三十几条公交线路。黎湛铁路、三茂铁路、粤海铁路在湛江交会,洛湛铁路也将接入湛江,有发往全国各地的多次列车。湛江机场为国家4D级机场,可起降波音757等类型的飞机,每周上百个航班,通往全国各大城市。同时,湛江也是粤西通信中心。①

二、湛江市旅游业概况

近年来,湛江市的旅游业总体发展良好。1999~2002年,湛江市接待国内外游客人数呈逐年增加态势,从30.9万人发展到44.3万人,年均增长12.8%;过夜游客从48.9万人达到83.2万人次,年均增长19.4%;旅游总收入从25.4亿元达到29.5亿元,年均增长5.1%,约占同期全市GDP的6%。2009年,湛江旅游业经济指标实现"双突破"——全年接待游客突破1000万人次,达1151万人次,同比增长29.1%,旅游收入突破50亿元,达53.3亿元,同比增长13.2%,旅游收入约占全省旅游总收入3068.39的1.73%。2010年,湛江市接待游客人数超过1400万人次,年均递增20%,旅游收入65亿元,年均递增15%。旅游产业从业人员约5万人,占第三产业从业人员的7%,占全市总从业总数的1.6%。目前,湛江市有高标准酒店68家,其中五星级1家、四星级6家、三星级24家,客房8867间、床位15649张;非星级住宿设施共510家,客房13260间,床位22440张。

就湛江市来说,旅游业已成为本区域新的经济增长点,但与广东全省比较起来,旅游业拉动经济增长的力度还不够大,有待进一步加强。湛江市近年来荣获众多殊荣,如"国家园林城市"、"中国优秀旅游城市"、"中国十大休闲城市"等,在这些城市荣誉的光环下,湛江市的旅游业将呈现出良好的发展势头。②

---

① 湛江市人民政府:http://www.zhanjiang.gov.cn/.
② 阮日生. 湛江市旅游产业发展战略的思考 [J]. 广东经济,2010 (12).

三、湛江进行城市旅游建设的资源分析

（一）海岸线长，海洋旅游资源丰富

湛江全市共有吉兆湾、南三岛、东海岛、硇洲岛东岸、海安白沙湾、乌石北拳半岛等 13 段优质沙滩可供旅游开发，总长达 150 千米。其中，王村港、吉兆弯、南三岛东岸和东海岛东岸均是长度超过 20 千米的特大型沙滩，最长的东海岛龙海天沙滩长 28 千米，宽 150～300 米，仅次于澳大利亚的黄金海岸，是中国第一长滩。近海的硇洲岛斗龙角、徐闻灯楼角、乌石东土角和康港盐庭角等有 5～10 平方千米未受破坏的热带珊瑚礁，这是我国大陆分布最大，保护最好、最完整和最美的珊瑚礁群之一，水深 4～8 米，能见度 5～7 米，离岸 500 米，适合发展海底潜水观光旅游。同时，湛江还拥有全国最大的红树林保护区，海岸线绵长曲折，水清浪静，大海与沙石、岩石、林带构成美丽的南亚热带风光。

（二）火山地貌特色突出

湛江的湖光岩火山风景区，是 14 万～16 万年前多次平地火山爆发深陷形成的玛珥湖，湖面 3.6 平方千米，湖深 30 米，是世界上仅有的两个玛珥湖之一，被联合国地质专家称为研究地球与地质科学的"天然手鉴"，也是我国现存三个完整的火山口湖之一。宋朝宰相李纲为此题书的"湖光岩"三字沿用至今。

硇洲岛是二三十万年前形成的火山岛，乌黑发亮的玄武岩形成了多处悬崖峭壁和怪石滩，榕树为壮观。岛上有建于 1898 年的硇洲古灯塔，该灯塔是目前世界上仅有的两座水晶磨镜灯塔之一，也是世界著名的三大灯塔之一。①

（三）热带亚热带生物资源丰富

湛江市沿海滩涂面积达 148.6 万亩，浅海面积达 836 万亩，有经济价值的鱼类共 520 种、贝类 547 种、虾类 28 种。湛江天然的海域养殖着如龙虾、鲍鱼、生蚝、瑶柱、骨鳝、沙螺、花蟹等各种海鲜产品。湛江的珍珠、对虾、鲍鱼、珍贵鱼类等连片养殖基地具有旅游开发价值，湛江海洋大学有水生物标本 3000 多种，是全国品类最齐全的水生生物博物馆。

湛江拥有 18 万多亩的菠萝基地、14 万多亩的芒果基地，居广东省之最；也是龙眼、荔枝、香蕉、木瓜、西瓜、红江橙等著名的热带水果之乡；尚生产一些珍奇的水果，如神秘果、人心果、火龙果、菠萝蜜、青枣、鸡蛋果、星苹果、山竹子等。湛江还拥有中国大陆最大的"海上森林"——红树林，18.6 万亩、22 个品种的高桥红树林自然保护区还是国家级红树林自然保护区。②

---

① 郭晋杰. 湛江国际旅游资源开发和旅游服务质量的研究［J］. 旅游学刊，2001（1）.
② 吴刘萍，周昌仕. 湛江观光生态经济农业的开发研究［J］. 生态经济，2001（9）.

(四) 多彩的历史文化资源

湛江除了拥有国家级历史文化名城雷州外，还有吴川吴阳镇、雷州龙门镇潮溪村等历史文化名镇、名村等。雷州半岛有玲珑别致的雷州西湖，有粤西最大古寺"天宁寺"，有广东文物保护单位"三元塔"，有明代著名作曲家汤显祖创办的"贵生书院"，有纪念宋朝十位被贬贤人的十贤祠、东坡亭、寇公祠、西馆以及需睿元书院等，还有别湖亭、钓鱼台、茅亭、荷池、蛙岛、飞瀑、塑石等胜览。

目前，湛江被纳入国家级"非遗"名录7项，省级"非遗"名录16项，市级"非遗"名录29项，此外还有傩戏、单人木偶、吴川陶鼓、粤剧南派艺术、雷州剧、东海人龙舞、海康地饰以及著名的"吴川三绝"飘色、花桥、泥塑等文化艺术形式。湛江双蜂嶂山这个仅有480户人家的小山村里，聚居着壮、瑶、苗、回、白、黎、侗、土家、水、纳西、羌、布依、满、京、毛南等16个少数民族，他们与外界鲜有交流，民风古朴淳厚，唐宗遗风犹存，甚为罕见。①

第二节　湛江城市旅游产品开发现状

近些年来，湛江依赖其城市环境及文化资源进行着城市旅游化建设，目前，湛江的城市旅游产品主要集中在观光旅游、火山旅游、渔村体验旅游、海鲜美食旅游、城市文化旅游等方面。

第一，观光旅游。湛江市在"二次创业"中，以"千年丝路第一港，蔚蓝世纪共起航"的形象，大力发展城市旅游业，欲使之成为一个新的经济增长点。湛江是中国大陆最南端的城市，依托其港口海湾、丰富滨海资源、独特的南亚动植物资源以及独特的历史文化，大力发展着滨海观光旅游、海洋生态农业观光旅游、历史古城观光旅游等项目。其中，滨海城市观光旅游是湛江城市旅游的主导性产品。

第二，火山旅游。雷州半岛丰富的火山地质旅游资源集玛尔式火山、盾状火山、层状火山等各种类型的火山景观为一体，而且山体不高，植被茂盛，是中国罕见、广东省独有的火山地质现象，具有极高的旅游价值和科学研究价值。湛江湖光岩风景区集中了雷州半岛最典型、最详尽、最独特、最有代表性的火山景观。湖光岩火山地质遗迹是世界上罕见的不可再生的地理资源，是全球古气候、

---

① 张莉. 湛江市滨海旅游业现状与发展措施 [J]. 科技开发与市场, 2003 (3).

古环境科学研究的"天然信息库"。湛江依靠其丰富的火山遗址资源,开展了包括火山观光旅游、火山地质考察、火山岩科研等在内的火山旅游项目。

第三,渔村体验旅游。湛江市海洋商业文化历史悠久,海神崇拜文化别具特色,海洋渔业文化源远流长,渔村旅游资源丰富多样。雷州半岛海岸,有着较长的优质沙滩,周边分布着众多纯渔业乡镇和渔村。湛江市的城市旅游也将众多都市人带到海边体验"渔家乐"开展海钓、海泳等旅游项目。

第四,海鲜美食购物旅游。湛江市是一个海鲜的王国,有几百种有经济价值的鱼类,吸引了来自中国各地的客商和海鲜美食爱好者的云集。湛江吃海鲜,比较出名的地方包括市区内的"海洋世界酒楼"、郊区的硇洲岛、遂溪县的草潭镇、雷州县的乌石港、徐闻县的白沙和吴川县的沙田,以及霞山区的东风市场。这些地方靠近海鲜产地,能最大限度地保持海鲜的鲜美。①

第五,城市文化旅游。和粤西其他城市相比,湛江的一个比较优势在于有丰富历史文化旅游资源。目前,湛江市推出了3条文化旅游线路,包括雷州历史文化名城游、吴川名人故居游和徐闻汉代丝绸之路寻踪游。其中,依托雷州国家级历史文化名城建设的雷州雷文化旅游区已经启动。②

第三节 湛江城市旅游化建设的主要问题

近几年来,湛江的城市旅游化建设现状良好,但与广东省如广州、珠江、深圳等大城市相比,湛江的城市旅游化还有待不断改造升级。就目前而言,湛江在城市旅游化建设中有一些问题亟待解决,主要表现为以下几点:

其一,旅游行业管理不规范。湛江旅游行业监管不到位,管理不规范,服务质量较差。景区保护主义严重,自行定价,巧立名目,价格变化多端,存在"质次价高,质价不符"的现象。酒店宾馆行政管理不到位,大量非星级宾馆还未纳入旅游行政管理部门的管理范畴。旅游行业的人员素质普遍不高,服务态度欠佳,服务质量较差,应变能力弱,不能很好地接待来自五湖四海的宾客。政府应加大对旅游行业的规范化管理,塑造良好的湛江市的旅游形象。③

其二,旅游景区环境受工业污染影响大。电力、石化、制糖、水泥是湛江市的重要产业,也是对湛江市环境污染最严重的产业。这几类工业的部分厂房是靠

---

① 徐曼. 湛江市海鲜美食旅游开发研究 [J]. 科技经济市场, 2009 (6).
② 刘金凤,林洪强. 打造湛江文化旅游基地 [N]. 湛江日报, 2011-5-21.
③ 罗春林. 湛江市旅游业的可持续发展探讨 [J]. 绿色科技, 2011 (6).

近城市旅游风景区而建的,排放的有害气体和粉尘给旅游风景区的环境造成很大的破坏,影响到该市旅游业的可持续发展。

其三,旅游基础设施建设不足。湛江市在旅游基础设施方面投入不足,部分旅游景区的旅游接待设施逐渐老化,特别是道路的破损、旅游住宿设施的落后,不能满足游客高品质要求。同时,湛江在道路交通等基础设施方面建设落后,车道宽度不够,部分道路质量不高,配套设施不够完善。旅游基础设施建设不足将会很大程度上影响城市旅游化建设的进程。①

其四,城市旅游产品单一,文化品位不高。湛江城市旅游业一直以旅游观光产品为主,产品单一,品位不高,缺乏统一规划及科学整合和深度开发,没能形成具有影响力的旅游品牌。对一个发展城市旅游产品的城市来说,旅游与文化是紧密联系在一起的,自然景观与人文景观同等重要,不可偏废。湛江市在开发多样化旅游产品的同时,应该提高对人文景观的重视,开发具有高文化品位的城市旅游产品。

---

① 帅学明,王鸿. 湛江完善优秀旅游城市构想[J]. 湛江海洋大学学报,2004(4).

第七章 国际旅游岛省会城市——海口旅游化发展态势

第一节 海南国际旅游岛旅游发展势态

一、海南国际旅游岛的提出

海南作为全国唯一的省级经济特区,凭借着独特的资源、生态、区位等优势,旅游产业已成为海南的支柱产业。为进一步发挥比较优势,放大旅游产业的效应,实现海南绿色、开放、协调、可持续发展,近年来海南提出了建设国际旅游岛的发展战略,并得到了国家的大力支持。

2001年12月,建立海南国际旅游岛框架建议由中国(海南)改革发展研究院提出概念。2002年6月,中国(海南)改革发展研究院撰写了《建立海南国际旅游岛可行性研究报告》。2007年4月,海南省政府向国务院行文申请设立海南国际旅游岛综合试验区。2007年7月中国(海南)改革发展研究院提出了《推进海南国际旅游岛建设方案建议》,强调发展旅游业是海南全面落实科学发展观、实现经济增长方式转变、构建具有海南特色的经济结构和更具活力的体制机制的现实选择。2008年3月国务院办公厅《关于支持海南省发展旅游业有关问题的函》,明确指出海南要大力发展以旅游业为龙头的现代服务业,努力使旅游业成为海南的支柱产业,要求海南建设"绿色之岛、开放之岛、文明之岛、和谐之岛",并给予海南旅游业大力支持。2008年11月政协全国委员会办公厅文件《关于海南国际旅游岛建设的调研报告》中,对海南建设国际旅游岛的必要性、可行性以及政策建议展开了详细分析,肯定了海南国际旅游岛建设的重大意义。2009年12月,国务院出台了《关于推进海南国际旅游岛建设发展的若干意见》，标志着海南国际旅游岛建设正式上升为国家发展战略。至此，海南国际旅游岛的建设步入正轨。海南国际旅游岛建设被纳入国家发展战略，纳入国家主体功能区规划、国家区域产业布局，并列入国家"十二五"发展规划纲要。

二、海南国际旅游岛的概念

《中国（海南）体制改革研究院关于海南国际旅游岛的框架建议》中认为，所谓"国际旅游岛"是指在特定的岛屿区域内，限定在旅游产业领域范围中，对外实行以"免签证零关税"为主要特征的投资贸易自由化政策，有步骤地加快推进旅游服务自由化进程。另外，《海南国际旅游岛建设行动计划》将"国际旅游岛"的基本内涵定位为"三新"：新目标，实现服务、管理、景区、产品四个"零距离"，建成世界一流的热带海岛度假休闲胜地；新体制，建立符合国际惯例的旅游发展与管理体制机制；新政策，实行以"免签证、零关税、放航权"为主要特点的旅游开放政策。进一步扩大国际游客的免签范围，为游客进出提供尽可能的方便和自由，执行"21个国家5人以上旅游团的15天免签证"政策，争取近期将21个国家、旅游团，"5人以上"的限制条件放宽到"2人"以上。在未来5年，新造一批具有较大潜在客源市场的北欧、中亚等国家，争取对其旅游团来海南实行免签证政策，争取把目前免签证时间15天延长到30天。另外，将机场口岸设立的免税商店，扩大到三亚、海口、琼海、儋州、万宁、文昌、五指山等重要旅游城市市区。在此基础上，海南省委、省政府又出台了《关于加快推进国际旅游岛建设的意见》，提出国际旅游岛就是旅游国际化程度高、生态环境优美、文化魅力独特、社会文明祥和的世界一流的海岛型国际旅游目的地。

三、海南国际旅游岛旅游发展现状

（一）海南国际旅游岛的竞争优势（Strength）

1. 优越的地理区位

海南处于泛珠三角区域和环北部湾经济圈交会点，背靠华南腹地，面向东南亚，位于太平洋西海岸线的中段位置，是亚太经济圈的中心地带，地缘优势明显。拥有广阔的国际国内客源市场空间。

2. 一流的生态环境

海南是中国第一个生态省，海南森林覆盖率超过59.2%，大气环境质量指数常年保持一级标准；世界环保组织公布的2009年全球空气质量十佳城市中，三亚市排名第二位、海口市排名第五位①。各类水体总体上达到或优于国家一、二

---

① 中国城市发展网：http://www.chinacity.org.cn/csph/csph/48179.html。

类标准。海南被人们冠以天然大氧吧、生态大花园、健康岛、长寿岛等美称。

3. 独特的旅游资源

全岛可供开发利用的旅游景点有 200 多处，不仅拥有"3S"（Sun 阳光、Sea 海水、Sand 沙滩）资源，而且拥有良好的"3N"（Nature：自然、Nostalgia：怀想、Nirvana：理想境界）资源，还有丰富的温泉、热带雨林和自然景观，丰厚的本土文化底蕴和中国文化渊源。以热带、生态、海岛、海洋为主要特色的复合型资源为中国独有，世界稀缺。作为第一个总部设在中国的国际会议组织，博鳌亚洲论坛在世界的影响日益加大。

4. 丰富的旅游产品

已建成了亚龙湾国家度假旅游区、南山文化旅游区、天涯海角旅游区、博鳌旅游区、七仙岭温泉度假休闲区、尖峰岭国家森林公园等一批特色鲜明、内涵丰富、档次较高的精品旅游景区度假区；海棠湾、清水湾等一批大型国际度假休闲旅游区的建设已启动。度假旅游、生态旅游、高尔夫旅游、会展旅游等特色旅游产品丰富，突出的有以热带海滨度假为主要内容的"蓝色浪漫之旅"以生态旅游、热带雨林探奇和河湖旅游为主要内容的"绿色神奇之旅"，有以各类温泉为内容的"风情温泉之旅"，有突出高尔夫休闲的"潇洒高尔夫之旅"，有各类康体保健之旅，还有体现黎苗风情的"民族文化之旅"等。此外，自驾车游、探奇旅游、婚庆旅游、游轮旅游、游艇度假等旅游新业态发展迅速。

5. 日趋完善的基础设施

海南拥有海口美兰、三亚凤凰两个国际机场，开通了 48 条国际航线、497 条国内航线；建成了环岛高速公路，改造了西环铁路，开通了直达北京、上海、广州的旅客列车，东环城际快速铁路将建成运营，届时将形成环岛铁路网；建成了海口、三亚、洋浦、八所等港口，其中三亚已建成 10 万吨邮轮专用码头。海南已形成了便捷的立体交通网络。① 目前，海南省已形成食、住、行、游、购、娱等相配套的接待体系，已达到 3000 万人次年接待能力，2009 年，共接待过夜旅游者 2250.33 万人次。截至 2009 年底，全省共有旅行社 236 家，其中出境组团社 11 家。国家 A 级旅游景区（点）32 家，其中 5A 级 2 家，4A 级 9 家，3A 级 14 家，2A 级 6 家，1A 级 1 家；全国工农业旅游示范点 4 家。全省星级旅游饭店 238 家，其中五星级 20 家，按五星级标准建成并营业的有 20 多家，在建的有 10 多家。四星级 54 家，三星级 112 家，二星级 42 家，一星级 10 家；共有客房 36578 间，床位 67656 张。旅游业相关从业人员超过 16 万人，其中，导游人员 11000 人，导管中心管理的导游 7280 人，旅行社专职导游 3720 人。②

---

① 海南统计局，国家统计局海南调查总队．海南年鉴 2010［Z］．北京：中国统计出版社，2010．
② 中华人民共和国国家旅游局．中国旅游年鉴 2010［Z］．北京：中国旅游出版社，2010．

6. 正在建设一批重大旅游项目

已经规划和正在建设一批大型旅游项目,如三亚海棠湾、陵水清水湾和香水湾、万宁神州半岛、乐东龙沐湾、昌江棋子湾、文昌航天主题公园、石梅湾和铜鼓岭,海口的美丽沙和新埠岛以及澄迈的盈滨半岛等。

(二)竞争劣势(Weakness)

1. 旅游产业经济基础薄弱

当前,海南总体上仍属于欠发达地区,经济实力不强,城镇化发展不足,经济结构层次偏低,产业整体素质不高,企业市场竞争力不强;对外开放水平有待进一步提高,国际贸易、利用外资和入境游客规模偏小。海南虽是旅游资源大省但还不是旅游经济强省,旅游产业作为支柱产业在全省经济总量中所占的比重较小,旅游接待人数和收入虽年年递增,但收入总量并不大,说明海南旅游产业这几年的发展,仍属数量型而非效益型,旅游经营是粗放型而非集约型。同时,地区发展也不平衡,旅游企业和旅游景点主要集中在东部沿海和海口、三亚等市县,西部、中部地区旅游开发缓慢,对当地经济的贡献小,产业带动作用不突出。

2. 旅游企业规模偏小

大部分旅游企业规模偏小,经济基础薄弱。相当多的旅游企业负债重,流动资金缺乏、市场竞争能力较弱、抗风险能力差。以旅行社为例,截至2009年,海南全省有旅行社236家,进入"全国百强旅行社"的仅有2家。相当一部分旅行社规模小、底子薄,经过多年发展,还在靠"几张办公桌、几部电话机、传真机、电脑打天下"。

3. 旅游产品单一,开发不合理

目前,海南省的旅游产品结构单一,综合竞争力不强,基本上以观光型产品为主,缺乏具有国际水平的、世界知名的休闲度假产品。同时,海南省虽然有旅游总体规划,但长期以来,由于缺乏具有实际操作意义的配套实施细则,在旅游产品研发方面存在对客源市场的具体定位较模糊,对市场供需变化的反应不及时等问题。旅游业是综合效应强而门槛低的产业,在缺乏市县旅游规划的基础上,投资少、见效快的低水平重复建设项目的不断出现,造成资源的严重浪费和市场的恶性竞争。一些景点的开发建设缺乏远期发展规划,投资经营者不是靠旅游产品的吸引力和提供优质服务来吸引客源、参与市场竞争,而是靠提供高额回扣的竞争争夺客源。这种不规范的竞争方式,使一些颇具潜力的旅游产品刚一"问世"就"夭折",严重制约了海南旅游产品的丰富和完善,海南旅游资源的多样性难以得到真正体现。由于受旅游产品同质化,旅游线路的单一化和市场经营短期化等多种因素的相互作用影响,削价竞争不可避免,旅游业的整体经济效益、可持续发展和投资环境等都因此而受到不同程度的影响。另外,从目前世界旅游发展趋势的一个特点来看，游客趣向已从原来单单凭眼睛走马观花式的传统"观光"旅游向重参与、重经历、重文化体验的现代旅游转移，海南的旅游产品在这方面还有一定距离。

4. 旅游市场不规范

海南旅游业市场经营开放度走在全国前列，市场化程度较高，但由于对全社会办大旅游的负面效应考虑不周，市场应变能力不强等诸多因素影响，致使海南旅游市场治理存在一些问题。旅游市场内部还不同程度地存在业务操作不规范、低价格竞争、从业人员素质低、治理粗放、服务质量差等问题。近年来，政府也在严厉打击，但不彻底。"黑社"、"黑车"、"黑导"、"黑店"等现象屡禁不止，影响了海南整体的旅游形象和投资环境，妨碍国内外知名旅游企业进入。

5. 旅游服务意识欠缺

海南旅游业不断面临多种发展中的问题，其中最主要的矛盾是游客持续增长的对高端旅游的需求和相应较低端的旅游服务之间的矛盾。主要表现在旅游管理者素质不高，服务意识不强，各项管理规章虽有，但执行得不好，管理技术、手段相对落后；广大旅游业从业人员素质偏低，服务意识、环境意识、服务质量有待提高。此外，当地居民参与旅游开发的商品经济意识不强，对游客的好客度不高，时常有强买强卖，宰客诈客的事情发生，严重影响了中外游客对海南旅游业形象的感知。

6. 旅游营销力度不够

海南作为一个新兴的、远离客源市场的旅游目的地。市场营销对加快旅游产业的发展具有重要意义。但由于政府财力有限和本省有实力的旅游企业不多，宣传促销的资金投入较少，难以形成较为系统、长久和较大规模的促销。由于对旅游促销对象缺乏详尽了解，对国内外旅游者的不同旅游需求进行有针对性的产品促销宣传活动相对较少，宣传促销手段和办法还比较单一，旅游形象宣传与产品经营经常相脱节。如千篇一律地以"椰风海韵"为主题进行宣传，缺乏有效的营销策略和手段，宣传"同"的东西过多，促销"异"的东西乏力，故影响了海南旅游知名度的提高，使整体营销效果达不到预期的效果。同时，有经验的宣传促销人才缺乏，也使得旅游宣传促销难以出新、出彩。

（三）发展机遇（Opportunity）

1. 经济发展方式的转变

当前世界经济共同面临着生态与能源危机，转变传统的经济发展方式势在必行。低碳经济是一种新型发展模式。它不仅是21世纪人类最大规模的环境革命，而且也是一场深刻的经济社会革命。后危机时代，"低碳经济"将成为引领我国经济结构调整乃至全球结构调整的重要驱动力。低碳经济蕴藏着巨大的商业机遇，又是增长模式转型的重要契机。海南独特的自然资源是海南经济社会发展的最大资本，也是国际旅游岛建设的最大优势。以建设国际旅游岛为载体，调整产业结构，转变发展方式，着力构建具有海南特色的服务型经济，变潜在的资源优势和生态优势为现实经济竞争优势，就有可能成为我国绿色发展的先行地区之一。

另外，随着产业结构的调整，服务业逐渐成为社会的主导产业。把旅游业定性为现代服务业的龙头，是因为旅游业具有拉动内需的明显优势，能就地利用风景，提供服务产品，资源可持续利用，具有投资少、见效快、创汇迅速等特点。旅游业本身包括"行、游、住、吃、购、娱"六大要素，它所需要的硬件装备，所消耗的食物、饮料和日用品，以及一部分游览内容，都为其他产品开辟和提供了新的市场，为社会增加了就业机会，成为转变经济发展方式的主要渠道之一。

2. 人们休闲生活的丰富推动旅游业的发展

自20世纪80年代以来，伴随全球经济的快速增长和科技的迅猛进步，人们在大量积聚财富的同时，劳动的时间大为缩减，用于休闲的时间大量增加，休闲产业和休闲经济得到迅速发展。据美国权威学者预测，发达国家在2015年前后将进入休闲时代，休闲将成为人类生活的中心内容。目前，美国就业人员中只有3%的从事农业、13%的从事制造业，而84%的从事服务业和与信息业相关的职业。在英国，平均每户家庭休闲开支占家庭总开支的20%。以发达国家为引领，追求休闲生活的时代正在悄然来临。① 在这种背景下，海南国际旅游岛建设恰逢其时。

3. 世界旅游业持续走强

从1992年起，旅游业已成为世界上规模最大的产业。不论是总收入、就业、增值、投资还是纳税等方面，旅游业发展都对世界各国经济的发展带来了巨大贡献。世界旅游组织预测：到2020年全世界将有16亿人次到国外旅游，全世界每天有50亿美元花费在国际旅游上，从增长的速度上看，游客数量每年的增长率为4.3%，旅游收入的增长率是6.7%。② 国际旅游业向多极化发展的趋势正在加强，中国、泰国、新加坡等世界新的旅游大市场正在形成和发展，国际市场总量的不断扩大，为海南旅游业发展提供了机遇。

表7-1 2009年中国旅游业主要指标

年度	旅游总人数（亿人次）	入境游（万人次）	国内游（亿人次）	国内旅游总收入（亿元）	旅游创汇（亿美元）
2009	20.28	12647.59	19.02	10183.69	396.75

资料来源：《中国旅游统计年鉴2010》。

---

① 陈为毅. 建设国际旅游岛思考之十——让海南国际旅游岛休闲起来［J］. 新东方，2009（8）.

② 世界旅游组织：www.unwto.org/index.php.

4. 旅游市场稳定发展

2009年，我国旅游市场保持快速增长。经国家统计局确认的统计结果显示：全年国内旅游人数突破19亿人次；国内旅游收入首次突破1万亿元，占旅游总收入的近80%。国内旅游总人数为19.02亿人次，比2008年增长11.1%；国内旅游总收入为10183.69亿元，比2008年增长16.4%；国内游客人均花费535.4元/人次，比2008年增长4.8%。全国共接待入境游客1.26亿人次，比2008年同期下降2.7%；实现国际旅游外汇收入396.75亿美元，比2008年同期下降2.9%。需要说明的是，在2008年金融危机、连续遭受各种突发事件和不利因素的冲击的情况下，我国旅游业除了入境游和旅游外汇收入下降外，旅游总收入和国内旅游都有较大增长。

5. 国家高度重视旅游业的发展

2009年12月，国务院出台了《关于加快发展旅游业的意见》（国发〔2009〕41号），明确提出"充分发挥旅游业在保增长、扩内需、调结构等方面的积极作用"，"把旅游业培育成国民经济的战略性支柱产业和人民群众更加满意的现代服务业"，标志着旅游业已正式纳入国家发展战略，已成为应对当前国际金融危机的一项重要举措。《意见》的出台不仅为我国旅游业新一轮腾飞确定了方向，更为海南国际旅游岛建设提供了难得的历史机遇。

（四）面临的挑战（Threat）

1. 国际竞争

当前，国际旅游竞争日趋激烈，岛屿旅游目的地竞争更加激烈。虽然海南的旅游资源在国内是独一无二的，但就世界范围来看，并不具有唯一性和垄断性。海南与周边一些国家和地区如泰国的普吉岛、印度尼西亚的巴厘岛等地在气候资源和海洋资源上基本上是同构的，而东南亚各国在开发海洋体育旅游市场方面已先走了一大步，已经具有一定的知名度和美誉度。而海南旅游业起步较晚、旅游企业规模较小、经营水平较低，在管理与服务质量上还有较大差距。因此，在相当长一段时间里海南的旅游市场的发展将面临着东南亚一些国家和地区的强有力竞争。

2. 国内竞争

随着各级政府的日益重视，全国各地旅游业发展迅猛，旅游竞争同样激烈，海南无论是旅游总收入还是在入境旅游方面，与其他省市区相比都处于劣势。从海南周边香港及澳门地区、广东、广西等地区来看，不仅旅游产业的基础比海南优越，而且近年来逐步加大对旅游业的投入。如2009年，广东省先后出台一系列促进旅游业发展的政策和措施：《关于试行广东省国民旅游休闲计划的若干意见》开始实施；《关于贯彻实施〈珠江三角洲地区改革发展规划纲要（2008～

2020）〉的决定》中明确指出："着力扩大家电、汽车、住房和旅游消费。""大力推进CEPA政策先行试工作，重点在金融、旅游、创意设计、知识产权等领域实现重大突破。""完善泛珠三角区域合作机制和规划，推进基础设施、生态环境保护、科技、旅游、能源等合作，促进资金、技术、人才、信息、资源等要素区域间便捷流动。"2009年，广东省旅游业总收入3068.39亿元，比2008年增长15%；旅游外汇收入100.28亿美元，增长9.30%；国内旅游人数3亿多人次，国内旅游收入突破2000亿元大关，达2383.47亿元，增长17.42%；口岸入境旅游人数10232.10万人次，其中入境过夜旅游人数2738.05万人次，增长5.02%。旅游业增加值1305亿元，相当于全省GDP的3.3%，约占全省服务业增加值的7.3%。①

表7-2　2009年全国各省（市、区）旅游总收入与外汇收入

地区	旅游总收入（亿元）	旅游总收入全国排名	旅游外汇收入（万美元）	旅游外汇收入全国排名
江苏	3795.7	1	401601	4
广东	3068.39	2	1002813	1
浙江	2644	3	322358	5
山东	2452.2	4	176530	8
北京	2442.1	5	435668	3
上海	2343.55	6	474402	2
辽宁	2225	7	185621	7
河南	1984	8	43303	19
四川	1472.48	9	28856	23
福建	1132.62	10	259923	6
湖南	1099	11	67270	12
天津	1031.18	12	118264	9
湖北	1004.48	13	51020	18
安徽	908.9	14	56584	15
山西	892.53	15	37794	20
云南	810.8	16	117221	10
贵州	805.23	17	11044	27
陕西	767.94	18	77107	11

---

① 中华人民共和国国家旅游局．中国旅游年鉴2010［Z］．北京：中国旅游出版社，2010．

续表

地区	旅游总收入（亿元）	旅游总收入全国排名	旅游外汇收入（万美元）	旅游外汇收入全国排名
河北	709.73	19	30781	21
重庆	703.23	20	53721	17
广西	701	21	64334	13
江西	675.61	22	28975	22
黑龙江	649.85	23	63868	14
内蒙古	611.35	24	55831	16
吉林	580.69	25	24294	25
海南	211.72	26	27666	24
甘肃	192.77	27	1254	30
新疆	176.75	28	13663	26
青海	60.15	29	1542	29
西藏	56	30	7873	28
宁夏	53.41	31	443	31

资料来源：《中国旅游年鉴2010》。

3. 国际金融危机

金融危机导致企业对海南开发热情降低。突发的金融危机使得各国经济陷入低迷，特别是房地产行业和旅游业受到的冲击最大。同时，银行加强风险控制，严格对各个项目的贷款审批，这使得企业难以获得资金支持。在这样的背景下，原本计划投资海南的企业开发热情减低，暂停投资计划，持观望态度，这给海南旅游的发展带来不利影响。在国内经济持续衰退的情况下，美国政府大量发行美元借以刺激经济，从而导致美元大幅贬值。与此同时，金融危机使信贷紧缩问题严重危及欧洲，并拖累各国经济步入衰退，欧元、英镑贬值压力加大，人民币升值加速。尽管我国的金融体系所受影响相对较小，但人民币对美元及其他货币的持续升值，将削弱海南入境旅游长期以来所保持的价格优势。

4. 面临提高旅游产业效益的困境

海南旅游发展经历了多年的发展以后，正面临着由数量型增长向质量、效益型增长的转变。在金融危机与国内外旅游业持续走强的背景下，如何提高效益与质量是海南国际旅游岛发展所面临的巨大挑战。海南旅游产品要由粗放型向精品化发展，旅游管理体制和旅游管理水平与国际接轨也需要一个过程。

（五）SWOT分析结论

以上SWOT分析表明，海南国际旅游岛发展机遇与挑战并存，困难与希望同在。但这些优势与劣势，机遇与挑战可以相互转化。海南应抓住国际旅游岛正式上升为国家发展战略、开放战略的历史机遇，树立国际旅游岛新形象，充分挖掘巨大的市场潜力，加强与周边国家、地区以及珠三角、北部湾的区域协作。从而提高海南旅游综合竞争力，把优势变为胜势。

第二节 三亚城市旅游化建设

一、三亚及其旅游业

（一）三亚市概况

1. 地理区位

三亚地处北纬18°，位于海南岛最南端，总面积达1919平方公里，背靠五指山麓，南临南中国海，受海洋性气候影响较大，属于热带海洋季风气候，年平均气温25.4℃左右。同时，三亚位于围绕广州、香港及澳门地区所形成的华南经济圈的外缘，地处日本至新加坡这一西太平洋"S"地带的中心，是祖国大陆出入东南亚的重要门户之一，也是东西方连接的中心之一，许多国家和东亚、东南亚之间空中航线和海上航线，都要经过三亚的海空领域。

三亚市是我国最南端的热带滨海城市，市区坐落在以山、河、海、岛为特点的自然环境之中，城市的建设与自然景观环境浑然一体，形成了"山—海—河—岛—城"巧妙组合的独特市区风貌，城市森林覆盖率达56%，城市人均公共绿地为15平方米，大气质量位居世界第二，中国第一。在《三亚城市总体规划》中，三亚的城市规划范围为：东起藤桥，西至梅山沿海各滨海乡镇行政辖区，其中主城区西起海坡，北接高速公路规划线，东至田独和榆林湾，规划面积1438.03平方千米，户籍人口为52.4万人，其中城镇人口约为25.69万人，乡村人口约为26.71万人。

2. 城市交通

三亚凤凰国际机场于1994年开始运营，现已开通航线106条，其中国内航线103条、国际地区固定航线3条、临时旅游包机航线20余条，与63个城市通航，其中国内城市38个、地区城市2个、国际城市23个。三亚国际客源旅游码头是众多国际游轮公司的停靠站点。三亚市内有8条公交车线路，243台运营车辆，6个出租车公司，共计1200余辆出租车，还有3个自驾车公司，拥有各类小轿车200多台。

3. 旅游服务设施

截至 2007 年底,已有来自日本、美国、泰国、意大利、德国、马来西亚、中国香港、中国澳门、中国台湾等国家和地区的 200 多家外资企业,投资酒店、餐饮、旅游房地产企业等行业。目前,三亚共有 21 家旅行社,其中国际旅行社 13 家,可提供多个语种和汉语方言导游服务;有旅游餐馆 17 家,旅游车队 2 个;拥有喜来登、凯莱、天域、皇冠假日、山海天、海航度假酒店等一批国际一流的度假酒店。三亚市具备年接待游客 1000 万人次的能力,能够满足高、中、低各个档次游客的旅游需求。

(二) 三亚市旅游概况

1988 年,因海南省建办经济特区,三亚被升格为地级市,经过 20 多年的发展,三亚市从之前只有乡镇规模大小的滨海小城发展成为光彩夺目的国际性热带滨海旅游城市。近年来,三亚按照现代化国际滨海旅游城市的规划要求,开始对城市进行大规模的综合开发。

1987 年,三亚入境游客以港澳台游客为主,外国游客仅占入境游客总量的 19.29%,到 2007 年则提高到 85.77%;三亚 2007 年共接待境外游客 52.20 万人次,是 1987 年 2.982 万人次的 17.5 倍;三亚 2007 年的旅游总收入为 80.11 亿元,占全市 GDP 的 60% 以上,更是 1987 年的 267 倍。数据显示,三亚的旅游业已成为该城市影响力最大、拉动力最强、贡献率最高的产业。

从旅游客源市场来看,三亚旅游的国内客源地由珠三角、长三角、环渤海湾地区向西南、华北、东北地区拓展;境外客源地由近邻的港澳台地区和周边的俄、韩、日向中远距离的西欧、北欧地区拓展,不仅传统客源市场得到了巩固,新的客源市场也在逐步形成。2007 年全市旅游饭店接待国际游客超过 52 万人次,其中,俄罗斯游客 147346 人次,同比增长 73.54%;韩国游客 127253 人次,同比增长 129.08%;日本游客 29552 人次,同比增长 21.28%;英国游客 16442 人次,同比增长 193.97%;法国游客 5513 人次,同比增长 25.38%。三亚的旅游市场需求旺盛,保持着强劲的增长势头,伴随着城市旅游化的不断建设,三亚市的旅游市场将进入新一轮增长周期。

(三) 三亚进行城市旅游建设的优势分析

1. 资源优势

自然资源优势。三亚境内海岸线长 209.1 千米,有 19 个天然港湾,如三亚湾、亚龙湾、崖州湾、月亮湾等主要海湾,以及三亚港、榆林港、南山港等主要港口,沿海岛屿、堡礁星罗棋布,三亚拥有大量世界一流的滨海旅游资源。三亚是我国热带滨海风景资源最丰富、最密集、最完整的地区,这里汇集了阳光、海水、沙滩、森林、动植物、温泉、岛屿岛礁、热带气候和岩洞等旅游资源。在

209 千米的海岸线上密布着天涯海角、亚龙湾度假区、亚龙湾贝壳馆、蝴蝶谷、蜈支洲岛旅游区、南山、大东海、鹿回头、南海观音、南山寺、不二法门、小洞天、落笔洞、城市乐园、海判南天、南天一柱、西岛、"天涯"石等景观 57 处。

三亚四季如夏，特别是在内地冰天雪地的时候，它还能有温暖如春的魅力，这足以吸引众多游客前往度假。三亚十分注重保护环境和保持生态平衡，努力建设国际热带滨海生态旅游城市。领导人十分重视三亚的城市建设和旅游业发展，指示把三亚建设成为"椰林茂密、遍地葱绿、鲜花盛开、环境优美"和"旅游度假、生态示范"的城市。

文化资源优势。从文化构成上看，三亚是一个融土著文化、中国传统文化、海洋文化、华侨文化、宗教文化、海外文化等为一体的城市，拥有悠久的历史文化内涵和瑰美的民俗风情。三亚位于祖国边陲，自古是南疆多个民族——黎、回、苗、壮等 18 个少数民族的聚居和生息繁衍之地，其中，黎族是海南最早的土著民族，黎族同胞的船型屋、黎锦、饮食等都独具南疆文化特色。三亚是古代贬官的流放之地，有深厚的中原文化积淀，著名的天涯海角、东坡书院都是流放文化的产物。如今，三亚从本土城市向移民城市发展，从区域城市向国际都市发展，众多大型赛事也开始选择定址三亚，如世界先生总决赛、世界小姐总决赛等。外来文化和本土文化的结合，推动着三亚城市旅游产品文化的发展与提升。①

2. 政策环境优势

2007 年 10 月，国家标准化管理委员会批复同意三亚成为中国第一个国家旅游服务标准化试点城市，在"食、住、行、游、购、娱"等旅游服务业领域，全面推行服务标准化，并编制了《三亚市开展国家旅游服务标准化试点城市建设工作实施方案》，使该市开展旅游服务标准化工作更有章可循。近年来，三亚市也制定了《家庭旅馆质量等级划分标准》、《三亚导游词规范》、《三亚特色旅游点服务质量等级与评定》、《餐饮业计量管理规范》等地方标准，定期或不定期开展全市旅游服务标准化知识讲座、培训。这有利于进一步加强三亚旅游服务质量的标准化、管理的规范化，提高三亚旅游的服务质量和管理水平。

2008 年 3 月 5 日，国务院办公厅同意海南建设国际旅游岛，这对于海南发展以旅游业为龙头的现代服务业，乃至对整个海南经济社会发展具有重要意义。同时，国务院复函还批准海南省在海口、三亚、琼海、万宁四市各开办一家市内免税商店，以方便国际游客旅游购物。这将有利于加快三亚城市旅游要素的国际化改造，推动投资主体国际化、旅游产品国际化、旅游接待设施国际化、旅游服务管理国际化。三亚也是中国最开放的旅游城市之一，享有落地签证和落地免签的

---

① 杨其元，旅游城市发展研究［D］．天津大学博士学位论文，2008．

优惠政策，这对三亚开拓国际客源市场大有裨益。①

3. 城市形象资源优势

三亚被评为"中国优秀旅游城市"、"中国园林城市"和"中国生态示范区"等多个荣誉，还入选了"CCTV最值得向世界推介的中国名城"。经过对城市经济发展、休闲环境、设施、文化、满意度五大方面的考评，在上海举行的"2007首届中国休闲产业经济论坛"上，三亚荣膺"中国十大休闲城市"称号。这些荣誉都是三亚的无形资产，是其优秀城市形象的表现，这将是吸引旅游者最关键的因素之一。

二、三亚城市旅游产品开发现状

近些年来，三亚在依靠自然资源大力发展热带滨海度假旅游的同时，也依赖三亚的城市文化资源进行着城市旅游化建设。目前，三亚的城市旅游产品主要集中在观光旅游、度假旅游、会展旅游、美食购物旅游、节事旅游、康体运动旅游等方面。②

（一）城市观光旅游

观光旅游是三亚城市旅游的主导性产品。三亚市同时具备了"河流、港口、岛屿、气候、森林、动物、温泉、岩石、田园、风情"十大风情资源，城市与自然环境有机巧妙地结合在一起，形成了"山—海—河—岛—城"的独特市区风貌。三亚全市可供开发利用的旅游景点有57处，目前已经开发的旅游景区（点）有23处，包括鹿回头、大东海、三亚湾、南山、天涯海角、亚龙湾等，城市观光旅游资源得天独厚。

（二）城市休闲度假旅游

阳光、沙滩、海水、绿色、空气是现代国际旅游业所追求的五大旅游要素，作为国际性的滨海旅游城市，三亚将其一一囊括，并已经成功实现了向度假旅游胜地的转变。目前，三亚市依托优质的自然环境和良好的旅游基础设施，已开发出滨海度假休闲游、三亚度假购房游、候鸟度假游等城市休闲度假产品。三亚的城市旅游产品已开始由传统的单一功能向综合性、多功能、高档次方向转变。

（三）城市节事旅游

目前，三亚已经成功举办过众多节事活动，如黎苗"三月三"、海南岛欢乐节、天涯国际婚礼节、南山长寿文化节、金椰子广告节等以三亚及海南岛的文化习俗为主题的节日庆典；又如新丝路模特总决赛、国际热带兰花博览会、世界精英模特大赛、世界小姐总决赛、世界先生总决赛、TCL高尔夫球精英赛、中国电

---

① 蔡道成，张侨.SWOT模型在三亚旅游可持续发展中的应用［J］.旅游经济，2010（5）.

② 盛颐.三亚城市旅游产品开发问题及对策［D］.西南财经大学硕士学位论文，2008.

影百年庆典等以现代社会经济文化发展为主题的赛事。随着三亚各种节庆赛事活动的深入开发，三亚城市旅游也得到了大规模的发展，有力地宣传了三亚的城市旅游形象。

（四）城市会展旅游

会展旅游是城市旅游活动中的一种重要形式，在带动城市旅游经济方面具有重要作用。2000年以来，三亚市先后承办了如第二届全球化论坛、首届世界太极拳健康大会、首届世界科学养生大会、亚太地区岛屿观光会议、世界潜水联合会代表大会、世界家庭峰会等多项大型会议，以及中外机构的各种年会、表彰会、交流会、研讨会等。优良的自然环境和较为完备的会展设施，使得三亚市的会展旅游具有广阔的发展前景。

（五）城市美食购物旅游

三亚市有很多山珍海味、美味佳肴，比如鲍鱼、鱼翅、海参、酸鱼汤、红沙鱼排海鲜、水果宴、椰子宴等；还有名目繁多的各色小吃和特色菜肴，比如港门粉、椰子糕、文昌鸡、加积鸭、和乐蟹、东山羊、抱罗粉、后安粉、陵水酸粉、黄流老鸭等。三亚市不定期举行各种美食节，以美食增加城市旅游的吸引力。同时，三亚市拥有大中型商场4家，大型超级市场3家，步行街2条，主要旅游购物点39家，包括珠宝店、茶艺馆、土特产店等，销售有热带海洋特色以及三亚本土文化特色的工艺品和纪念品，如珍珠制品，水晶制品，海螺、贝壳制品，椰雕，民俗织锦等。美食购物旅游成为三亚城市旅游的新亮点。

（六）城市康体运动旅游

随着社会健康理念的转变，人们健康意识的增强，康体运动旅游已经成为现代城市旅游的新形势。三亚市发展的康体运动旅游主要包括高尔夫、海泳、快艇、帆船、海钓、潜水、沙滩排球、沙滩足球、高空滑翔等活动项目。三亚的滨海地带融休闲、养生、美容、健康于一体，是三亚市开发绿色健康城市旅游产品的最佳目的地。

（七）婚纱蜜月旅游

目前，三亚市共拥有影楼30家以上，摄影工作室40家以上，婚纱拍摄市场呈现火爆状态。美丽的三亚，浪漫的天涯吸引了不少情侣前来拍婚纱、办婚礼、度蜜月。从1997年开始，三亚每年都举办"三亚天涯国际婚礼节"，吸引了来自国内外各地区的新婚夫妇和结婚数年的夫妇的参与。随着结婚经济向旅游产品的蔓延，婚庆蜜月旅游也已经成为三亚发展城市旅游的新动力。

三、三亚城市旅游化建设的主要问题

近几年来，三亚的城市旅游化建设取得了较大的进步，城市旅游产品的开发现状良好，但与建成"国际一流的热带滨海旅游目的地"的目标相比，三亚市有一大段路要走。就目前而言，三亚在城市旅游化建设中有一些问题亟待解决，主要表现为以下几点。

（一）生态环境有下降趋势

近几年来，随着旅游业的快速发展以及游客量的不断增加，环境承载力过重已经是三亚建设旅游城市面临的一个重要的制约因素，生态环境有下降趋势。比如三亚湾沙滩泥化，垃圾污染，三亚河河水污染，城市空气质量也有下降趋势。圈地盖房的投资热潮不同程度地破坏了三亚的绿地、湿地和热带动植物资源。

（二）交通运输条件有待完善

首先，在城市内部交通方面存在很大问题：交通秩序比较混乱，司机随意掉头、逆向行驶等时有发生；公交线路偏少，班次少，抵达时间不准时，不能很好满足人们出行的需要；市区某些主要道路路况较差，且部分路段无路灯照明。其次，城郊接合部多处路段还未实现硬化，通行条件较差。最后，旅游航线覆盖面小，对外交通不畅。三亚的主要交通方式是汽车，所占比重近达90%，而航空所占比重很低，尽管凤凰机场已开通国内外多条航线，但海外航线覆盖面较小，且多为不定期旅游包机。[①]

（三）旅游软环境有待改观

在三亚市，宰客的行为时有发生，社会治安环境有待进一步改善；旅游配套服务滞后，各种社会旅馆和家庭旅馆的管理还不到位；市民的文明卫生意识不强，存在卫生死角，市容市貌有待改观；城市公共服务体系不够完善，如城市医疗卫生保障体系的软硬件设施都不能满足城市居民的需求。

（四）游憩娱乐条件不强

三亚市许多城市旅游资源尚得到未深层次和系统化的挖掘利用，旅游吸引力呈现出景区压倒城市的局面。同时，城市的游憩空间较小，功能单一、分布较散，不利于充分发挥城市旅游和休闲的功能。

（五）人才资源缺乏的制约

三亚的旅游从业人员大部分素质不高，缺乏职业培训，服务意识薄弱。旅游企业缺乏中高级管理人才、专业技术人才和外语人才。三亚市人口规模小，教育机构明显不足，人才储备薄弱。人才的制约、教育的落后是三亚城市旅游发展所面临的严重的问题。

四、三亚与海口的"双核"竞争格局

海口市和三亚不仅在人口规模和经济实力方面位居海南省所有城市中的前两

---

① 盛颐．三亚城市旅游发展研究［J］．旅游经济，2011（9）．

位,还是省内北南两端的两个旅游核心城市,是中国重要的热带海滨旅游目的地。三亚的旅游品牌在国内享有盛誉,海口市也力求把旅游业列为全市的支柱产业,旅游业获得比较明显的起色和改观。三亚和海口都大力发展旅游业,两市成为了海南省内"双核"竞争的格局。

(一) 省域旅游业首位城市的竞相更替

海口和三亚两市的旅游总收入和游客总数量一直占据海南省的半壁江山。2004 年以前,海口市旅游业增长平稳,其旅游收入和游客数量居海南省各市之首,而此后被三亚迅速赶超。2005 年,三亚旅游收入首次超过海口,当年占全省的比重达到 42.2%,高于海口 3.4 个百分点,由于三亚实行旅游业"转型增效"的战略措施,从而进一步拉大了与海口的差距。2007 年,三亚市旅游收入占全省的 46.7%,比海口高 14.4 个百分点。近几年来,根据不同年份两个旅游黄金周的抽样调查资料来看,虽然海口在游客的停留天数上与三亚仍有明显的差距,但过夜游客的人均消费在逐渐接近,甚至偶有反超。

(二) 两市旅游产品同质化程度较高

三亚和海口在旅游资源方面各有优势,特色也比较明显:三亚的旅游资源优势在于其优良的热带海滨自然景观,而海口的旅游资源优势在于便利的交通运输条件以及综合性的城市功能。海口的海滩与海水等旅游资源条件均不如三亚亚龙湾,缺乏视觉冲击力;三亚缺乏海口市诸如政治、经济、交通、文化、科技等方面的发展实力,显现出旅游层次不高、旅游产品单一化的特点。然而在旅游产品开发过程中两个城市都没有注重挖掘特色资源的市场潜力,双方把视线过多集中在热带滨海自然景观资源上,结果造成产品同质化程度高,替代性竞争明显,这方面又以海口表现得更为突出。

(三) 两市的境内客源市场结构相似

三亚和海口两市的旅游业仍以境内客源为主,而且来源地构成极为相似,省内客源以及境外客源不足。总体来看,游客相对集中于东部沿海发达省份,目前以广州、深圳、珠海等城市为主的珠江三角洲地区,以南京、上海、苏州、杭州等城市为主的长江三角洲地区以及京津唐地区三大地区的游客量占到各市的 3/5 左右。

(四) 城市形象定位竞争日益激烈

海口市提出要建成"国内外著名、国际一流的热带滨海休闲特色的旅游都市";三亚则突出"永远的热带天堂"这一城市形象,旨在建设"亚洲一流、世界著名的国际性热带滨海旅游城市"。然而,观光旅游向休闲度假旅游转变,依托自然资源的旅游向依托城市基础设施及历史文化的旅游转变既是海南旅游业明确提出的发展方向,也是将来各城市争取更多高端价值游客的重要途径。从这个意义上来讲，海口的"热带滨海休闲"项目也将成为三亚实现其城市目标定位的战略重点。①

对此，为了海南国际旅游岛的顺利建成，保持三亚与海口两市旅游的可持续发展，三亚市与海口市应该加强岛内合作交流，进行优势互补，和平竞争。在旅游业的功能定位上，两市要参考自己的优势有所侧重，形成合理的分工格局，海口利用省会城市的综合职能优势及自身旅游资源特色，可以注重集商务会展、科学考察、康体娱乐、历史文化于一体的旅游产品开发；三亚利用得天独厚的热带滨海旅游资源，进一步开拓集运动竞技、休闲度假、热带海岛风情等于一体的综合性产品开发，提升国际知名度。

建立由两市政府高层决策者领导下的旅游协调机构，负责联系并处理城市之间的合作事务，推进两市协同并进的旅游业管理模式。针对目前大型、国际化旅游企业少的现状，积极推进两市合作组建跨区域旅游集团，开展国际化经营。共同打造区域旅游精品，推动海南省"中国热带海岛，东方度假天堂"旅游品牌的建设。携手建设跨市域旅游的服务体系，加强同北部湾各沿海城市的协同合作，在资源及其区位相似的基础上，优势互补，推出具有区域特色彰显城市文化特色的旅游产品。

第三节 海口城市旅游化的总体现状

一、海口市旅游产业发展状况

海口市位于海南岛北端，处于北部湾经济开发带的前沿位置，毗邻中国港澳台、东南亚，是连接大陆和东南亚的枢纽，发展华南经济圈的区域合作和外向型经济有着得天独厚的地理优势。海口作为海南省省会城市，是海南省政治、经济、科技、文化中心，是海南各项配套最为完善的城市，海南经济龙头，城市发展基础最为稳固。独特的区位使海口市可进入性强，快速、便捷的交通网络带动着海口市旅游业蓬勃发展。同时，海口市拥有丰富的旅游资源且开发状况良好，旅游产品密度较高，吸引了大量国内外游客。2005 年，海口市旅游者人数为 512.2 万人，到 2009 年旅游者人数达到 672.28 万人，年均增长率为 7.82%；2005 年旅游收入为 47.2 亿元，到 2009 年旅游收入达到 65.01 亿元，年均增长率

---

① 朱华晟，徐雪雅，宋金平，魏佳丽. 海南双核旅游城市竞合策略研究［J］. 商业研究，2010（2）.

为 8.744%;2005~2009 年,海口全市累计接待国内外过夜旅游者 2944.55 万人次,实现旅游总收入 278.85 亿元。近年来,海口市旅游总量在持续增长,但旅游业发展还存在许多束缚和不足,在讲求协同合作的今天,海口市应站在全局高度,加强和北部湾各城市之间的联系,加快向成熟的国际化度假胜地发展的步伐。

表 7-3 海口市 2005~2009 年旅游业情况

		2005 年	2006 年	2007 年	2008 年	2009 年
国内外过夜	总人数(万人次)	512.2	536.52	585.65	637.9	672.28
	增长率(%)	11.2	4.8	9.2	8.5	5.4
旅游收入	总收入(亿元)	47.2	51.23	55.39	60.02	65.01
	增长率(%)	10.4	8.5	8.12	8.4	8.3
平均开房率(%)		57.11	57.31	57.82	60.4	—

资料来源:海口市统计局。

二、城市旅游化水平测度指标及计算

(一)城市旅游化发展水平测度指标和判定标准

城市旅游化水平具体测度指标包括:城市旅游产业集中化系数、城市旅游收入贡献率、城市旅游就业人数贡献率、城市旅游产业关联度、城市旅游产业规模、城市旅游产品密度、城市旅游企业人均固定资产原值。具体的城市旅游化发展水平测度指标和判定标准如下:

(1) 城市旅游产业集中化系数。城市旅游产业集中化系数用产业收入比重与该产业全国平均比重 $\frac{城市旅游业总收入}{地区生产总值} \div \frac{全国旅游业总收入}{国内生产总值}$ 作比较,系数大于 1,表明这个城市该产业的集中程度和专业化程度已经超过全国平均水平,系数越大,表明产业集中程度越高。

(2) 城市旅游收入贡献率。城市旅游经济发展水平以城市旅游收入贡献率(城市旅游业总收入/GDP)来衡量,比值越大,城市旅游经济发展水平越高。

(3) 城市旅游就业人数贡献率。城市旅游产业就业水平以城市旅游就业人数贡献率(城市旅游从业人员/当地从业人员)的比重来衡量,比值越大,表明城市旅游产业吸纳就业人口的能力越强。

(4) 城市旅游产业关联度。城市旅游产业联动效应用城市旅游产业关联度

（城市旅游业总收入/第三产业增加值）来衡量，比值介于 0～1，越接近于 1，表明旅游产业链活动越强。

（5）城市旅游产业规模。城市旅游产业规模以旅游者数量占当地居民数量的比重来衡量，暂时性的大规模人口流动对交通、住宿设施、基础设施等提出较高要求，以此衡量城市旅游接待能力，比值越大，表明城市旅游需求量越大，反映该城市旅游接待能力越强。

（6）城市旅游产品密度。城市旅游资源享赋及其开发情况是用城市旅游产品密度（城市旅游产品个数/城市面积）来衡量，比值越大，表明旅游产品密度较大，旅游资源享赋及开发状况越好。

（7）城市旅游企业人均固定资产原值。城市旅游企业人均固定资产原值是衡量城市对旅游产业的投资水平，数值越大，表明投资水平越高。[①]

（二）城市旅游化水平测度模型

城市旅游化水平测度模型如下：设 2001～2007 年城市旅游化识别集为 $A = \{A_1, A_2, \cdots, A_7\}$，7 个指标识别集为 $P = \{P_1, P_2, \cdots, P_7\}$，i 年识别 A_i 对指标 P_j 的属性值记为 y_{ij}（$i = 1, 2, \cdots, 7; j = 1, 2, \cdots, 7$），矩阵 $Y = (y_{ij})_{7 \times 7}$ 表示识别集 A 对方法 P 的属性矩阵。令 $Z_{ij} = \dfrac{y_{ij}}{\sqrt{\sum_{j=1}^{n} y_{ij}^2}}$（$j = 1, 2, \cdots, 7$），记标准化后的矩阵为 $Z = (Z_{ij})_{7 \times 7}$，对以上 7 个指标进行权重确定，指标间的权重向量为 $W = (W_1, W_2, \cdots, W_7)^T$，则 $W_j = \dfrac{\sum_{i=1}^{7} Z_{ij}}{\sum_{j=1}^{7} \left(\sum_{i=1}^{7} Z_{ij} \right)}$，i 年城市旅游化的识别值则可记为 $D_i(W) = \sum_{j=1}^{7} Z_{ij} W_j$，$i = 1, 2, \cdots, 7$，计算所得的识别值越大表明城市旅游化水平越高。[②]

（三）海口城市旅游化水平测度

2001～2007 年，海口市旅游产业集中化系数保持在 3.1 以上，旅游已成为该城市的主要职能之一；海口市旅游经济水平年均增长率为 -4.25%，说明其旅游产业水平呈现不稳定状态，旅游经济增长幅度较小；海口市旅游产业就业水平年均增长率为 5.52%，表明该市旅游产业就业人数呈现稳步增长的状态；海口市各年份旅游产业关联度较低，平均比值仅为 0.2575，该市旅游产业间的联系尚不活跃，产业链较弱小；7 年里，海口市旅游者数量呈先下降、后平稳的趋势，该市

[①][②] 李晶晶．青岛城市旅游化及其相关因素分析 [D]．中国海洋大学硕士学位论文，2010．

旅游需求量增长幅度小,而旅游接待能力有待进一步提高;海口市旅游产品密度平均值为0.00736,旅游资源禀赋情况不足,应在城市优势资源基础上大力开发旅游产品,使其单位面积内旅游产品较多,旅游产品分布较为密集;七项指标中旅游产品密度的权重指数较低,其他六项的指标权重较为平均;海口市旅游化水平保持在35.80左右,但其年均增长率则为-3.19%,海口市应加大旅游投资的规模,加强企业之间的联系,提升海口城市旅游化发展水平。

表7-4　2001~2007年海口城市旅游化水平测度①

	2001年	2002年	2003年	2004年	2005年	2006年	2007年	年均增长率(%)	指标权重
指标一	3.6617	3.8158	3.3859	3.3739	3.7153	3.4287	3.1667	—	0.1518
指标二	0.1907	0.2074	0.1417	0.169	0.1566	0.1463	0.1407	-4.25	0.1505
指标三	0.0391	0.0766	0.0576	0.0534	0.0543	0.0179	0.057	5.52	0.1444
指标四	0.2729	0.308	0.2458	0.2866	0.2419	0.2307	0.2166	—	0.1511
指标五	6.1455	6.1271	2.831	3.2212	3.4773	3.0312	3.8278	—	0.1447
指标六	0.01694	0.02118	0.00216	0.00216	0.00216	0.00347	0.00347	—	0.1066
指标七	24.91	29.45	33.25	38.66	32.53	34.61	34.7	—	0.1509
旅游化水平	41.12	48.93	31.86	34.68	33.19	28.70	32.78	-3.19	—

资料来源:城市统计公报、城市统计年鉴、国家统计公报、国家统计年鉴。

三、海口城市旅游化发展现状分析

上述城市旅游化水平测度数据显示,海口作为多元化发展的省会城市,旅游职能已经成为海口市的主要职能之一,旅游产业在就业水平、产业联动效应、产业规模、吸引投资能力等方面已表现出较为明显的优势,旅游对海口市的发展具有积极的推动作用。但与国内以及国外其他城市相比,海口城市旅游化水平仍然较低,存在许多软硬环境的不足,亟须进一步升级改造。

(一)城市旅游整体环境优越,管理有待加强

海口市环境质量良好,保持全国一流水平:环境空气污染指数(API)平均值为41,空气质量优良率达10%,保持国家Ⅰ级水平;集中式饮用水水源地水质达标率达100%;声环境质量总体处于良好水平,城市区域环境噪声和交通干

---

① "指标一"至"指标七"分别代指:城市旅游产业集中化系数、城市旅游收入贡献率、城市旅游就业人数贡献率、城市旅游产业关联度、城市旅游产业规模、城市旅游产品密度、城市旅游企业人均固定资产原值。

线噪声均符合国家标准。自1992年以来，海口跨入"中国城市综合环境实力50强"、"中国城市投资硬环境40优"行列，被世界卫生组织和国家卫生部确定为全国唯一的世界健康城市试点，并获得"中国优秀旅游城市"、"全国城市环境综合整治十佳城市"、"全国卫生城市、国家环境保护模范城市"、"全国园林绿化先进城市"、"全国造林绿化十佳城市"、"中国人居环境奖"、"国家级历史文化名城"等一系列荣誉称号。海口将努力建成环北部湾的重要经济城市，华南地区的花园城市，国内外理想的第二居住地，世界上著名的热带风光滨海特色的绿色国际性城市。

海口城市旅游的整体环境优越，但旅游管理体制不健全，存在多头管理、多级管理等突出问题。同时，随着旅游业的迅速扩张，各相关政府部门、地产投资商、旅游项目投资商、当地社区等各种类型的利益主体纷纷参与旅游业，各主体的权利和义务关系尚未理顺，旅游管理体制与国际化的要求差距较大。目前，海口市出台了《海口市城市管理相对集中行政处罚权暂行办法》、《海口市三轮车管理暂行规定》、《海口市城市管理行政执法工作联席会议制度》、《海口市城市管理行政执法协作制度》、《海口市城市管理行政执法达标管理方案》、《海口市城市管理行政执法督察警示实施方案》等一系管理条例，这为城市旅游业的发展给予了有力的法律法规保障，有助于规范旅游中各个利益主体的行为，做到有章可循、有法可依。

（二）城市旅游资源丰富，形象定位不明确，产品吸引力不强

海口不仅是一座洋溢着热带海滨风光、海岛都市风情的生态旅游城市，也是一座历史悠久的文化名城，旅游资源丰富，不但拥有海秀东路的商业旅游区，还有海口旧城骑楼特色街区和琼山府城历史文化街区。海口旧城包括博爱路、解放路、中山路、新华路、得胜沙路等南洋风格街道，街道两侧皆为骑楼式建筑，骑楼建筑特色保持得比较完好，各建筑立面、柱体、墙面图案、女儿墙具有很高的建筑艺术和旅游价值。而府城历史文化街区为琼山府城的历史文物古迹及传统民居的主要载体，街道格局基本保持了历史原貌，并拥有琼台书院、五公祠等著名古迹。

海口城市旅游形象定位尚未明确，"阳光海口，娱乐之都"或"海韵椰城，欢乐港湾"都没能很好地体现海口热带海滨、休闲娱乐、历史文化、民族风情等特色风貌，不利于城市旅游的营销和推广。同时，海口市的城市旅游产品以海滨温泉康体休闲度假产品和独特性观光娱乐产品为核心，与大连、青岛、三亚等城市旅游产品趋同，竞争力不强；缺乏对本土历史文化的深度发掘，旅游产品的体验度差，娱乐性不强；对康体休闲娱乐、会议展览、海洋科技等旅游产品开发不足，不能很好适应当代市旅游业快速发展的需要。

（三）城市旅游企业数量众多，效益低下

海口市是全省旅游业的集散地和旅游企业的"大本营"，全省90%以上的旅行社、旅游车辆、导游人员都集中在海口。旅行社是海口市旅游企业中数量最多，劳动生产率和利润率最高的企业，目前，海口共有旅行社146家，导游7000多名，旅行社数量在五个城市中居于第三位，旅游星级饭店77家，同其他城市差别不大。但从劳动生产率和利润率来看，海口市旅行社的劳动生产率和利润率都很低，利润率甚至为负，星级饭店和旅游景区的劳动生产率和利润率都不高。

（四）海口城市基础设施相对薄弱，但交通运输能力强

海口市是进入海南省的第一站，经多年努力，目前已形成了纵横交错的海陆空现代立体交通网络：按照国际4E级标准建设的美兰国际机场，已开通航线111条，与61个城市通航；运输畅通的南港、秀英港、新港码头，在册水路运输企业16家，机动船60艘，客轮可直达广东雷州半岛、广州和广西北海等地；纵贯全岛的东、西、中线高速公路，市县公路等级都在二级路面以上，完善的城市公交运输系统，有公交车辆948辆、线路52条，出租汽车1553辆，公路客运企业60户，营业性运输客车5002辆，客运站4个；中国第一条跨海铁路"粤海铁路"通道，有从海口直达北京、上海和广州的火车，交通运输力强。①

但从城市配套设施来看，海口其他城市基础设施条件相对薄弱，虽能较好地满足现有经济、政治发展的需求，但城市特色不够明显，人文氛围等软环境建设方面还不足。为与海南国际旅游岛的发展目标相符，海口市应当按照国际化的标准，逐步营建旅游基础设施和公共设施硬件环境，提高旅游基础设施和服务设施质量和品位水平；并通过宣传、教育、培训和惩戒手段，提高本地居民素质，消除不良生活习惯和不文明的社会现象，优化治安环境。

（五）生态环境保护力度有待加强

海口市域内的自然风景资源尤其是海滩资源有限，在发展中出现过一定问题，如南渡江取沙导致了白沙门的退化等；工业、房地产业等行业的争夺发展，又导致海岸线利用较为饱和，对海岸生态环境带来了很大压力。海岸带资源具有高度复合性和脆弱性的特点，如何解决旅游开发和环境保护之间的矛盾是海口旅游化面临的重大课题，大力保护现状自然生态环境对于海口市意义更为重大。海口市在未来的发展中也应重视协调周边自然保护区、地质公园等生态背景与旅游开发用地之间的关系，尽量减少对生态环境的干扰。

---

① 数据截止到2008年底。

四、海口市在海南国际旅游岛中的地位

(一) 国际旅游岛首府城市,海南旅游服务中心

海口市是海南国际旅游岛的首府城市,是海南省第一出入境口岸,拥有全岛最优质的交通、服务、城市基础设施。海口市是海南旅游服务中心,拥有最完善的自助旅游服务系统,海南旅游的游线组织、交通换乘、自驾车服务、信息咨询都是从这里开始。在国际旅游岛的建设过程中,海口市必将充分发挥其中心城市的综合服务功能和人流物资的集散功能。

(二) 海口市是全省旅游业换代升级的先导

目前,由于缺乏知名景点以及旅游企业经营不善等问题,海口市在海南岛内旅游地位有下降趋势。但海口市作为中国旅游综合改革实验区,落地签证、21国免签证和设立市内免税商店等与国际接轨的政策将在此率先推行,海口市将成为这些优惠政策和优惠措施的率先受益者。对此,海口市应积极营造国际化城市旅游的整体环境,建设和完善城市各项基础服务设施,促进城市旅游功能的空间集聚性发展,抓住各项机遇,使海口市成为带动全省旅游业换代升级的先导。

(三) 海口与三亚竞合互补成为海南旅游腾飞之"翼"

海口与三亚在总体上是合作为主、竞争为辅的竞合关系,两者的旅游资源具有很强的互补性。三亚的自然旅游资源优于海口,海口政治、经济、文化、区位等综合条件,以及整合周边旅游资源的能力强于三亚;三亚热带海滨观光、度假旅游产品有海口难以比拟的发展前景,海口城市旅游、休闲娱乐、康体养生、文化旅游等方面比三亚的发展前景广阔。海口与三亚进行角色互补、功能互补、市场互补,不仅能达到"1+1>2"的效果,带动琼北旅游圈和琼南旅游圈的快速发展,它们这种共赢的竞合关系也将对其他城市产生有力的借鉴作用。若海南国际旅游岛是"体",那么海口与三亚就是该"体"腾飞的双"翼"。

表7-5 海口相对三亚的优劣势汇总

	类别	描述	类型
劣势	资源基础	温度略低于三亚,12月平均温度不适宜下海游泳 沙滩、海水质量不及三亚 海岸线较为平直,缺少景观变化	不可变劣势
	旅游业绩	现有游客接待人数和旅游收入不及三亚,在全省比重降低	可变劣势
	宾馆饭店	现有宾馆数量、规模、档次方面略低于三亚	可变劣势
	旅游景点	缺少诸如三亚天涯海角一类的知名度高的景点 现有旅游景点经营不善,大都亏损	可变劣势

续表

类别		描述	类型
优势	资源基础	人文景观更加丰富，自然、人文景观	
	首府优势	海南岛的首府，在经济基础、人口素质、城市建设、政策受惠力度等方面具有三亚无法比拟的优势	垄断优势
	交通枢纽	海南岛对外联系的门户和对内交通的枢纽，在全省旅客运输量和周转量方面占据绝对比重，且随着一系列基础设施建设的进行，这种区域交通优势将进一步提升	绝对优势
	复合型城市基础	风险能力更高，且活跃的经济可以带来更加多的商务、会议等多类型、更趋稳定的游客，发展会议旅游具有优势	绝对优势
	城市基础设施	基础设施配套、城市文化、交通、医疗服务等方面都有三亚无法比拟的优势，发展城市旅游、康体休闲游等具有优势	绝对优势

资料来源：《海南国际旅游岛海口市旅游发展总体规划（2010~2020）专题报告》。

（四）未来南海海洋旅游的组织中心和服务基地

海南真正的优势在于它独特的海洋资源，而这些在中国具有垄断性的海洋资源和独特的区位条件决定了海南从长远来说必须依托海洋做文章，其中，海南的振兴必须先从陆地与海洋兼顾的旅游业开始。[①] 海南省构建国际旅游岛，海洋旅游将是其未来重要发展的旅游产品之一。海口市作为海南岛的首府和中国南海的重要城市，其海洋海岛旅游产品的开发应该立足于整个中国南海。在未来的建设中，海口将构筑从滨海、近海到远海的海洋产品开发格局，成为南海海洋旅游的组织中心和服务基地。

---

① 苏洪宁. 解构旅游［M］. 天津：南开大学出版社，2005.

第八章　研究个案：海口城市旅游化的提升实践

第一节　海口城市旅游形象定位与策划

一、城市旅游形象定位理论分析

（一）城市旅游形象相关概念

1. 城市形象（City Image）

城市形象是一座城市的内在历史底蕴和外在特征的综合表现，是城市总体的特征和风格。它是在城市功能定位的基础上，将城市的历史传统、城市标志、经济支柱、文化积淀、市民风范、生态环境等要素塑造成可以感受的表象和能够神会的内涵。[1] 城市形象是城市景观形象、市民形象、政府形象的整体反映，既有有形的，又有无形的[2]，其核心是社会公众对一个城市的信息处理过程和结果。

城市形象建设不仅是地区经济发展、改善投资软环境的新思路、新方法，而且也是促进区域旅游发展的重要举措。良好的城市形象既是城市经济发展的一笔无形资产，同时也能在公众心中留下深刻的印象，创造一个良好的内外环境。此外，城市形象对营造良好的城市硬、软环境具有极大的促进作用，从而为激发人的社会潜力创造了条件。一个完整的城市形象系统包括现实形象和发展形象两部分。

---

[1] 孟凡荣. CIS 战略与长春城市旅游形象设计［D］. 东北师范大学硕士学位论文，2003.
[2] 夏学英. 论城市形象的旅游导向型［J］. 经济地理，2002（9）.

表8-1 城市形象系统

城市形象系统	现实形象	内在实力	经济增长	综合、工业、农业、交通
			社会发展	社会环境、生活质量、人口素质
			科技进步	科技进步、科技开发
		外显活力	经济与科技成果	经济活动产出与效益、科技进步成果与影响
			政治与社会影响	政治民主法制状况、居民物质精神生活
			历史与文化形象	历史知名度、文化宣传、教育、旅游、体育
	发展形象	对外开放与交往		经济合作与交流、科技文化交流
		社会自然资源与生态环境		自然资源、社会资源、环境保护
		基础产业、设施与市场容量		基础产业、基础设施、市场容量
		科技潜力与人才储备		科技潜力、人才储备
		社会与政治基础		领导干部素质、市场经济体制改革、民主与法制建设

资料来源：李蕾蕾. 旅游目的地形象策划：理论与实务 [M]. 广州：广东旅游出版社，2006.

2. 旅游形象（Tourism Image）

旅游形象是人们在旅游前把进行旅游决策时收集到的各种信息摄入脑中，形成对环境的总体印象，以及旅游后对旅游接待的总体旅游服务的看法或评价。旅游形象概念的核心是指旅游者和潜在旅游者对旅游地信息，包括直接获得的信息和间接获得的信息总体的感知过程及评价结果。具体而言，旅游形象一般由以下三部分构成：①

第一，主体。旅游形象主体除外地旅游者和潜在旅游者之外，还包括本市居民和旅游形象策划者，主体不同，对旅游地的感知形象也不同，但旅游形象不以个体认知为转移的，而是以群体认识和价值判断为标难，具有普遍意义。

第二，客体。旅游形象客体指旅游地自身，具有地理学"区域"的概念内涵，由复杂的地理环境因素和社会人文因素组成。

第三，本体。旅游形象本体指主体对客体的感知结果，一般分为直接感知形象和间接感知形象两类。前者是指公众以旅游者身份或其他身份在该旅游地直接感知到的形象，是一种"现实形象"；后者是指公众以潜在旅游者身份对间接获得的与该旅游地有关的信息进行感知的结果，是一种"想象形象"是"现实形象"产生的前提。

---

① 李蕾蕾. 旅游目的地形象策划：理论与实务 [M]. 广州：广东旅游出版社，1999.

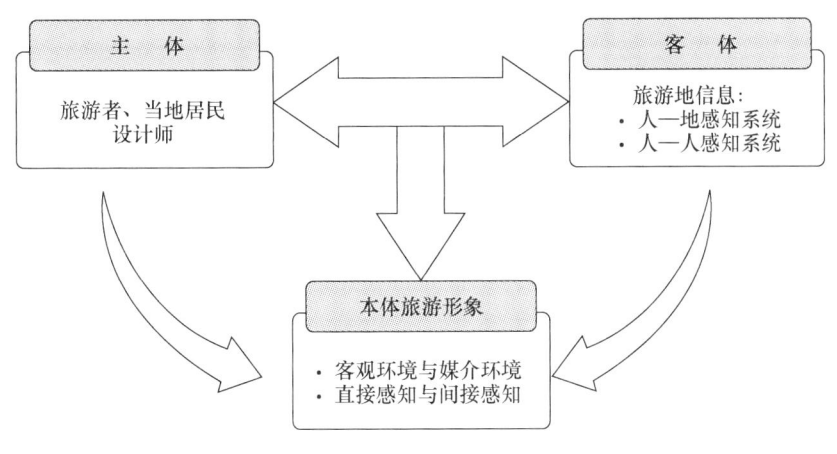

图 8-1 旅游形象的概念结构

3. 城市旅游形象（City Tourism Image）

城市旅游形象是城市形象系统中的一个子系统，是展现城市形象的一面鲜明旗帜。所谓城市旅游形象，是公众对目的地自然、人文、经济、社会、环境等多维景观信息的感知、概括、简化和审美评价，是目的地显著属性与整体印象合成的一种心理模式，具有主观性、内隐性、诱导性、符号性、特征性、动态性、场所性、综合性等属性。[①] 城市旅游形象的实质就是整个城市作为旅游产品的特色和综合质量等级，它是城市的历史和现实发展实践与多方面功能所形成的、所表现出来的知名度和美誉度，是城市综合素质的反映。良好的城市旅游形象是对城市无形价值的提升，是城市的一笔宝贵无形资产，也可以成为城市的旅游品牌。塑造独特、个性鲜明、有招揽性的城市旅游形象，进而依靠该形象吸引游客已成为城市旅游业发展的核心要素。

城市旅游形象的形成受多方面因素影响，但一般来说，城市旅游形象的形成主要受包括形象硬件和形象软件两大方面的影响。形象硬件是城市旅游形象形成的物质基础，也是城市游览的主要对象，它相当于一个人的外貌，主要通过对感观上的直接刺激给旅游者留下物质形态上的印象；形象软件则相当于一个人的心灵，它反映城市主体——人的精神面貌。精神面貌所产生的印象和城市物质形态印象经过城市旅游者的心理叠加才能形成一个城市完整的旅游形象。一个良好的城市旅游形象不仅要有优美的形象硬件，还必须有好的形象软件加以烘托。

---

① 王晞. 城市旅游形象提升攻 [M]. 北京：中国社会科学出版社，2008.

表8-2 城市旅游形象的影响因素

城市旅游形象	形象硬件	城市内部及其周围的风景名胜区、城市园林、城市建筑、绿地系统、雕像、街头小品、博物馆、纪念地和旅游服务设施（包括住宿、饮食、交通、娱乐、购物）等
	形象软件	包括市民素质、民俗民风、思想观念、社会秩序、服务态度等

4. 城市旅游形象系统

本书在借鉴学术界"旅游地形象系统设计模式TDIS"（Tourist Destination Image System）模式的基础上，提出城市旅游形象设计的模式：形象分析—形象定位—形象要素设计—形象推广—形象的维系与更新。其中，形象分析是基础，定位是关键，要素设计是重点，推广是保证。

（二）城市旅游形象分析

城市旅游形象分析是城市旅游形象定位和设计的基础，具体包括地方特性调查、城市旅游形象的受众调查、竞争市场分析三部分：

（1）地方特性调查。地方特性调查是指在地方性资源要素普查的基础上，从当地自然地理特征、历史文化特征和民族民俗文化等方面进行研究，精练地总结出其独特的地方特性包括文化特质和自然特性，为旅游形象的设计提供本土特征基础。

（2）城市旅游形象的受众调查。受众调查是确定目的地总体印象、选择促销口号的基础和前提。城市旅游形象的构建主要是为了向潜在旅游者推销旅游目的地，帮助旅游者更清晰地了解旅游城市的特色和个性，促使其产生旅游动机，由潜在游客变为现实游客，同时，也有助于加强当地居民对城市的认同感，得到更为广泛的支持。深入了解受众对原有城市旅游形象的认知，对城市旅游形象设计和传播具有重要作用。

（3）竞争市场分析。城市与城市之间存在争夺客源市场的竞争，因此在旅游形象定位中就必须通过实施差别化战略，确定本地产品与其他产品相比有何显著差异，突出该地的独特点，只有独特的东西才能被旅游者从众多相似的信息中区别和感知。

（三）城市旅游形象定位

城市旅游形象定位是城市旅游形象设计、营销、推广的核心前提，它体现着城市旅游的发展目标。任何一个城市都有其特殊的基本政治经济结构、地理空间位置、历史文化特征和风俗民情，城市旅游形象定位是一个城市独特个性的灵魂和精华优势的浓缩。因此，城市旅游形象的定位必须在形象调查基础上，以城市旅游资源特色为基础，以客源市场为导向，再通过科学的流程和精心的提炼，对

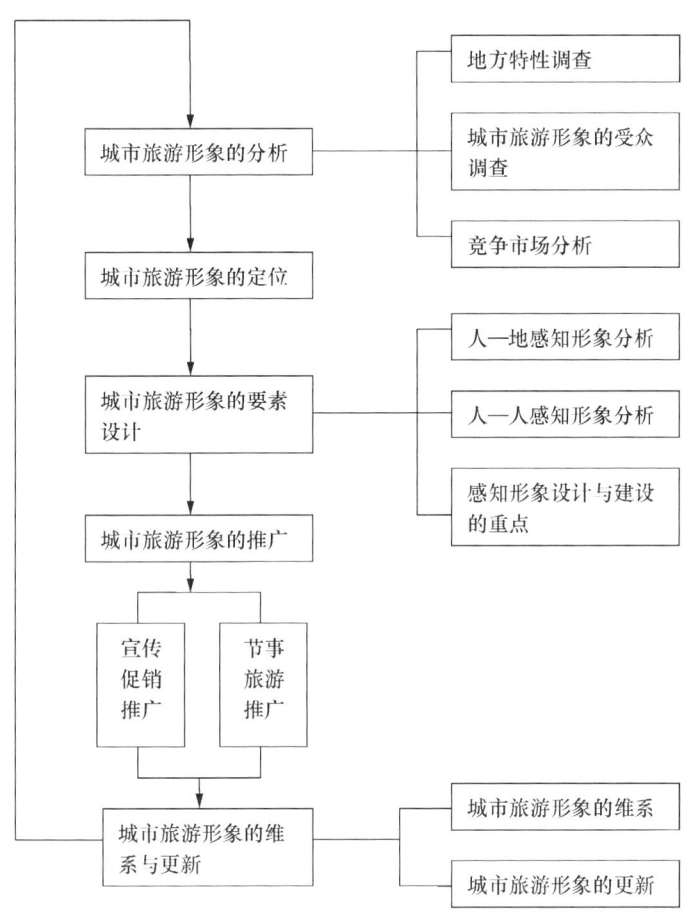

图 8-2 城市旅游形象系统示意图

资料来源：左炀．济南城市旅游形象研究［J］．山东商业职业技术学院学报，2006（10）．

城市未来发展的一种方向性判断、概括及总结。一个成功的城市旅游形象定位，对于塑造城市形象，扩大知名度，增强吸引力，拓展客源市场，激发当地居民的归属感等具有十分重要的作用。相反，任何不切实际的形象定位，不仅在实际操作中会困难重重，还会直接挫伤游客和居民对城市所建立的信任，最终阻碍城市的长远发展。

1. 城市旅游形象定位的指导原则

其一，个性鲜明原则。这个原则体现了形象区分度的要求，必须首要满足，独具特色的旅游资源和极富地方性的文化可以使城市旅游形象具有易识别和难替代的鲜明个性。

其二，文化先行原则。文化已经成为城市旅游的核心要素，它是构成旅游目的地持续吸引力的重要源泉，一个成功的城市旅游形象的树立必须要注重挖掘文化深层次的内涵。在旅游业竞争日益激烈的今天，只打山水资源牌的初级形象战略已经越来越难以找到施展的空间。

其三，市场导向原则。城市旅游形象的树立终究是为市场服务的，因此，形象只有从旅游者需求的角度去进行设计才能做到客观得体，并最终获得成功。①

2. 城市旅游形象定位的方法②

第一，领先定位。这是最为常见的一种定位方法，适用于独一无二或无法替代的旅游资源，其属性在较大范围内有相当大的知名度和影响力，如埃及的金字塔、中国的长城等。

第二，比附定位。比附是指对照占绝对优势、知名度极高的同类产品，以努力突出自己的形象，目的在于将自己同其他一般竞争者区别开来，如"塞上江南"（银川）、"东方威尼斯"（周庄）等。

第三，逆向定位。逆向定位从消费者心目中习惯形象的对立面或相反面着手，订立出一个全新的易于接受的形象，从而抢先占据另一片广阔的市场空间，如深圳野生动物园宣称是传统圈养动物园的对立面。

第四，导向定位。这是一种以目标客源市场为中心的定位方法，根据自身的资源特点和条件，在市场调查的基础上确定旅游地主要的吸引对象，由此提出专门针对该类旅游者的形象定位，如澳门地区"世界赌城"的形象。

第五，组合定位。让每个城市都有自己的特色并为社会广为识别是很困难的，以集群形态出现的城市可以采取相辅相成、互助合力的组合形象定位策略，以区域联合的形式推出大区域整体旅游地形象，如黄陂被称作武汉的"后花园"。

第六，多头定位。一个城市从不同角度同时确定好几个形象，不同定位之间相互补充，一般而言，国际性大都市可以国内和国际分头定位；省会城市或知名度较高的城市可以省内和省外分头定位；中小城市可以市内和省内分头定位。

二、海口城市旅游形象定位提升

（一）海口城市旅游形象定位现状

海口城市旅游业要获得大的发展，必须明确城市旅游形象的定位，海口城市定位、城市形象定位以及宣传口号具体如表8-3所示。

---

① 赵伟兵. 城市旅游形象定位的理论与实践研究 [J]. 广西大学学报, 2001 (12).
② 陆林, 章锦河. 旅游形象设计 [M]. 合肥：安徽教育出版社, 2002.

表8-3 海口城市定位、形象定位、宣传口号

类型	序号	名称	备注
城市定位	1	外向型国际性城市	1988~2001年
	2	绿色国际性城市	2002~2004年
	3	健康宜居城市	2005年
	4	绿色温馨城市	2006年
	5	最精最美的省会城市	2007年
	6	热带海岛生态旅游度假胜地和宜居城市	
	7	国家海岛及南海海洋研发和综合产业开发基地	
	8	国家历史文化名城	
城市旅游形象定位	1	阳光海口，娱乐之都，品位之城	
	2	欢乐海口，健康海口，艺术海口	
	3	欢乐休闲海滨、购物美食天堂	
	4	海韵椰城，欢乐港湾	
	5	健康海口，时尚之都	
	6	花园海口，风情之都	
	7	热力海口，欢乐之都	
宣传口号	1	海口——热带四季花园，健康时尚之都	国内目标客源市场
	2	海口——南海入口，海南之窗	
	3	海口——国际旅游岛首府，世界健康第一都	
	4	海口——浪漫婚庆第一城，会议度假新天地	
	5	椰风海韵醉游人	
	6	Haikou, The Unique Tropical City in China	国际目标客源市场
	7	"热情"海口，乐活之都	印刷广告
	8	热带风情，南国之梦	视频广告
	9	放飞南国的风帆，梦回温馨的港湾	活动广告

由于海口城市定位一直处于不断变动之中，海口城市形象也在不同的阶段里有过不同的、过多的定位，没能形成明确而连贯的城市旅游发展思路。到目前为止，海口还未形成鲜明的城市旅游形象，而提出的"阳光海口"、"欢乐海口"、"健康海口"、"艺术海口"、"花园海口"、"热力海口"等形象，虽然或多或少地概括了海口的特色，但个性不鲜明，特点不突出，没有高度集中地概括海口丰富的自然资源和人文资源。同时，这些形象没能与海口城市旅游的客源市场结合，所以市场知名度不高。就《海口旅游发展总体规划（2006~2020）》所高度

认可的"海韵椰城,欢乐港湾"而言,这一城市旅游形象定位也存在一些不足。"海韵椰城"四字高度概括了海口作为一个海滨城市的优势资源,很好诠释了海口与海洋环境的密切联系,突出海口是依海而生,因海而活的城市。"欢乐港湾"虽突出旅游目的地"欢乐"的主题,侧重游客的感受体验,"港湾"力求表现现实船舶停靠点与精神家园的契合,但此句与前句"海韵椰城"在文法上没能做到押韵对仗,整体有前重后轻之感,美感不足。同时,除了娱乐性质,"欢乐港湾"没能概括出城市的其他性质和功能,没有很好涵盖海口深厚的历史文化积淀。

海口要想参与国际旅游市场的竞争,必须增强海口在远程国内市场和入境市场开拓方面的实力,树立鲜明的海口城市旅游形象,营造国际一流的城市旅游环境。《海口市城市总体规划(2006~2020)》将海口的城市性质确定为:"海南省省会,热带海岛生态旅游度假胜地和宜居城市,国家海岛及南海海洋研发和综合产业开发基地,国家历史文化名城。"海口城市旅游形象定位的提升,必须在此城市定位的基础上,充分进行旅游资源的调查、分析、整合和开发,全面进行旅游受众和客源目标市场的调查,然后确定一个总的城市旅游形象定位,并以此设计不同旅游产品、不同市场和不同媒介的宣传口号,全方位提升海口城市旅游的知名度和影响力。

(二)海口城市旅游形象定位背景分析

1. 海口市地方文脉诊断分析

任何一座城市都有其自身独特的地方特性,旅游者在游览观光完城市后所形成的形象是对城市——自然风景、人文景观、民族风情等的独特感受和综合体验,而这种独特感受很大程度上取决于城市的地方特性。所以城市旅游形象的塑造必须从城市自然地理特征、历史文化特征、民俗文化等方面出发,系统分析城市的形象资源,以订立正确而独特的城市旅游形象。

(1) 海口自然地理特征。海口市是我国最大的经济特区——海南省的省会,是全省政治、经济、文化、交通枢纽和物流中心,商贸中心,高等教育基地,南海资源开发基地的科研中心,现代服务与管理中心以及高新技术产业基地。海口市地处海南岛北部,北部濒琼州海峡,仅隔33千米与大陆相望,位于中国大陆与东南亚的联系通道上,处于东北亚与东南亚的过渡地区,在地缘上具有重要地位,有希望成为不同区域之间的重要交流枢纽。随着粤海通道开通、第五航权的开放,海口正逐渐纳入与大陆、东南亚的主要经济联系中,区位作用优势正在逐渐显现。同时,海口市占据华南经济开发带的前沿位置,是北部湾的重要经济城市,华南地区的花园城市,海口在发展华南经济圈的区域合作,以及外向型经济方面有着得天独厚的地理区位优势。

海口既临海(南中国海)又临陆(大陆),既是(海南)岛又是陆(3万多平方千米），在广袤南海的大环境下，具有三种不同尺度的旅游地域空间感知。海口三面环海，长达30千米的"黄金海岸"上阳光灿烂、绿影婆娑、空气清新，拥有适合滨海旅游的阳光、海水、沙滩、绿色、空气、温泉等诸多要素。海口长夏无冬，气候宜人，空气、水质、生态指标均居全国前列。以此优良的生态环境，海口市是世界卫生组织选定的中国第一个世界健康试点城市，位居于中国最具幸福感城市之列。

（2）海口历史文化特征。海口是一座具有悠久历史的古城，是国务院公布的国家级历史文化名城之一。考古发掘证明，早在新石器时代，海口地域就有了人类活动；宋元时期，作为连接大陆和东南亚各国的航运中心和贸易中心，海口一直是"海上丝绸之路"的中转站；明代，"海口所城"落成，海口成为一个人口增加，商业繁荣的完整城池；清代，海口成为海南沿海海关总口，后被辟为商埠，全国沿海港口和东南亚等地都有商船往来于此。

海口历来重视文化教育，有深厚的革新图变的革命底蕴，历史上出现了很多官宦、名士和革命家，其中最著名的数明朝阁臣丘浚、海瑞、唐胄以及近代的革命家冯白驹等。

（3）海口民俗文化分析。海口民间文化历史悠久，蕴涵着丰富的有形文化遗产和无形文化遗产，如极富生活气息的琼剧、木偶戏、民间八音等。琼剧已经被列为全国有名的地方戏种名录之中，木偶戏和八音现如今依旧配套地活跃在农村，它们是海口大型活动和节日中的必备娱乐项目之一。府城地区一直盛行的元宵节换香和摘青的活动历经百年保留至今，虽然传统的换香演变为换花，但活动内容更加文明、健康、丰富，成为富有民间特色的群众文化活动。

2. 海口城市旅游资源要素分析

（1）海口城市旅游资源概况。海口市有着丰富的旅游资源，景区、景点众多，各个景区（点）都有着自己的特色，其特色是景区（点）所处的自然环境和社会环境共同赋予的，资源的多元化为海口市开发多种类型的旅游产品奠定了良好的基础。海口市的旅游资源类型及数量如表8-4所示。

总的来说，海口的旅游资源是以热带海岛为其主要特色的，并集自然风光、热带生物、文化古迹和民族风情于一体的独具特色的热带海滨岛屿资源，景点体系完备，特色各异，主要旅游产品有温泉度假、海上运动、主题公园、高尔夫、人文遗址、自然奇观，以及椰雕、贝壳工艺品、水晶和珍珠饰品等特色旅游商品。海口国内著名的热带滨海旅游城市，市域内主要的旅游景区（点）有海瑞墓、秀英古炮台、五公祠、琼台书院、万绿园、假日海滩、金牛岭公园、热带海洋世界、西海岸带状公园、海南东寨港国家级自然保护区、东山湖野生动物园、雷琼世界地质公园（海口园区）、琼北大地震遗址等。

表8-4 海口市旅游资源类型及数量

		数量
自然旅游资源	地文景观	35
	水域风光	20
	生物景观	15
	天象与气候景观	1
人文旅游资源	遗址遗迹	18
	建筑设施	223
	旅游商品	11
	人文活动	28
总计		351

资料来源:《海南国际旅游岛海口市旅游发展总体规划(2010~2020)专题报告》。

表8-5 海口市主要旅游资源

属性	基本类型	名称
自然旅游资源	海岛风光	海甸岛、新埠岛、盈滨岛、玛岛、司马坡岛、南渡江江心、琼山市海南诸小岛
	滨海沙滩	假日海滩、白沙门海滩、西秀海滩、桂林洋海滩、西海岸、海口东海岸、金沙湾、东寨港口北岸
	河流、水库、泉水	南渡江、美舍河、五源河、沙坡水库、永庄水库、美安水库、那卜水库、美崖水、那甲水、"美女泉"
	地震遗址	东寨港海底村庄遗址
	热带作物	橡胶、椰子、胡椒、咖啡、槟榔、油棕、香蕉、菠萝蜜、菠萝、芒果、荔枝、杨桃
	自然保护区	海南东寨港国家级自然保护区、清澜港红树林保护区
	地质公园	雷琼海口火山群世界地质公园
人文旅游资源	综合公园	西海岸带状公园、南泰鳄鱼湖公园、热带海洋世界、滨海公园、万绿园、金牛岭公园、人民公园
	文化古迹	五公祠、海瑞墓、邱竣墓、秀英古炮台、琼台书院、西天庙
	现代纪念物	中共琼崖第一次代表大会旧址、李硕勋烈士纪念亭、海南解放纪念碑、中山纪念堂
	节日庆典	海南国际椰子节、中国海南岛欢乐节、换花节、"三月三"、民间歌节、军坡节
	社会风情	特区的开放、时尚,以及海外琼藉文化融为一体,形成中国独有的南疆社会风情;黎、苗、回、壮等民族风情
	文娱及体育运动	高尔夫球、温泉SPA、游艇咖啡茶艺、老爸茶、"印象·海南岛"
	旅游商品	椰雕、贝壳工艺品、水晶和珍珠饰品、海干产品、椰岛鹿龟酒

资料来源:《海南国际旅游岛海口市旅游发展总体规划(2010~2020)》。

（2）海口城市旅游资源基本特征。

第一，资源类型多样，数量丰富，优质资源较少。总体看来，海口市的旅游资源缺少在全国较具知名度的品牌，高质量景区数量偏少，大部分旅游资源开发广度和深度不高，还有待于进一步来开发。

第二，地域差异明显，区域格局基本形成。海口湾地区是海洋和城市最直接的结合点，拥有滨海观光和城市风景的双重特性；海口新区海滨——秀英港以西至长流组团北部的粤海码头，自然状态良好，体育娱乐设施齐备；海口市区周边的历史文化古迹集中；沿海岸线和高速公路的周边县市具有大规模的红树林保护区和活火山景区。

第三，文化内涵深厚，自然与人文融合。海口各类旅游资源中历史文化内涵丰富，形成了人文与自然高度相融的基本特征。

3. 海口城市旅游形象竞争市场分析

海口在海南省外的城市旅游形象竞争对手主要是其他大中城市：一类是海滨城市，如大连、青岛、珠海、香港、厦门、湛江等，这些城市也具有与海口类似的海滨休闲旅游资源；另一类是经济发达的城市，如上海、广州、深圳等，但这些城市与海口的城市旅游形象区别度较高。在海南省内的城市旅游形象竞争对手主要有三亚，因为三亚旅游资源更为集中，凭借其独特的海域风情，让三亚的旅游业发展在海南省内独占鳌头。

面对竞争对手市场，海口应借助省会区位和城市旅游的核心竞争力，探索出一条深入开展区域旅游合作的路子，打造海口城市旅游特色。在国内市场，搞好与全国重要旅游节点城市的合作，加大环北部湾地区合作力度；对省内，通过资源整合和培育精品骨干线路，全力推进与三亚的区域合作对接，尝试区域内旅游的"一票通"，消除省内区域旅游合作的体制障碍。

（三）海口城市旅游形象提升定位

一个鲜明的城市旅游形象是发展城市旅游的必备条件，只有这样才能增加被旅游者选择的砝码，提高市场竞争力。提出定位形象能够逐步提升城市旅游形象的知名度和美誉度，创立一个积极、健康、向上的旅游消费环境，努力消除既往的和潜在的旅游地形象的负面影响因素，避免危机和风险的产生，以树立和保持持久连贯的正面形象，确保稳定的客源。

表8-6 部分城市或地区的形象定位描述

国家或地区	形象定位
西班牙	欧共体冉冉升起的一颗星
柏林	新欧洲之都

续表

国家或地区	形象定位
亚特兰大	新南部的中心
新加坡	新亚洲——新加坡
泰国	远东旅游天堂
釜山	亚洲门户
伦敦	尽世界城市之责
济南	泉水之都，和谐济南
辽宁	满韵清风，多彩辽宁
哈尔滨	以欧域风情为底蕴，以冰雪文化为主题

1. 海口城市旅游形象总体定位

基于对海口城市旅游业发展状况、海口市地方文脉、海口城市旅游资源以及竞争市场的背景分析，结合海南国际旅游岛"阳光海南、度假天堂"的整体旅游形象，在参考国内外优秀的城市旅游形象定位案例，现将海口城市旅游形象总体定位为：海韵椰城、智性乐都。

海口具有多层次的热带海岛生态系统，包括热带海洋生物、热带动植物、罕见的红树林，良好的海洋生态系统和丰厚的海洋资源是一个滨海城市的发展之基。"海韵椰城"正好凸显了海口作为一个热带海滨城市的韵味：明媚的阳光抚摸着清澈的海水，起伏的海浪拍打着柔软的沙滩，习习海风吹动着婆娑的椰林，渔人码头一片繁忙着的喜悦……海口依海而生，因海而活，城市镶嵌于碧海、蓝天、白云、绿树之中，和谐而韵味十足。孔子云："仁者乐山，智者乐水。"海口的风景是山、河、海、岛四者的叠加融合，城市到处充满了水的灵动和智性，同时，作为一个文化积淀十分深厚且民族风情异常多彩的历史名城，智性是历史和民族所赋予的特质，选择海口的城市旅游是人们的智性之举。"乐"——乐生、乐活、欢乐、娱乐、快乐——不仅是城市旅游追求欢乐的目标的体现，也是对都市文化特征——休闲、健康、舒适、品位、雅致、时尚、精品的高度浓缩。"海韵椰城、智性乐都"将海口的自然景观、文化底蕴、体验效果、精神诉求很好地融合在一起，虚实相生地描绘着海口城市旅游美好的发展前景。

2. 海口城市旅游目标市场形象定位

针对不同细分目的地客源市场，结合它们的感知情况还可以对海口城市旅游形象作以下细分定位。主要细分为国际、国内和海南省内三大客源市场。

（1）国际市场。以中国港澳台，东北亚的日本、韩国、俄罗斯，东南亚的新加坡、泰国、马来西亚等国家和地区作为一级客源市场，作为国际主攻客源市场；以北美的美国、加拿大，欧洲的德国、英国、法国以及澳大利亚与新西兰等国作为二级市场；以南亚、南美正在崛起的如印度、巴西等国作为三级市场。其形象定位以智性乐都为主，海韵椰城为辅，主要推介海口的文化特色。海口是中原文化和南疆海洋文化的汇集地，是内河文化与海洋文化的交汇港湾，同时也是一个日新月异的省会大都市，是一个传统文化与现代都市文明和谐发展的安逸、舒适、温馨的家园。

（2）国内市场。以京津冀地区、长江三角洲地区、珠江三角洲地区，涉及广东、上海、浙江、江苏、北京、天津、河北等省市的国内主要大城市作为一级客源市场，作为国内主攻客源市场；以三大都市群之外的华南地区、华东地区、华北地区、华中地区、东北地区，以及西南地区的云南，涉及福建、山东、重庆、广西、江西、安徽、湖南、湖北、云南、河南、陕西、山西、内蒙古、辽宁、吉林、黑龙江等省份的各主要城市作为二级客源市场；国内其他西南地区、西北地区，涉及青海、甘肃、宁夏、四川、贵州、西藏和新疆等省份（自治区）的各主要城市作为三级客源市场。其形象定位为海韵椰城。海口是一个地域条件优良的滨海城市，独特岛屿地理特征和热带气候条件，使海口市有着与其他内陆城市所不同的特点，四季鲜花不断，终年阳光充足，海浪、沙滩、椰林、岛屿使海口市成为南国风情、热带风情、岛屿风情相交融的现代都市。

（3）海南省内市场。以海南省内各地区，也包括海南本地居民和城郊县市居民为主体。其形象定位为：海南国际旅游岛的省会大都市。海口作为海南省的首府，是政治、经济、文化、各项交流活动的中心，历史文化资源与自然资源丰富，拥有高尔夫、游艇、娱乐景点场所等多个项目，商业贸易的中心，购物环境优良，是"一站购齐"，即吃喝玩乐样样皆宜的休闲都市。

城市旅游形象设计定位常概括为一句主题性的宣传口号，而这种口号的概括，并非一般性的归纳、总结，而是在体现特色、得到大众认同的基础上的综合优化，是高度总结概括的提炼、升华。城市旅游形象的传播、推广、营销需要有独特的、能体现时代脉搏的广告式口号来宣传，海口在定位了城市旅游形象后，要针对几大客源市场和各种旅游产品系列设计口号，实现多媒体、全方位地推介海口城市旅游形象和旅游产品，实现海口的腾飞。

三、海口市城市旅游形象设计的提升研究

面向设计的旅游地形象的客体因素从根本上分为地理景观感知要素和社会人文感知要素两大类，或称为人—地感知要素和人—人感知要素，前者泛指人对旅游地所在地理景观的感知，感知者与被感知者之间不存在直接的互动关系，包括视觉景观系统、视觉符号系统以及其他感觉形象三方面；后者是人与人之间的感

知关系，具有直接的感知互动，并产生深层次的心理感受而不只是单纯的感观感受，包括服务行为形象、居民形象、政府形象三方面。这两者在旅游地被整合为旅游形象的总体。① 因此，设计城市旅游形象时，这两者在旅游地被整合为旅游形象的总体。

（一）海口市城市旅游形象设计的现状及不足

1. 海口市城市旅游形象设计的现状②

（1）旅游 DI 形象策划。

《海口市旅游发展总体规划（2010～2020）》分别从视觉形象、听觉形象、味觉形象、嗅觉形象、行为形象五方面对海口旅游形象进行设计。具体内容如下。

1）旅游视觉形象策划。海口旅游 Logo 的设计要突出"海韵椰城、欢乐港湾"的总体旅游形象。同时加入旅游城市品牌形象及旅游品牌形象理念。核心构成元素要以欢乐为基本元素，多方位体现海口的热带海岛生态环境、红树林生态系统、商务会议和休闲娱乐功能。在图案构成、字体、色彩构成上突出海口和大海、生态、文化、港湾、椰树、沙滩等方面的联系，树立鲜明的海口旅游形象。旅游地的视觉形象设计要体现不同地域旅游产品的特色。都市旅游要突出多彩，在地标区、光环效应区、第一印象区、最后印象区、公共空间、民俗街、城市生态廊道等要给游客不同的视觉冲击。

2）旅游听觉形象策划。旅游者往往对地方语言感兴趣，工作人员可以教给游客一两句有海口地方特点的方言或民歌，会给游客留下很强的印象。自然风景类旅游区不提倡音乐，并要尽量减少交通、工业、施工、商贩叫卖等人为噪声对自然环境的破坏。当游客听到海水拍击海岸的声音，海风吹动热带树木叶子哗哗的响声，溪水的潺潺声和虫鸟之声，这已是景区最好的音乐。人工景区可配备和景区风格相一致的主题音乐，强化景区的氛围。人文景区的听觉策划要体现风俗风情，如黎苗山寨的歌舞声可作为体现黎苗文化景区的背景音乐。

3）旅游味觉形象策划。味觉表现最普遍的是美食的味道，"吃"是旅游活动六要素中非常重要的一个方面，美味的佳肴会给游客留下难忘的回忆，而特色的食品更能使人与目的地联系起来。海口是我国唯一的热带海岛省份之首府，热带水果也非常丰富和美味，因此要充分打造"中国热带水果之乡"形象，把有代表性的椰子、猕猴桃、香蕉等食品打上海口旅游的烙印。

4）旅游嗅觉形象策划。海口除在视觉、听觉、味觉的充分设计外，还可以更好地考虑嗅觉形象的设计。海洋旅游产品要突出自身的气味，即海风吹来带有海水气息的新鲜空气，要避免污水排放、烧烤等烈性气味的影响。生态旅游产品的气味主要来自景区花香和植被天然的香味，注意景区的保护，远离工业废气的

---

① 李蕾蕾. 旅游目的地形象策划：理论与实务 [M]. 广州：广东旅游出版社，1999.
② 资料来源：《海口市旅游发展总体规划（2010～2020）》。

污染。热带植物的芬芳中任何一种最能代表海口特色的都可以被选择为海口旅游嗅觉形象代言对象。

5) 旅游行为形象策划。海口作为南海购物之都、休闲度假胜地、商务会议之都,要打造慢节奏生活方式。在活动项目的设计上,要能够吸引游客参与和驻足观看,如帆船赛、高尔夫球赛、Hash 等体育赛事和活动的策划。在老街区形象设计上,可以播放舒缓的音乐,适当地把商业店铺外移,增加陶吧体验等体验性购物商铺,吸引游客参与和购买,街边设置一定数量的座椅,供游客休息。同时增加娱乐休闲项目、动漫游戏项目、健康休闲项目等,这样通过多角度的暗示性设置,让游客停下忙碌的脚步,暂时放下生活的繁杂,尽情感受海口。

(2) 城市景观风貌的设计。

《海口市城市总体规划(2006~2020)》用专章对海口主城区景观风貌和滨水景观带进行了全方位的规划,提出了"在保持现有良好自然环境的基础上,全面完善、优化人工环境,丰富人文内涵,创造具有国内一流水准的现代化城市景观风貌"的规划目标,对主城区景观带(滨水景观带、城市景观带、生态景观带)、城市特色景观片区(重点城市景观区、历史文化景观区、生态景观区)和景观节点(重要门户节点、交通节点、地标节点)进行了全面的规划。

《海口市旅游发展总体规划(2010~2020)》中,对海口城市景观进行旅游化改造的初步方案,改造的范围包括景观大道(滨海景观路、滨江景观路)、亮化工程、特色街区(海秀东路商业游憩区、海口旧城骑楼特色街区、琼山府城历史文化街区),提出把市容市貌景观作为旅游吸引物来打造,实现城市规划建设与旅游景区景点开发一体化,达到"建一物、添一景"的建设效果。

另外,在《海口市历史文化名城保护规划》中,还对历史文化街区的景貌提出了专门的保护与整治措施。

2. 海口市城市旅游形象设计的不足

虽然目前海口市的旅游 DI 形象策划较为新颖,在城市景观风貌设计的涵盖面上也很广,但是其城市旅游形象要素的设计还存在诸多不足,主要表现在以下几个方面:

首先,城市旅游形象的设计尚未形成完整的系统。城市旅游形象。是认知主体且主要是旅游者通过视觉、听觉、味觉和嗅觉等感觉器官,对旅游地信息进行感知并最终形成的心理映像。旅游者认知的客体是旅游地复杂的地理空间和社会人文因素。目的地景观、服务设施、社会文化等有形、无形因素和具体、抽象因素,都会影响并构成旅游者对目的地的感知形象。① 因而,城市旅游形象是一个

---

① 方世敏. 城市旅游形象研究:表象气质品格[M]. 长沙:湖南地图出版社,2002.

庞杂的体系，必须依据一定的要素，按照一定的规律进行设计。而在海口市现有的旅游规划中，仅对几个感觉的大致方面进行了描述，没有对城市旅游形象感知要素进行科学的量化分类，实际可操作性也不强，各感觉的策划也没有形成各自的体系，城市旅游形象显得比较零散。

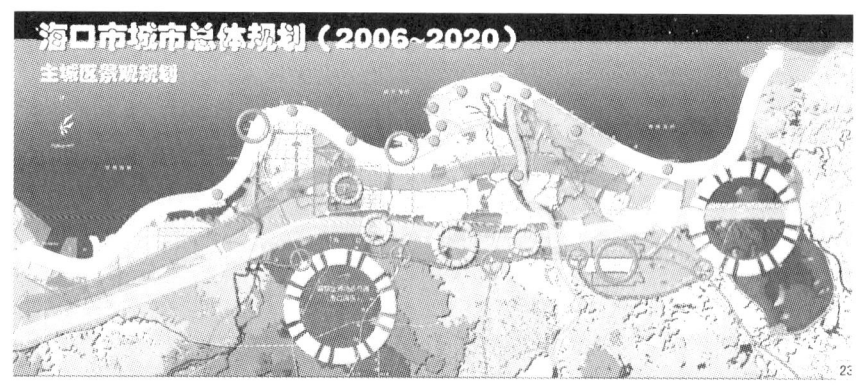

图 8-3　海口市主城区景观规划

资料来源：《海口市城市总体规划（2006~2020）》。

其次，对作为地理感知要素设计的核心——视觉形象的设计力度还相当薄弱，对城市景观风貌的设计也还缺少具有个性的、深度透视的城市文化内涵的提升。视觉是人们获取信息的主要渠道。城市的视觉形象是城市旅游形象传达的重要手段，也是评价城市旅游形象质量时最易被感知的部分，被称为"城市旅游形象的面孔"。城市旅游形象的视觉设计需要对各种感知要素作进一步具体化、可视化的传达，并在城市中呈现出最直观的符号内容。海口市现有的旅游视觉形象策划可以说还没有行之有效的途径，将城市旅游形象转换为视觉符号，更缺少符号与符号之间的有机联系。另外，城市景观风貌中精神意蕴的挖掘的广度和深度有待进一步拓展。

最后，缺少社会人文感知要素的设计。旅游地的人的行为是旅游地形象的重要组成部分，旅游者在选择旅游时，往往也要考虑旅游地是否有良好的社会氛围和优良的服务。这些人的行为就是一个城市的社会人文要素。而在海口市的规划中，尚未意识到社会人文对于城市旅游形象构建的重要作用，更不用说从系统设计的角度考虑旅游者对城市旅游形象社会人文的感知。

（二）海口市城市旅游形象人—地感知要素设计

1. 城市旅游形象视觉景观的提升

城市旅游形象视觉景观是城市物质环境的视觉形态。从城市景观，人们可以获得最直观的城市旅游形象。在《海口市城市总体规划（2006～2020）》已对城市的景观风貌从功能分类上进行详细规划的背景下，海口市视觉景观的深化提升可通过对当地地方意象的挖掘和提炼实现。

地方意象是浓缩着地方精神的空间符号。它诠释与表现着旅游目的地空间的唯一性特征与意义，通常需要兼具历史文化的深厚积淀和时代现实的辐射力。景观形象更严格地说，是景观形象中蕴涵着丰富的地脉与文脉信息，保有了群体的历史和文化记忆的情态语义部分——地方意象，构成了目的地地方精神的基本载体。发掘和彰显地方意象，是城市旅游形象系统的灵魂工程。① 海口市拥有极其丰富的自然景观资源和历史文化资源，但是在地方意象的挖掘方面却显得创意不足，相同的东西多，有特色的东西少，难以使旅游者留下深刻的印象，也很难让当地居民形成强烈的认同感。将地方意象融合到景观风貌的建设中，形成海口市城市旅游形象独特的、富有深厚文化内涵的景观符号，可以在品位上提升海口市视觉景观的档次。

建议相关部门组织开展海口市地方意象研究专题，挖掘和提炼出历史文化浓厚与时代现实感强的海口市地方意象；在规划城市景观前，将是否符合地方意象作为评估建设项目是否达到要求的标准之一。

2. 城市旅游形象视觉符号系统设计

对于旅游形象鲜明、人—地感知系统完善的旅游区，如果仅仅只有所谓的功能明确的景观设计和规划仍然是不够的，正如工厂和企业的形象不能只通过一切工厂或企业所共有的大同小异的厂房、办公楼或生活区等组织表现，还要发展CIS。在企业的CIS设计中，以视觉化的设计要素为中心的VIS（Visual Identity System）被认为是塑造企业形象最为快捷的方式，消费者往往通过企业的名称和标志或产品的商标认知企业及其产品，形成名牌印象，以此作为购买决策的因素和依据。形象时代的旅游地，从旅游地景观开发与设计开始，进一步发展相应的视觉识别系统，不仅有助于旅游者完成实地旅游活动，而且能借此传达和影响旅游者对旅游地的决策感知形象，也能强化旅游者通过实地旅游所形成的旅游地直接感知形象。

城市旅游化的视觉识别符号系统是一个城市理念的外在的、形象化的表现，理念特征是视觉特征的精神内涵，包括城市的精神面貌、文明程度、价值观念和文化特征等，与城市人际行为和自然景观相辅相成。图8-4为VIS的构成。

旅游地的视觉识别符号系统，是一种符号解释系统，完全是人工设计的产物，相对于大尺度的景观空间而言，因其尺度小而具有隐性的特征，主要功能是

---

① 王晞. 旅游目的地形象的提升研究［D］. 华东师范大学博士学位论文，2006.

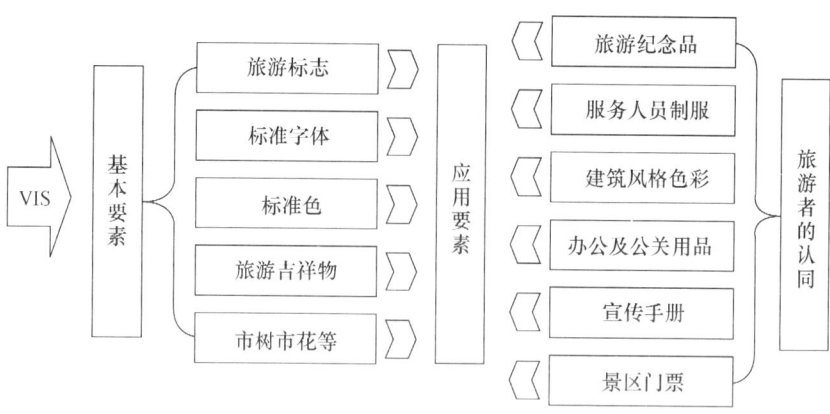

图 8-4 VIS 的构成

引导和帮助旅游者实地感知旅游形象与活动功能，方便、快捷、明确地完成旅游活动，消除旅游者进入陌生旅游地环境时由不确定性带来的紧张心理，帮助解释旅游地感知环境，从而实现旅游地形象力所要求的清晰、易懂的特征。另外，在塑造和强化地域差异的形象凸显方面，通过理念一致的设计，使众多、分散的人工符号在确定空间范围内形成统一的形象特征，无疑会比那些只注重景观形象设计而忽视符号系统设计的旅游地能够带给游客更加强烈的形象力。[1]

在设计上强调在风格统一性原则、强视觉效果原则、强调人性化的原则、尊重民风民俗原则、符合审美则的基础上，关注以下几个方面：

（1）旅游地名称。名称是游客认知旅游地的起点。海口市作为海南省的省会，目前已具备一定的知名度，一些传统的旅游吸引物当前最主要的任务是提高其美誉度和认可度；对旅游区内正在兴建的旅游度假村、景点等要取具有吸引力的名字，以吸引旅游者前往。

（2）城市旅游标徽。旅游地的标徽随着旅游业的发展，已渐渐为人们所重视，成为旅游地形象的标志。旅游地标徽的设计图案可考虑采用特征性地理风景，从具象、简象到抽象的处理都会产生不同的形象力。此外，也可采用特征性实物图案，例如中国旅游标志采用出土文物"马踏飞燕"；还可使用人为设计的图案，例如，迪士尼乐园的识别标志便是圆脸盘和两只小耳朵的"米老鼠"。目前海口市还没有统一的标徽。设计要突出海口的形象定位，通过艺术的加工、组合、抽象来表达。具体图案可由广泛征集获得。

（3）旅游标志性建筑。确立海口的标志性建筑物，在选择上应注重其文化

---

[1] 李蕾蕾. 旅游地形象策划：理论与实务［M］. 广州：广东旅游出版社，1999.

历史内涵、时代精神蕴藉以及旅游者的参与度等方面的考量。

（4）旅游标准字体。文字符号是旅游地符号系统中广泛采用的符号。CIS设计强调企业的标准字体能为企业带来一种独特的统一性，旅游地也可利用标准字体传达独特的旅游形象。海口旅游的标准字体可直接采用名人题字，如深圳世界之窗采用国家主席题字，也可设计标准字体在城市主要道路入口、车站、机场、广场以及旅游区内与标徽共同使用。

（5）旅游标识系统。海口旅游标识系统素材、元素的设计，要紧紧围绕"海韵椰城、智性乐都"的总体旅游形象，以及"热带中国，欢乐之都"的城市品牌定位，精品化、特色化建设。按标示牌的不同作用，设计时应有不同的要点。

海口市旅游标识解说系统应简明扼要、生动形象、科学合理，并能够与环境和谐，突出地方特色，人性化地为游客提供各种信息服务，帮助游客更好地理解和完成旅游过程的作用。主要标识解说应根据细分市场为游客提供包括汉语、英语、日语、韩语、俄语等在内的多语种标识解说服务。

表8-7 海口旅游标识解说系统设计说明表

种类	功能	设计要点
指示性标识	指引路线和各种设施位置	①各车行道、步行道口、转折处设置指示牌，在沿途水、陆路交叉口设立方向指示 ②售票处、停车场、各摊位摊点、商品出售处都要公开收费服务项目，实行明码标价 ③设置服务设施标牌来指示饮水间、卫生间、餐厅、码头、垃圾箱以及其他设施的位置 ④制作材料要与周围环境相协调
规定性标识	揭示规章制度，规范游客行为	①设置在休息点与主要出入口等旅游者集中的地方，以提醒游客注意自己的责任 ②用语人性化、灵活化，愉悦氛围下起到规范游客行为的作用
说明性标牌	说明旅游区的相关情况	①在旅游线路分别设置各旅游节点导游示意图 ②服务中心设立解说区，旅游者可通过阅读解说牌的规定，办理事宜和自觉遵守游览规则 ③可在各旅游区入口处设立平面图或导游图
解释性标识	对区域内的环境、景观等因子进行解释	①火山地质公园、红树林自然保护区等介绍该资源的背景、价值等 ②历史文化类旅游区应解说其历史文化背景 ③现代时尚运动型旅游区应重点突出其刺激性和可游性
宣传性标识	宣传主题口号，体现宣传功能	①主要设置于游客集散地、交通枢纽、旅游区出入口等处 ②语言要贴切、生动、形象

（6）旅游象征性吉祥物。吉祥物生动、有趣、形象，容易取得公众的喜爱，达到广泛的传播效果，可促进旅游地的多元化经营。海口市目前还没有旅游象征性吉祥物，可采用在广泛调查市民认可与旅游者旅游倾向的基础上，设计出能代表海口人淳朴、平易近人、热情的旅游象征性吉祥物。

（7）旅游象征人物。也可称为形象大使。将名人与海口联系起来，使其成为海口的象征性人物，并利用其影响增强海口旅游形象的感召力。可以考虑海口籍的名人作为海口市的象征人物，他们在公众中会有良好的口碑，受到广泛欢迎。此外，还可以组织一些活动，评选出旅游小姐（先生），由其通过电视及其他媒介宣传海口的旅游形象。

（8）旅游纪念品。纪念品是旅游者可以带走的能够成为旅游地实地形象传播符号和向外传播的形象符号。发掘与创新海口的旅游纪念品及特色美食，包括主要工艺品、土特产品以及种类繁多的特色小吃。可在原有基础上开发各种各样符合海口城市特色的旅游纪念品，在图案构成、字体、色彩构成上突出海口和大海、生态、文化、港湾、椰树、沙滩等方面的联系，树立鲜明的海口旅游形象。

（9）市旗、市树、市花、市鸟的确定与普及。通过各种媒体广泛宣传，并在全市各醒目地段及外派机构进行标识。

（10）旅游户外广告。户外广告包括招牌、旗帜、标识牌、灯柱广告、模型广告等。一个缺乏足够的户外广告解释系统的旅游地，不能给游客带来旅行方便和满意，从而影响旅游形象的感知。海口市在旅游宣传上对户外广告的使用过于单一。其实户外广告拥有种类繁多的载体形式，如电话亭、候车亭等街道设施；路牌、建筑物楼顶等大型户外载体；公交车、出租车、地铁、机场等交通工具；电视墙和电视显示屏等户外电子显示媒体。可以选用与消费者接触最多的如候车亭、各交通工具等载体进行宣传。

表 8-8　旅游视觉识别体系设计

旅游名称	提高其美誉度、认可度，增加吸引力
旅游标志	尚待设计
旅游标志性建筑物	尚待设计
旅游标准字体	可由名人书写或宣传策划公司加以设计，在主要道路入口处、车站、广场及旅游景区内与标志共同使用
旅游象征性吉祥物	尚待设计
旅游象征人物	尚待确定

续表

旅游名称	提高其美誉度、认可度，增加吸引力
旅游纪念品	尚待进一步设计
市旗、市树、市花、市鸟	尚待确定
旅游户外广告	招牌、旗帜、标识牌、灯柱广告、模型广告等

所有这些相关设计均可通过城市的路牌广告、地名、路名、站名、雕塑、景区门票、导游图、宣传手册、旅游纪念品、办公及公关用品、指示类应用设计、旅游地服务人员的视觉形象、建筑风格与色彩、广告条幅、彩旗、气球等加以表现，营造并强化城市的旅游形象。

3. 城市旅游视觉形象核心区设计

凡是旅游者在旅游地所到过和活动过的地方，都会影响旅游者对旅游地的直接感知形象，但这些地方所给予游客的视觉感受有所不同，有些地方，游客可获得强烈的视觉感觉，而另外一些地方的形象力可能比较弱。一般来说，旅游者在旅游地从事"吃、住、行、游、购、娱"所谓旅游六要素时，往往形成较深的旅游形象。因此，浏览区、宾馆和包含区、娱乐区、购物区等是视觉形象比较强的地方，特别是风景浏览和观赏度假区，由于其天然独特或人工设计的视觉景观而成为视觉的核心区，包括第一印象区、最后印象区、光环效应区、地标区 4 个区域。其余的地方属于视觉形象的边缘区。如果根据旅游地内部各功能区对旅游者形成视觉形象的方式和作用的差异，可将旅游地进行视觉形象的进一步划分，这样就形成了旅游地视觉形象的区位分异和空间结构[①]：

第一印象区：由形象认知的首因效应产生的，即旅游者形成旅游地形象时最初依据的旅游目的地形象的信息能使旅游者形成最深刻的印象区，这里专指在实地旅游形象形成中，旅游者最先到达（进入）城市或目的地，例如机场、车站码头、旅游景点的门景、宾馆饭店的建筑外观等。

最后印象区：该区由形象认知的后因效应形成，是游客离开目的地时，最后接触的地点，在很多情况下与第一印象区相重合。一般来说，对于首次旅游的人，第一印象区的形象意义比最后印象区小；而对于重游者而言，最后印象区的形象意义比第一印象区大。

光环效应区：该区是对城市整体形象具有决定性意义的地方，只要这些地点具备良好的形象，旅游者就会认为整个城市都具有良好的形象；反之，则破坏城

---

① 李蕾蕾. 旅游目的地形象策划：理论与实务 [M]. 广州：广东旅游出版社，1999.

市旅游形象。例如，城市中心区、重点旅游区等。

地标区：该区是旅游地中唯其独有的、成为其标志性形象特征所在的区域，它是旅游者必须到此一游的地方。地标区往往成为目的地形象指代和传播的象征，也是每个旅游者心中必须实地感知的重要区域。如上海东方明珠所在地、北京故宫所在地等。

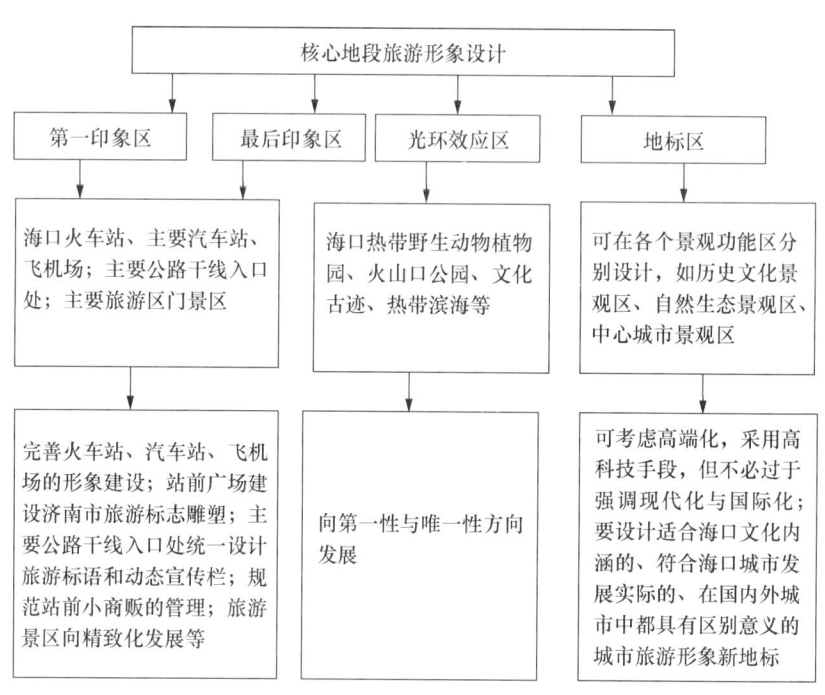

图8-5 海口市旅游核心区设计思路

（三）人—人感知形象设计

人—地感知系统主要影响旅游者的感官感受，特别是视觉感受，而旅游地的人—人感知系统则会深刻地影响旅游者的内心感受，乃至整个旅游经历的最后满意度，如果说，人—地感知设计为旅游地建立一个悦目的形象，那么人—人感知形象的设计则要为目的地树立一个悦心的形象。[①] 人—人感知形象的主要影响因素有旅游者对旅游地旅游从业人员、当地居民和政府的感知，可通过人际感知三角形模式来表示：

---

① 李蕾蕾．旅游目的地形象策划：理论与实务［M］．广州：广东旅游出版社，1999．

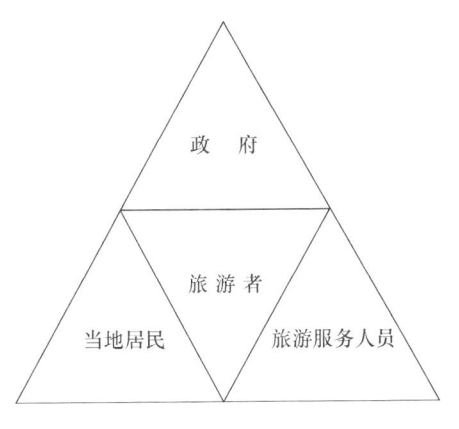

图 8-6 旅游者在目的地的人际感知三角形模式蓝图

1. 服务行为形象

服务行为包括两部分：一是一般接待服务，包括交通运输、住宿餐饮等方面的服务，涉及旅游业中的民航、车船、饭店、旅游购物品经营场所，在团队旅游中，还包括导游服务；二是景区服务，专指旅游者在旅游活动的核心环节——游览与娱乐时所接受的服务，如歌舞表演。

具体来说，可以通过强化以下两方面的服务行为来加深海口的主体印象。

服务人员着装统一，可选择蓝色作为基本色以突出海的色彩主题；提倡各级宾馆和饭店的内部陈设和空间设计突出"海口风情"（海口文化核心：开放的、国际化的、专业的等）。在宾馆饭店定级的时候，将是否体现上述"海口风情"作为其服务质量的评定指标。各类接待服务部门的对外窗口要在显著位置设立"海口风情"景观或标志。对导游人员、出租车司机以及景区管理人员进行海口当地文化知识的培训，提高其具有"海口风情"的服务水平。

同时，旅游服务质量问题也是一个较为复杂和长期存在的问题，与地区经济发展水平、经济体制、管理方式和人员素质等多方面相关，需要靠社会进步与旅游管理部门共同解决。从目前状况来看，海口旅游从业人员的学历层次普遍偏低，尤其是旅游饭店和旅游交通、旅游商贸等相关行业部门，从业人员的学历层次相对更低。高素质的从业人员是海口市旅游业发展的关键。应该加强对旅游从业人员的教育和培训，与相关院校合作，建立院校教育与岗位培训相结合的旅游教育培训基地、网络，定期对各级旅游行政管理干部、旅行社、星级宾馆、景区（点）管理人员进行轮训，强化旅行社、宾馆等管理人员资格认证，提高整体素质和管理水平，从而培养一批高素质的旅游人才。

2. 居民形象

旅游城市中，居民是人数最多的一类人，他们在城市旅游形象识别中扮演双重角色，既是城市旅游形象的感知者又是城市旅游形象的塑造者。其中一部分人从事旅游服务行业，通过服务行为影响旅游者的满意水平，但大部分居民并不直接从事与旅游者相接触的工作。他们以生活方式、语言、服饰、活动行为等成为旅游者眼中的与风景同样的观赏对象，而居民也会相应地将旅游者视为观赏对象，这样，旅游者与当地居民之间存在着相互交流与观赏，这种观赏的结果会影响到两者对对方的态度和行为。一般来说，当地居民对旅游者的态度往往随着旅游业发展的进程，产生从好奇、欢迎、热情、担心、憎畏到冷漠的变化。当地居民从外表到性格行为特征都构成一种形象，即居民形象，它是城市旅游形象系统中一个重要的、不可忽视的要素。实践证明，游客满意度与居民好客度呈正相关，友好的市民、文明的举止会提高旅游者的满意度，不但可以增加游客的重游率，而且可以通过旅游者的口头传播，进一步扩展客源。反之，则会破坏旅游地形象，影响旅游规模的扩大。

海口市居民形象的塑造要从宣传教育引导和政策法规约束三个方面入手。

首先，通过各种途径，大力开展旅游宣传，强化所有居民的旅游主体意识和参与意识，形成"人人关心旅游业，人人参与旅游业"的社会环境。通过公众媒体的宣传和引导，强化市民对海口城市旅游形象的感知程度；向公众宣传旅游发展可能带来的影响，包括负面的、消极的影响；在中小学基础教育中，增加有关海口历史文化知识的课程。

其次，建立健全相关法规，对个别居民的不文明行为进行规范和约束。城市居民的热情好客在一定程度上可以弥补游客在旅游城市未能享受到的满意服务，因此应充分发挥海口人热情好客、平易近人及淳朴的性格特征，增加公众对海口城市旅游形象建设的参与度从而增加公众对城市旅游形象建设的责任感。

最后，充分提高人文素质，包括充分提升旅游职业教育的水平与旅游从业人员的人文素养，包括提升海口市市民的人文素养。

3. *政府形象*

政府形象是城市旅游形象的代表，是旅游者对城市地方政府的综合认识而形成的总体印象和评价。它是通过政府的建筑物、领导人、公务人员、方针政策、日常施政行为等具体而客观的人与事作用于公众思想感情，而产生的一种主观的综合印象。内容主要表现在旅游综合发展规划的制订、旅游政策的制定与实施、旅游节事活动的策划与组织、旅游市场的调研、旅游产品营销与宣传、有关部门的日常办事效率及是否公正等，以推进旅游管理的法制化、健康化，为旅游业发展搭建良好的操作平台。

第二节 海口市城市道路交通旅游化改造

一、海口城市道路交通现状

(一) 城市道路交通

城市道路是城市范围内连接城市各部分的不同功能等级的所有道路(包括不同形式的交叉口、广场和停车设施等)以一定方式组成的有机整体,是城市人的活动和物质运输必不可少的重要设施。城市道路是城市的骨架,是城市交通的基础设施和各种交通工具运行的载体。

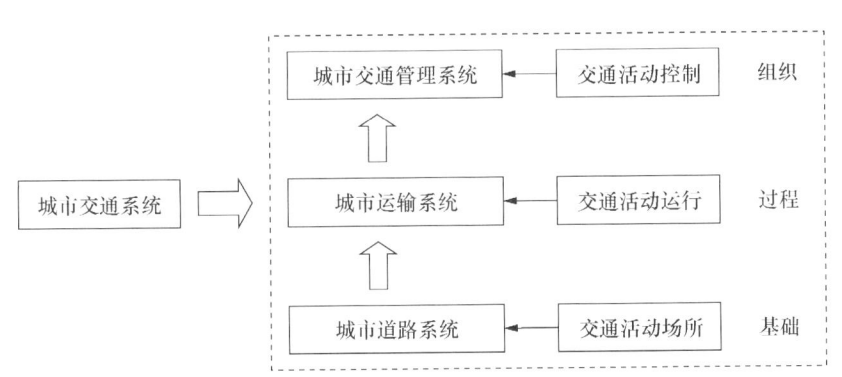

图 8-7 城市道路系统与城市交通系统的关系

资料来源:中国城市规划设计研究院《城市交通与城市道路》。

城市道路应满足不同性质交通流的功能要求,区分道路功能是合理使用道路,满足交通出行的机动性或可通达性的基础。对道路而言,机动性和可通达性是对立的,机动性以行程的连续和快速为标志,而可通达性以方便的出入为标志,不同等级的道路在满足机动性和可通达性的程度上又有比较大的差别。根据在道路网络中的功能作用和特点,对道路进行如表 8-9 所示的分类,其中,道路的等级分类是道路规划与设计的基础。

表8-9 城市道路分类

标准	名称	具体作用
等级分类	快速路	城市中设置的机动车专用道路,为长距离机动车交通提供安全、快速、高效的服务。不直接为道路两侧的用地提供服务
	主干路	在城市道路网中起骨架作用,大城市的主干路多以交通功能为主。是城市各主要分区间的中长距离交通联系干路
	次干路	是城市各分区内的主要道路,联系主干路和支路,并与主干路组成城市干道网,起集散交通的作用,可服务于道路两侧的各类用地
	支路	城市分区内直接服务于各类用地的道路,以生活功能为主,在交通上起汇集作用
功能分类	交通性道路	以满足交通运输为主要功能的道路,承担城市主要的交通流量及对外交通的联系。其特点为:车速高,车辆多,车行道宽,道路线型要符合快速行驶的要求,道路两旁要避免布置吸引大量人流的公共建筑
	生活性道路	以满足城市生活性交通要求为主要功能的道路,主要为城市居民购物、社交、游憩等活动服务,以步行和非机动车交通为主,道路两旁多布置为生活服务的、人流较多的公共建筑及居住建筑,要求有较好的公共交通服务条件
作用分类	疏通性道路	以疏通交通为目的的道路,要求畅通、快捷,快速路、交通性干道等均属于此类
	服务性道路	以服务于城市各类用地为目的的道路,通常车速较低,要求有良好的交通景观环境,并安排临时停车泊。生活性次干路、支路均属于此类
	其他专用道路	机动车以外的特殊服务对象使用的专用道路。如步行街、自行车专用道路等

(二)海口市城市道路交通现状

目前,海口市主城区内部中心组团的路网已基本成形,长流组团和江东组团却只有个别已建道路,还没有形成道路体系。南渡江以西初步形成了"三横四纵"的骨干道路网络格局:"三横"为长堤路—滨海大道、海秀路—海盛路、红城湖路—南海大道,贯穿于已有的中心组团和规划建设中的长流组团;"四纵"集中在中心组团,从西到东依次为秀英大道、丘海大道、龙昆南路和白龙路—琼州大道。南渡江以东现在有琼山大道、海文高速、机场路三条道路,与南渡江以西的海瑞大桥和南渡江大桥相连接。

根据海口市市政工程维修中心提供的数据,截至2005年年底,全市城市道路371条,总长305.29千米,面积1116.19万平方米。其中,主干道总长约110.34千米,次干路总长约83.04千米,支路总长约112千米,三者之间比例为1.33∶1∶1.35。与其他城市相比,海口市人均道路面积率为6.34平方米/人,远低于全国8.8平方米/人的平均水平;但按照建成区的面积来算,海口市道路面积率达12.22%,高于全国7.82%的平均水平。①

目前,海口市城市道路交通存在以下主要问题:

(1)组团间联系道路建设不足。对于组团式布局的城市来说,组团间的联系道路是保证城市交通正常运行的基础,是保障城市各组团按照城市分工高效运行的前提。海口的城市开发和城市人口主要集中在中心组团区,周边的长流组团和江东组团正在快速发展,组团间交通联系需求快速增长,但组团间联系道路建设没能很好跟上,应加快建设组团间联系道路的步伐。

(2)主城区对外通道不足。作为海南省会城市,海口市不仅是联系本省各地的中枢,更是省内外客货运输的集散中心,目前,海口对外通道主要有海榆中线和海榆东线,但都已达到饱和状态。随着海口市的不断发展壮大,海口主城与外围城镇"一心四轴"格局的形成,各地的联系变得更为密切,加上海南省与外省联系的加强,海榆中线和海榆东线难以满足海口市日益增长的对外交通需求,因此,要大力建设海口主城区的对外通道。

(3)部分城市道路承担的功能不合理。城市道路应按照其等级承担不同的交通流和交通功能,道路承载不合理的功能不仅不利于交通的顺畅,还会损害道路交通的基础设施,不利于城市的长足发展。目前,海口市没有专用的疏港通道,疏港交通利用城市主要市政道路进行,从而增加了这些城市道路的压力;高、快速路体系不完善,缺乏横向联系公路,使用横向干道承担过境交通任务,形成过境交通与城市内部交通的混杂;由于疏港和过境交通体系的不完善,使客运功能的城市干道承担大量货运功能,客运和货运交通相互干扰;同时,由于海口城市道路密度低,结构不完善,道路功能混乱,城市道路的建设标准与实际承担功能不匹配。

(4)部分城市道路空间的设计和使用不合理。海口市的人行道普遍较为狭窄,而且在商业区和办公区,人行道被占用来停车的现象非常普遍,部分道路上行人在机动车道上行走。同时由于机动车停车场的不足,车辆占道停车,这不仅降低了城市道路的通行能力,还造成了城市交通的混乱。

---

① 海口市城市交通规划研究报告 [R]. 2009.

（5）城市建成区的路网密度低，结构不合理。目前，海口尚未形成结构合理的、层次明晰的城市道路系统，建成区的路网密度严重偏低，仅为国标下限的60%，次干道不足，支路严重匮乏。同时，海口市目前的主干道间距离远超过国家标准，导致交通流过于集中，使得主城区的路网整体形态差，效率低。

（三）海口城市道路的交通旅游功能

城市道路的交通旅游功能是城市道路在满足城市人的活动和物质的运输需求的基础上衍生出来的，是对城市道路在旅游方面对交通出行的机动性和可通达性的强调。在交通出行的机动性方面，城市旅游要求城市具有连续畅通、快速便捷、安全舒适的交通性或疏通性的城市道路交通系统，以便让游客在最短的时间内抵达旅游目的地；在交通出行的可通达性方面，城市旅游要求城市道路交通为人们的购物、社交、游憩等活动服务，最大限度地方便人们的出行。因此，城市道路交通的旅游功能要求此类城市道路以步行和非机动车交通为主，道路两旁多布置为生活服务的、人流较多的公共建筑及居住建筑，要求有良好的景观环境和较好的公共交通服务条件。

1. 海口城市道路交通的旅游功能现状概况

海口市有12个主要景区（点），市区内有8个，市区外围有4个，目前总体上已经全部通过道路系统来组织旅游交通，市区内景点依靠城市道路联系，外围景点依靠公路联系，但景点之间缺乏直接的横向联系通道，需要经过海口市区的道路绕行。位于主城区的8个景区（点）基本都有公交线路经过，并都设有公交停靠站；位于市区外围的4个景区（点）中，其中3个没有设置公交停靠站也无公交线路经过。所有景区（点）的停车泊位全为地面画线停车，大部分景区由于目前游客不多，停车泊位基本够用，但假日海滩、琼台书院、雷琼海口火山群世界地质公园等景区（点）在节假日旅游高峰期不够用。①

表8-10 海口市景区（点）道路交通设施情况

景区（点）	公交配套	停车配套
假日海滩	有公交停靠站和公交线路经过	停车泊位为地面画线，泊位约为300个，除中秋节、端午节外，泊位基本够用。小车、旅游巴士、其他车辆停放比例为8:1:1
海南热带海洋世界	有公交停靠站和公交线路经过	停车泊位为地面画线，基本够用

① 海口市城市交通规划研究报告［R］.2009.

续表

景区（点）	公交配套	停车配套
海南热带森林博览园	有公交停靠站和公交线路经过	停车泊位为地面画线，基本够用
海口滨海公园	有公交停靠站和多条公交线路经过	停车泊位为地面画线，基本够用
五公祠	有公交停靠站和公交线路经过	停车泊位为地面画线，泊位数约80个，基本够用。小车、旅游巴士停放比例为6∶4
海瑞墓	有公交停靠站，有多条公交线路和旅游专线车直达或经过	停车泊位为地面画线，泊位为20多个，目前基本够用。小车、旅游巴士停放比例为4.5∶5.5
秀英炮台	有公交停靠站和公交线路经过	停车泊位为地面画线
琼台书院	有公交停靠站和公交线路经过	停车泊位为地面画线，不够用
海南灵山寺文化观光园	有公交停靠站和公交线路经过	停车泊位为地面画线，基本够用
雷琼海口火山群世界地质公园	无公交停靠站和无公交线路经过	停车泊位为地面画线，泊位大约180个，一般基本够用。小车、旅游巴士、其他车辆停放比例为7∶2∶1。黄金周客流高峰期，泊位不够用时会向景区球场和绿色长廊等地安排临时泊车
海南热带野生动植物园	无公交停靠站和无公交线路经过	停车泊位为地面画线，泊位数为120个，基本够用。小车与旅游巴士停放比例为8∶2
东寨港国家自然保护区	无公交车站、无公交停靠站和无公交线路经过	停车泊位为地面画线，基本够用

资料来源：《海口市城市交通规划研究报告》。

2. 海口城市道路交通旅游功能的现存问题

第一，城市旅游道路交通网不成体系，景区（点）间的可通达性不足。海口主城区与外围乡镇旅游景区间的联系道路质量不高，外围城镇之间缺乏联系道路，各旅游景区（点）间的可通达性和可进入性较差。

第二，城市旅游交通配套设施不足。目前，海口部分景区无直达的公交线路和旅游专线，有的景区缺乏停车设施，满足自驾旅游的汽车营地和汽车旅馆缺乏，汽车维修站、加油站等的布局不合理。

第三，城市旅游道路交通信息缺乏。目前海口未制定城市旅游标识标准，尚未形成完整的城市旅游标识系统体系。同时，城市道路的旅游景区缺乏标识，路线指引、旅游地图等道路交通信息不详细，很多景区（点）缺乏住宿、餐饮等准确的、全方位的旅游信息。

第四，城市旅游车辆管理有待完善。海口市汽车运输是国营、集体、个体客运并存，管理模式混乱，有待完善，部分车辆有乱停、靠乱、拉客等现象，影响海口市整体的旅游形象。

第五，城市旅游交通方式缺乏海口特色。海口城市道路绿化单一，缺乏体现海口热带、滨海特色的旅游景观通道，未能充分利用水上交通工具，发展水上旅游观光项目。同时，出租车外观缺乏设计，部分车辆存在脏、破、旧现象，没有很好体现海口都市特色。海口城市道路景观的可观赏性有待进一步提升，根据不同道路的特色制定道路景观，注重保护老城区街道的原貌。

二、城市道路交通旅游产品设计

海口城市旅游发展中，要弥补其城市道路交通旅游功能的不足，除科学规划城市道路建设，加大道路硬件设施的投入，完善道路交通管理体系等软件设施外，还应将城市道路按照交通旅游产品进行设计和打造，在充分满足城市道路交通的机动性和可通达性要求之外，也不断满足日益发展的城市旅游的需要。

（一）交通旅游产品的概念解析

在旅游业高度发达的今天，道路交通除了具有为旅游者提供空间移位的基本功能外，在某种程度上还具有满足旅游者的旅行、游览和娱乐的多重特殊功能。别具特色的道路交通系统建设，将交通与自然、人文景观相有机融合，此时的交通系统不仅具有旅游媒介功能，而且也成为旅游对象。在这种意义上，道路交通工具和设施通过异化过程具备了成为旅游吸引物的特性，成为交通旅游产品。根据交通资源的分类，可将交通旅游产品划分为交通工具吸引物、交通道路吸引物、交通桥梁吸引物和交通站点吸引物四类。①

城市交通道路在景观化过程中，实现从单一交通功能向交通、生态、游憩和保护等复合功能的转变，成为城市旅游吸引物，也即城市道路交通旅游产品。城市交通道路主要包括城市内可景观化开发和利用的风景道、游步道、遗产廊道、风景小道、风景公路、自然风景路、绿道、历史路、文化线路等，可用"城市风景道"加以统称。"城市风景道"指具有城市交通运输和景观欣赏双重功能的通

---

① 唐婷婷．依托成都市交通资源的交通旅游产品开发研究［D］．西南财经大学硕士学位论文，2009．

道，各种具体形式的风景道路包括风景小道、绿道和公园道、风景路和自然风景路、遗产廊道和文化线路等。"城市风景道"可将分散的点、面状的景区景点串连起来，是一种很好的线性城市旅游开发模式，是对点、面状城市旅游开发模式的补充和完善，从而形成整体产品和品牌，具有整合城市旅游资源和营销推广的作用。

（二）城市道路交通旅游产品的设计

1. 城市道路交通旅游产品的设计原则

在进行城市道路交通旅游化设计时，应将交通设施的规划设计与道路景观相结合，以达到交通需求与景观效果的协调，实现多元设计要素整体共生与互补，从而使整体城市道路交通设施的功能最佳化，形成动态的风景线，并最终使其与大地景观形成一体化的无缝拼图，使游客得到如诗画般的美好体验。城市道路交通旅游产品的设计具体要遵循以下几点原则[①]：

第一，景观和绿道意识。绿道是连接公园、自然保护地、名胜区、历史古迹与高密度聚居区的开敞空间，包括所有可供行人和骑车者进入的自然景观线路和人工景观线路。绿道是 21 世纪户外开敞空间规划的主题，它不仅可以为人类的游憩活动提供空间，还能对自然和文化遗产的保护起到促进作用。因此，在城市旅游化设计中融入景观和绿道意识，充分发挥其生态、游憩、文化和旅游功能。

第二，把握"文脉"的原则。城市道路是地区文化的载体，融交通性、生活服务性、观赏性为一体。城市道路是组织城市景观的宏观骨架，是居民观赏城市景观的重要场所；城市街道景观是城市景观的微观组成，是体现城市景观和历史文脉的宜人空间环境。因此，在城市旅游化设计中应从城市自身的性质、地域背景、气候条件出发确定景观形成的重要街区和主要道路，制定正确的城市道路景观引导基准，以促使城市道路设计、改造、更新过程朝着有序、健康的方向发展。

第三，富有人情化。城市是人的城市，道路作为城市空间的重要组成部分，既是交通运输的通道又是人们户外活动的重要场所，是定向的交通与不定向的人类活动的统一体。因此，城市道路交通旅游产品的设计应从使用者的利益出发，表现出人性的关爱。具体来说，可从以下几个方面体现人情味：无障碍设计、亲切而充满情趣的铺装景观、有序高效的标识系统、方便而美观的停车设施等。

2. 城市道路交通旅游产品的设计内容

对城市交通道路系统而言，道路旅游产品的设计关键是兼顾通畅机动性、可通达性和景观性，要保护城市的自然环境和人文环境，协调资源，进行可持续发

---

① 张芳芳. 交通旅游产品设计研究 [D]. 中国海洋大学硕士毕业论文，2008.

展。总的来说，城市道路交通旅游产品的设计包括形象定位设计、植物空间设计、服务设施规划设计、声景学设计等。

其一，形象定位设计。要对城市交通道路旅游产品进行正确的定位，根据城市交通道路的背景景观和自然环境的协调性，在设计过程中要使道路两旁自然景观变化有序，构成丰富、独特的自然景观。同时，随着区域的迁移，城市道路还应与多元文化相融合，形成亮丽的文化景观。

其二，植物空间设计。植物空间设计主要指地理植被种类的选择，为最好地保护本地生物的多样性，在选择景观植物时应首先考虑本地物种。具体地段植被的处理手法结合当地的历史文化背景和地理地貌特征，分别采取"保育"、"放任"、"更替"等不同的处理方式。

其三，服务设施规划设计。为满足旅游者游憩服务的需求，应强化城市交通道路沿途游憩服务设施的规划设计。在城市交通道路沿途主要景点和重要节点规划设计游客中心、物资提供站、加油站、维修站、汽车租赁服务站等一系列游憩服务接待设施和基础设施；建立交通道路的信息交通标识系统和深动、鲜活的解说系统；设计各景区景点的进入通道、二级自游步道和停车场，并构建完善的城市交通道路及自然游径体系。

其四，声景学设计。声景学设计要尽可能地保全和培育自然声音和景色的要素，把"安静空间"和"热闹空间"合理分区，使来往游客各取所需。同时，要充分考虑声音景色和其他环境要素的协调，可以在原有的声景观中设计添加新的声景要素；或对声景观中与环境不协调的，不必要的、不希望听到的噪声要素去除；或按原状保护和保存，对该声景观不做任何更改和变动。

(三) 海口城市道路交通旅游产品现状

海口道路依托城市深厚的历史文化和美丽的热带海洋自然景物，可供景观化开发和利用的道路很多。一些道路已经进行了不同程度的开发和利用，具有较强的旅游吸引力。

首先，海口道路的名字是很有特色的，名称大有来历，文化内涵丰富，深具旅游开发价值。如博爱路，因纪念孙中山先生的"博爱"精神而得名；中山路，据传说，当时该路中段建筑一凉亭，孙中山先生来海南时曾在此亭休息，故而得名；得胜沙路古称"外沙"，道光年间黄开光率兵战胜贼寇于此，易名为"得胜沙"。[①] 而椰林大道、海涛大道、世纪大道、港澳大道等则充分体现了海口的自然风景和时代新气息。

其次，就目前状况来说，"椰风海韵"风情大道的旅游产品开发是比较成功

---

① 谢桑怀．海口骑楼老街：天涯百年沧桑的守望者 [J]．中华建设，2011 (11)．

的,该大道根据其海岸的功能特色和景观风貌划分为主题不同的四段,层次分明地展现海口的热带生态风貌,民族文化风情、时代脉搏和现代景观技术的融合统一,吸引了众多旅游者的眼球。"椰风海韵"风情大道作为一条道路,最重要的当属它的交通连带作用。通过既有的知名旅游资源的带动作用,激活潜在旅游资源的开发与利用。

最后,海口传统历史文化街区旅游产品开发的成绩也是可喜的,海口旧城骑楼特色街区比较完好地保留了中西艺术结合的精华——骑楼建筑群,琼山府城历史文化街区是琼山府城的历史文物古迹及传统民居的主要载体,街道格局基本保持了历史原貌,并拥有琼台书院、五公祠等著名古迹,两大传统历史文化街区已经成为海口城市旅游的重要目的地。

滨海大道等是海口比较有特色的景观道路,但是由于开口密集,绿化形式单调,路面老化,设施破损,两侧建筑空间特征和建设标准参差不齐等原因,它们的整体风貌和建设细节都不足以成为独特的景观道路和旅游产品。海秀东路是海口的商业中心,商业氛围十分浓厚,但其游憩功能不足,加之部分建筑较为陈旧,街道景观不佳,还没能成为海口吸引游客的拳头性旅游产品。总体而言,海口交通道路的旅游开发和景观化利用需要进一步做出设计,重点突出每一条道路的特色,使其与周围背景景观相协调,起到衬托景区点的作用。

三、海口城市道路交通旅游产品化设计思路

海口交通道路旅游资源的开发大体上是比较成功的,但不同的道路设计应根据其自身的特色和周围的景观展开。要继续深度开发滨海步行道等城市交通线路旅游资源;强化海口外围景区(点)的交通可通达性,建设与城市快速交通系统相连接的旅游通道;打造海口旅游景观路系统;建设滨海(东海岸、西海岸各一段)、滨江游步道系统。同时,拓展城市道路的人行道,并使它们可以全线连续、协调可用,体现"以人为本",改变过去仅考虑"行车"的需要。增加沿线参与性的旅游项目,丰富旅游体验的内容。在对交通道路准确定位的基础上,为其增加特色景观,赋予人性化的绿化。

以城市旅游发展为导向进行道路交通的整治改造,对主要的特色道路进行旅游化改造时,应提出严格的规划控制要求,把城市道路交通要道作为旅游吸引物来打造,实现城市道路规划建设与旅游景区景点开发一体化,达到"建一物、添一景"的建设效果。道路交通旅游化景观改造,应突出海口热带景观特征,有条件的地方建设热带特色树种道路,打造"一路一景"。

(一)打造滨海景观道路的旅游产品

滨海地带是集中体现海口城市风貌的重要窗口之一,这里融汇了海口众多的

知名景点，旅游吸引物相对集中，滨海大道就像一条美丽的彩带将它们有机地串连在一起，形成了完整的风景长卷，向游人充分展示出海口更为独特和迷人的热带海洋文化及民族风情。另外，滨海大道也通过滨海地带的旅游化改造带动城市周边地区旅游的发展，扩充城市旅游的产品形式。如果能够进行科学开发和管理的话，还可以在条件允许的情况下发展海洋农业和工业旅游，使城市旅游业朝全方位的方向发展。

滨海景观道路的建设要重点体现城市旅游、海洋生态和本土文化。首先，使交通运输为主的道路空间成为百姓活动的公共空间，将城市公共活动引向滨海景观道路两侧，让公共、娱乐、休闲等性质成为滨海景观道路最重要的旅游价值。其次，增加城市的热带滨海体验和视觉感知的标识系统，打造具有热带浪漫气息的绿化环境，提供有影响力和代表性的公共艺术品，展示海口的海洋文化和民族文化。最后，构建安全高效、多样的道路交通系统，配备与城市特色资源利用方式相适宜的交通服务支持系统，并营造夜景灯光，完善旅游服务配套设施。

要着力打造"椰风海韵"风情大道。依托东海岸原生态的滨海景观资源，把"椰风海韵"风情大道打造成海口市环境一流、设施一流、绿化一流和雕塑一流的海滨旅游风景线，使之成为展现海南岛热带椰岛形象的标志性景观。以广阔的海面为远景、连绵的沙滩为中景、高大的椰树为近景，展现海南岛自然天成的特色景观，为游客还原一个真实的、形象的，充满阳光、椰树、海风的海南岛。

（二）开发多样性的主题街区

主题街区是指多功能、多业种、多业态的游憩和商业集群体，它由许多金融、餐饮、商品、服务等小型零售网点，以及休闲娱乐设施共同组成，在文化、业态、产品和规划设计上围绕特定主题展开，并且按照规划进行有序排列的一种城市功能形态，也是对本地居民和游客具有共同吸引力的公共空间。与主题街区相比，传统的商业街更加强调其交易功能，而主题街区是在游览、休闲的基础上融入购物、消费等成分。从某种意义上来说，主题街区正是由于商业街迫于竞争的压力，开始追求个性化、凸显主题化，逐渐呈现业态和功能上的多元化趋势，从而进入另一个发展新阶段的产物。①

主题街区是在城市道路交通上发展起来的旅游产品之一，是城市旅游的重要吸引物。随着城市经济的不断发展，人们的生活水平也随之不断提高，人们需要利用一些道路和场所来满足放松、休闲、消费的需求，而城市也需要通过开发新的旅游吸引物来增强旅游吸引力，于是主题街区应运而生。主题街区的发展不仅

---

① 吴必虎，张欣梅．城市主题街区初探——基于多学科研究思索［C］．都市旅游国际会议论文集，2006．

有利于城市空间的重新布局,促进城市旅游功能的提升,更有利于城市旅游形象的凸显,增强城市的知名度,从而为城市旅游的进一步发展提供十分有利的条件。

海口目前有三大特色街区:海秀东路商业游憩区、海口旧城骑楼特色街区、琼山府城历史文化街区。① 其中,海口旧城包括博爱路、解放路、中山路、新华路、得胜沙路等南洋风格街道,街道两侧皆为骑楼式建筑,骑楼建筑特色保持得比较完好,各建筑立面、柱体、墙面图案、女儿墙具有很高的建筑艺术和旅游价值。府城历史文化街区为琼山府城的历史文物古迹及传统民居的主要载体,街道格局基本保持了历史原貌,并拥有琼台书院、五公祠等著名古迹,是海口旅游的重要目的地。街区的主题侧重于商业购物和历史文化方面,总体的主题不够丰富多彩,特色指数有待提升。并且,以商业为主题的街区存在商业氛围浓厚但游憩功能不足,以及新旧建筑风格和功能不协调的发展问题,而以历史文化为主题的街区中掺杂了许多杂货店、服装店等,整体的环境和谐优美度,以及文化品位度有待进一步提高。

对此,要开发具有较强吸引力的城市道路旅游产品,应该在主题街区上多下功夫,多样化开发符合城市旅游以及城市居住的主题街区。"主题"是主题街区的卖点,是主题街区吸引旅游者的重头戏,是主题街区的灵魂,也是贯穿整个街区建设项目始终的主线。② 因此,在开发主题街区之前要选择合适的主题,或挖掘本地的历史文化,或移植异地街区主题。海秀东路商业游憩区属于商业休闲类,可以参考借鉴香港铜锣湾、北京王府井、上海南京路、天津滨江道商业街等城市商业游憩区的设计手法,使之成为商品丰富、游憩功能齐全的综合型的商业游憩区。随着海口市社区生活空间的相对隔离,城市居民和游客对休闲、娱乐及其他居住文化需求的不断增加,海口市应多开发以休闲娱乐作为主题的街区,将音乐文化、艺术文化、吧文化、影视文化、餐饮文化等多种素材融入街区之中,使之成为城市休闲旅游的理想场所,可借鉴上海新天地、北京三里屯酒吧一条街、天津南市食品街等的优秀设计方案。除了要保持街区内舒适、安全、休闲的道路交通环境,还要保持主题街区与城市其他区位之间便捷通畅的道路交通,增加街区的可进入性。城市交通道路在成为旅游目的地的同时,也要充分发挥其疏通人物流和生活服务的功能,实现主题街区与城市道路交通以及城市旅游的联动发展,互利共赢。

现代旅游业的产生和发展与现代道路交通业的发展是紧密相连的,无论是旅

---

① 海南国际旅游岛海口市旅游发展总体规划(2010~2020)[R].2010.
② 刘文蕾.主题街区对城市旅游的影响研究——以天津为例[D].天津商业大学硕士毕业论文,2011.

游的三大支柱——旅游交通、旅游饭店、旅行社,还是旅游消费的六大要素——吃、住、行、游、购、娱,都离不开旅游道路交通的支持。旅游道路交通除为旅游者提供基本的空间位移服务,加快旅游速度,缩短旅行时间,降低旅行费用外,还应当具备满足旅游者体验、游览和娱乐需要的多重特殊功能,使旅游成为大众化的活动,提高旅游舒适度,使旅行过程本身成为一种享受。各种新型道路交通工具的出现和发明,以及风景道、历史文化街道等的修建和开发,逐渐发展成为既能满足旅游者的物质享受,又能实现精神文化观赏价值的旅游道路交通吸引物。

第三节 海口市城镇旅游化改造

一、城镇旅游化理论分析

（一）相关概念界定

1. 城镇的概念

城镇是其所在地区的中心和集中点,是以非农业生产活动为主,并有一些非生产活动（行政、文化等）的一种居民点。

我国现行建制镇的设置是1983年国务院开始制定的。建制镇（包括县城）是属于县领导的行政单位,工商业和手工业相对集中,聚居人口在3000人以上,其中非农人口占70%以上,或聚居人口在2500人以上不足3000人,其中非农业人口占85%以上,在少数民族地区和边远地区,设镇标准可适当降低。1984年国务院批转民政部《关于调整建镇标准的报告》,对设镇标准作了如下调整：

凡县级地方国家机关所在地,增多应设置镇的建制。

总人口在2万人以下的乡,乡政府驻地非农业人口超过2000人的,可以建镇。

少数民族地区、人口稀少的边远地区、山区和小型矿区、小港口、风景旅游地、边境口岸等地,非农业人口即使不足2000人的,如确有必要,也可以设置镇的建制。

凡具备建镇条件的乡,撤乡建镇后,实行镇管村的体制；暂时不具备设镇条件的集镇,应在乡人民政府中配备专人加以管理。①

---

① 白鹤松. 黑龙江省小城镇建设研究［D］. 东北大学硕士学位论文,2002.

城镇作为城乡结合部的综合体，是镇域经济、社会、文化的中心。按照费孝通先生的定义，"小城镇是由乡村中比乡村社区高一层次的社会实体组成，这群社会实体是以一批并不从事农业生产劳动的人口为主体组成的社区，从地域、人口、经济、环境等因素，他们都具有与乡村社区相异的特点，又都与乡村社区保持着不能缺少的联系"。对于小城镇，袁中金将其看成一种城乡过渡体，认为，"城市和乡村是性质不同的两种社会，经济与景观实体，两者在空间上具有比较明确的管理界限。但是城市与乡村均是动态变化的，两者存在着发生学上的联系——乡村不停地在向城市转换。在这一转换过程中，存在一种中间状态，即城乡过渡体，这一过渡体的形式有小城镇和城乡交界带等，其中小城镇是主体和代表。"① 城镇实际上是城镇化过程当中，具有一定经济、社会、文化聚集能力，但聚集能力弱于城市的特定区域。一般而言，一些城镇随着经济的不断发展，有可能逐渐演变成为一个城市；而一些城镇随着经济的衰落，丧失了基本的聚集功能，可能会逐渐退回到乡村的形态。从这个意义上讲，城镇可以说是一种过渡体。但并非所有城镇都是如此，例如，一些旅游小城镇，依托其具有一定独特性，甚至是垄断性的旅游资源，可以长期保持一种相对稳定的聚集能力，保持一种发展的均衡状态，它们不一定发展成为城市，但是也不会退回到村庄的状态。

从世界范围看，各国确定城镇或城市地区的标准大相径庭。按照美国的标准，只要一个区域的聚居人口达到2500人以上，而且那里的大部分劳动力从事非农业生产，那个地方即称作城市。欧盟则使用卫星照片根据土地使用类型决定哪里是城市，哪里是乡村，一般以每个建筑物的间距不超过200米的一群建筑物所在地区就是城市。从中国的情况看，城镇的总人口规模一般在几万人左右，聚集中心的镇区人口一般在几千人左右。按照这一标准，许多发达工业化国家的城镇几乎算不上城镇，因为那里人口不多，甚至具有明显的乡村景观。如果仅从人口聚集居住来讲，而不考虑基础设施和公共设施状况，我国东部和中部地区的绝大部分村庄几乎相当于发达工业化国家的一个城镇。当然，我国城镇的大小差异很大，比如，像广东东莞市的虎门镇，人口接近百万，实际上已经是一个中等城市的构架。②

目前，我国对于城镇的理解，一般包括四类范畴：一是小城市（人口小于20万的城市，主要是县级市）；二是县城（含县政府驻地的城关镇）；三是一般建制镇；四是集镇（指乡、民族乡人民政府所在地和经县级人民政府确认由集市发展而成的作为农村一定区域经济、文化和生活服务中心的非建制镇）。

---

① 袁中金. 中国小城镇发展战略［M］. 南京：东南大学出版社，2007.
② 曾博伟. 中国旅游小城镇发展研究［D］. 中央民族大学博士学位论文，2010.

2. 旅游城镇的概念

首先,旅游城镇作为城镇的组成部分,与前述城镇的外延应该一致。除此之外,需要界定旅游业在城镇发展中的地位达到何种程度方可界定为旅游城镇。

蒙睿(2002)认为,旅游城镇主要指专业化程度高的城镇,即区域内现实的或潜在的旅游管理中心、旅游交通中心、旅游服务中心和旅游景点集中分布区,旅游业在城镇经济系统中处于支柱产业地位或作为支柱产业来培育发展的城镇。张俊峰(2003)认为,旅游城镇指那些能吸引外来游客的小城镇。一般来说旅游城镇的旅游资源比较丰富,有一定接待能力的小城镇基础设施,在区域旅游市场上形象比较鲜明,特别是旅游经济在小城镇 GDP 中所占的比重要有持续增加的可能。黄金火、马晓龙(2005)定义了旅游资源性城镇,即旅游资源分布广泛、城镇形象和对外认知形象的形成主要依赖其旅游资源和产品,城镇经济发展依赖或受制于旅游资源程度高、居于主导地位的城镇。李柏文(2008)提出,狭义上讲,旅游小镇是指旅游资源丰富,具备一定接待能力,旅游业成为城镇经济发展的支柱性产业或至少占有重要地位,是城镇对外认知形象的重要组成部分的小镇。

从上述定义看,旅游经济和旅游形象被看作旅游城镇的两个重要组成部分。广义上的旅游城镇,是拥有较丰富的自然、人文旅游资源,能提供相应的观光、休闲或者商务服务,存在一定旅游经济活动的城镇。按照这一定义,许多旅游经济规模较小但有发展前景,或者旅游业刚刚起步的小城镇也可以纳入旅游小城镇的范畴,这有利于有一定旅游条件的城镇根据市场需求变化不断提高旅游业在小城镇经济中的地位。狭义上的旅游小城镇,是拥有独特或者较高品位的自然、人文资源,观光、休闲或者商务旅游活动频繁,旅游经济居当地经济绝对主导地位或者主要地位,旅游业对经济社会文化发展带动明显的小城镇。按照狭义的定义,旅游小城镇首先包括旅游业占绝对主导地位的小城镇。在这些地方,旅游经济一般占当地经济的 50% 以上,比如安徽黄山的汤口镇、湖南衡山的南岳镇,其旅游经济占当地经济的比重甚至达到 80% 以上。

其次,旅游城镇还应该包括旅游业居于主要地位,即旅游业属于当地几大支柱或者重要产业之一的小城镇,同时这一定义还囊括了一些旅游业虽然发达,但是由于镇域经济总量很高,旅游业难以占到当地经济很大比重的小城镇。比如,东部有的旅游小城镇,其旅游收入可能已经超过 10 亿元,但是由于其经济总量超过 100 亿元,旅游经济占地方经济的比重甚至不到 10%;而在有些西部地区的旅游小城镇,虽然旅游经济占地方经济比重达到 50% 以上,但是其旅游收入也许不过几千万元。因此对旅游小城镇的界定要兼顾相对和绝对的指标。①

3. 城镇旅游的概念

2006年5月，全国旅游小城镇发展工作会议提出了"在有条件的地区积极发展旅游小城镇"的目标，城镇旅游开发及研究逐渐提上日程。城镇旅游指依托城镇良好的生态环境，以小镇田园风光、村镇特色建筑、地方民族习俗等为吸引物，以城市居民为主要目标市场，通过创新策划、规划设计、开发组合成旅游产品，提供城市居民观光游览、休闲度假、康体娱乐、学习和购物为一体的旅游活动。②

（二）城镇旅游化的内涵

城镇旅游化是以发展旅游业为前提，以市场需求为导向，以旅游资源为核心，以发挥、改善和提高旅游资源对游客的吸引力为着力点，有组织、有计划地对旅游城镇旅游资源加以利用的经济技术系统工程。换言之，就是城镇的发展以旅游资源开发、旅游产品构建为核心，以旅游业为龙头和支柱，同时抓住机会大力发展旅游相关产业，自觉或不自觉地形成旅游产业综合服务体，从而带动城镇社会整体发展。具体内容可从以下几个方面来理解：

第一，城镇旅游化的最终目的是发展城镇旅游业，从而促进城镇自身的发展。城镇旅游化不但能够促进城镇旅游业的发展，赚取外汇，回笼倾向，扩大就业，调整产业结构，带动相关部门行业发展，促进旅游城镇的经济腾飞，而且还可以促进地区间和民族间的经济技术合作和文化交流。此外，对推动城镇化进程更是具有举足轻重的意义。如果进行科学合理的规划，还可使自然资源和生态环境得到必要保护。

第二，以市场为导向，以发挥、改善和提高旅游资源对游客的吸引力为着力点，通过生产加工使其变成旅游吸引物，是城镇旅游化的实质。城镇旅游化是要发挥资源的各种旅游功能，增强对游客的吸引力。

第三，城镇旅游化还是一项有组织、有计划的经济技术系统工程。在开发方面，不仅要考虑旅游资源的个体开发，还要对旅游设施、旅游服务、旅游环境等方面进行统筹兼顾，使旅游资源开发与旅游活动相关方面相互适应、协调发展。在开发效益方面，不能只考虑旅游经济效益的大小，应同时论证开发所带来的社会效益和生态效益，只有三大效益同时具备，才能实现旅游城镇资源的可持续利用。在开发进程上，必须规划在先，实施在后，要有计划、有重点、有层次地展开，逐步拓展功能，科学合理地利用资源。

---

① 曾博伟. 中国旅游小城镇发展研究［D］. 中央民族大学博士学位论文，2010.
② 黄蔼. 大中城市边缘小城镇旅游开发研究［D］. 厦门大学硕士学位论文，2008.

二、海口市城镇旅游化现状

（一）海口市城镇概况

1. 行政区划

2002 年，国务院进行了行政区划调整，将原海口市和琼山市合并为新海口市，行政建制相应调整为市、区、街道（镇）、居（村）民委员会四级管理体制。新海口市域总面积为 2304.8 平方千米。

海口市下辖四个区：秀英区、龙华区、琼山区、美兰区，区下设 23 个镇，18 个街道办事处，138 个居民委员会，248 个村民委员会。同时，海口市辖区内还有海南省农垦总局的若干个农场，由于这些农场由海南省农垦总局直接垂直管理，在行政上不隶属海口市，驻地的自然地理情况与周边镇相比较差，经济发展水平类似，因此参照《海南省城镇体系规划（2001~2010）》的提法，将这些农场称为"虚拟镇"，资料统计时将其列入，但空间布局时暂不考虑。

2. 城镇规模

2009 年年末海口市户籍人口 158.24 万人，常住人口 187.8 万人，占全省总人口的四分之一以上，是海南省人口最为密集的行政单元。

2002 年 10 月，国务院批复同意海口市行政区划调整，将原琼山市纳入，新海口市人口由 80 万人增加到 180 多万人。行政区划调整不仅让海口城市获得更大的发展空间，同时也为海口旅游产业的做大做强、旅游中心城市服务功能的提升提供了更为广阔的资源与环境基础。2004 年，琼山市旅游指标纳入新海口市一并统计，海口旅游发展的腹地从北部滨海城区走向南部内陆。

表 8-11 海口市城镇规模

等级	规模类型	数量	名称
中心城市	180 万人	1	主城区
建制镇区（二级中心城镇）	1 万~2.5 万人	10	永兴、东山、新坡、龙塘、云龙、红旗、旧州、三门坡、三江、大致坡
大型居民点（集镇）	1500~5000 人	13	石山、美安、遵谭、龙桥、十字路、美仁坡、新民、甲子、大坡、演丰、演海、咸来、谭文

资料来源：《海口市城市总体规划（2006~2020）》。

3. 现状城乡关系主要特征及形成原因

（1）城镇体系等级结构非完整。市域城镇体系框架初步形成，基本形成了由市和建制镇组成的非完整的两级等级结构的城镇体系。其城镇体系等级结构缺乏中间层次，原因在于海口市作为中心城市发展水平较高，是海南省的首位中心城市，但其市域内没有较为大型的二级中心城镇作为中间层次，因而发展水平普遍较低的广大建制镇直接作为市域内的二级中心城镇。尽管从市域城镇空间布局方面来讲，城镇体系框架初步形成，但从经济联系上来看，各城镇与海口市之间由于缺乏中间层次，城镇之间并未形成产业协作，经济促动关系尚未形成，其城镇等级结构呈两极分化。

（2）城镇规模偏小，小城镇发展水平低。2005年底，在海口市域范围内的建制镇密度为1.04个/百平方公里，密度已经超过大陆东南沿海地区的较高水平，但人口规模偏小，主要农业镇平均人口为27148人，基本属于全国建制镇人口规模的中下游。镇区人口超过3万人的10个城镇有5个分布在海口市建成区周边5~10公里范围内，其中2个城镇（府城、城西）的建成区与海口市建成区实际上已经连为一体，另外3个城镇（长流、西秀、灵山）在《海口市城市总体规划（2006~2020）》中被纳入主城区，那么其余城镇的规模小型化现象就更加突出了。海口市域城镇体系从等级结构上来看就不够完整，规模结构偏小更不利于其发挥二级中心城镇的作用，对广大乡村腹地的带动作用不够明显。

海口的城镇体系，原来是一个建立在农业生产和农产品加工基础上的、城市化水平较低且均衡分散的体系。市域内现有城镇，多是由墟镇，即乡村集市发展而来，小墟镇发展较快，数量较多，分布较广。

海口市（当时的琼山市）经过2000年以来的撤乡并镇，布局上基本形成了市—建制镇两级市域城镇体系，但是由于海口市的城市发展属于以外资、旅游产业带动的"外力推动式"，市域内大多数城镇还尚未由低水平农业服务经济中转型，无论在增长方式还是在增长速度上，与海口市都不在同一个层面。

（3）城镇职能单一。海口市的23个建制镇，除邻近或与中心城连接的几个镇，如府城、城西、长流等外，其余基本属于农副产品加工集散型。这种单一的职能结构有其历史原因，海口市现有城镇多是由乡村集市发展而来，城镇职能大多为低水平的农产品加工、贸易，基本属于农副产品加工集散型城镇。尽管海南省建省以来，海口、三亚等几个发展极核在外力推动下发展较快，但是海口行政区划调整前市域范围过小，不具备辐射对象，对广大内陆城镇的带动不够，于是广大内陆城镇的发展基本属于自下而上的自然增长型，其职能结构也就以农副产品加工集散型为主。由此可见，我国普遍存在的城乡差别现象，在海口不是体现为城镇与乡村的差别，而是海口中心城与包括各城镇镇区的整个市域的差别。

（4）城镇空间分布不均衡。城镇空间分布密度总体表现为由北向南呈梯度递减；以毗邻主要交通干线为比较，城镇分布密度总体表现为由主要交通干线向腹地呈梯度递减。影响海口市域城镇分布的主要因素在于地理状况、区位和交通条件，北部地区多为平原，经济发展水平较高，城镇分布较为密集；南部多为山林地，经济发展较缓慢，城镇分布较为分散。

（5）结论。海口市的城乡关系是典型的城乡二元结构关系。海口市的城镇体系不是结构鲜明、分工明确的城镇体系系统，而是发育程度普遍较低、发展特色相似的小城镇群和一个大城市组成的两级城镇体系架构。①

（二）海口市城镇旅游化发展现状及存在的问题

由于集镇的规模小，经济实力和旅游资源相对薄弱，不具备旅游化改造的基础，因此，在本书中，除非另有说明，城镇体系的范围限定在海口市的二级中心城镇（建制镇），不包含集镇。

海口市的城镇体系是以"四轴"（指由主城区为中心放射出的四条城镇发展轴，10个建制镇区构成四条城镇发展轴上的重要节点）格局发展起来的一个区域。本区内旅游资源类型丰富、相对集中；区位优势明显，交通便利；基础设施优良。因此，本区域的基础条件和现有发展水平以及今后发展潜力都为旅游化的发展和旅游城镇体系的构建提供了有力的保障。

但是，由于缺乏科学有效的区域旅游规划，在旅游城镇体系的建设上还存在许多问题，主要表现在以下几方面。

1. 认识不到位

城镇旅游化不仅提升当地的发展水平，更直接的经济效益是提高当地的财政收入和人们的收入水平。在投入与产出面前，有些地方官员片面看待基础投入，一味地追求旅游产品的出新出奇。这种认识忽视了城镇旅游化为当地居民提供社会经济利益，为当地居民提供商机的原则，丧失了"以人为本，为人服务"的基本原则，抹杀了两者的共同目标，对当地实现跨越式发展产生了一定影响。城镇旅游化改造也是建设的过程，没有必要的基础投入，旅游资源和产品再新再奇，也不能转化为竞争优势和竞争力，更难体现出经济效益。

2. 产品开发不利

海口市城镇旅游目前的旅游产品以热带风光和民俗风情为主，抓住了旅游资源优势，也符合旅游市场需求趋势，但总体看来，海口市城镇旅游产品的开发存在以下一些问题：①旅游产品比较单一，旅游产品以资源初级开发型为主，文化内容的深度发掘和市场导向不足，对游客难以形成强大的吸引力；②现有旅游产品多为初级观光产品，缺乏参与性和趣味性，旅游体验过程中的兴奋点较少；③旅游产品开发缺乏完整的旅游规划指导，开发建议呈粗放状态，粗放经营、档次不高，同时，盲目开发建设造成对生态环境和景观的破坏；④倾向于一次性投

---

① 《海口市城市总体规划（2006~2020）》.

资的旅游产品，忽视对旅游产品的投资补充与再开发，缺乏长线旅游产品。

3. 资源开发不合理

目前，海口市城镇旅游仍以传统的观光旅游为主，度假型、商务型、文化型旅游产业正处于开发之中，这与当前国际上单纯观光旅游的市场越来越小，度假型、文化型旅游以及特种旅游市场、复合型旅游市场越来越大的发展趋势不相一致。旅游资源开发结构的不合理是海口市城镇旅游产业整体效益不高的重要原因，海口市城镇旅游资源的开发潜力还未充分发挥。从开发程度看，除个别景点外，海口市城镇旅游资源尚处于未开发或初级开发阶段。目前已初步开发的城镇主要集中在靠近主城区的个别区域，如永兴镇、东山镇、新坡镇、旧州镇等。目前，海口市城镇旅游资源开发呈现规模小、层次低、零散等特点，对资源利用不充分。

4. 旅游专业人才缺乏

对于专业水平依赖程度很高的旅游业的发展来说，人才短缺问题尤甚。专业人才缺乏，是导致海口市城镇旅游规划与设计缺乏吸引力，旅游经营管理营销水平低下的直接原因。

人力资源开发面临的主要问题：①社会各界旅游文化素养低，旅游服务意识弱。目前，海口市城镇旅游缺乏从旅游开发到旅游管理乃至旅游服务方面的人力资源，仅有的一些员工也显得素质不高。②旅游服务和技能水平差。现有导游人员的普通话水平和外语水平，以及讲说能力和内容的科学性有待提高；缺乏文化素质、教育背景和游客需求调整讲解方式和内容的能力。宾馆服务人员中熟练员工比例低，以顾客为中心的服务意识差。③现有教育、培训机构层次较低。目前，海口市城镇旅游还没有与旅游相关的教育机构。旅游业教育和培训机构层次偏低，主要集中在职业中专、职业高中层次。人力资源的教育培训远远不能满足旅游业发展的需求。

5. 空间结构有待改善

海口市中心城市与二级中心城镇的联结较为便捷，其间有高速公路和二级公路，但二级中心城镇间的联结还不够通畅。因此首先要加强交通等基础设施建设，完善网状旅游交通系统，以便于旅游线路的组织。其次由于缺乏"大旅游"的观念，对旅游资源开发项目的选择，旅游设施的建设，如旅游通信、旅游信息网站、旅游服务中心等，还有待于从宏观角度整体规划布局。如此才能突出各自重点和优势，形成整体合力，实现旅游城镇体系建设的规模效益。

三、海口市城镇旅游化改造发展研究

（一）海口市城镇旅游化发展的定位分析

1. 资源定位

城镇作为城市和农村的纽带，相对农村来说，城镇具有交通发达、要素集中

等优势；相对城市来说，城镇地价和劳动力成本低廉。海口市的城镇有较丰富的旅游资源，但有历史文化价值或生态旅游价值，并不直接就等于有旅游价值。旅游业的可持续发展首先必须对所拥有的旅游资源有全面而深刻的认识并做出准确定位。因为城镇旅游业的发展从根本上讲取决于对当地旅游资源的认识和利用，只有准确地进行资源定位，集中突出特色资源，才能吸引游客、增强旅游市场竞争力。

2. 市场定位

在各类经济产业当中，绝大多数产业都具有共同的特性，那就是产品以物流的形式由产地向市场运行和散布，唯独旅游产业与此相反，它是市场以人流的形式由出发地向旅游区运行和聚集。这种独特的市场迁移所带来的重要问题是城镇旅游业的市场具有很大的不确定性，旅游者向什么地方聚集很大程度上由其自主选择决定，为此任何旅游目的地的开发都必须以旅游市场定位为前提。

海口市城镇旅游市场定位可从市场类型和市场空间两方面进行。旅游市场类型定位即确定目标市场，目标市场有多种分类方法，如按年龄、性别、购买动机等。旅游市场空间定位即确定市场的合理空间范围。以城镇的地理位置及旅游资源属性、特征分析，海口市的城镇市场空间定位可概括为以海口市中心城区居民及中心城区的溢出游客为第一客源市场，以省内其他城市和相邻省区为第二客源市场，以其他各省和国外为第三客源市场。

城镇旅游的市场类型定位受到旅游者旅游的空间结构模式的影响。按旅游者旅游的四类空间结构模式即直游式、直游—周游式、周游式和飞行/驾驶式的划分①，并受旅游者社会经济地位、旅游时间、旅游距离等因素的影响，海口市中心城区居民的主要空间行为模式是直游式，而中心城区溢出游客的空间行为模式主要是直游—周游式。旅行空间行为的不同导致市场类型的差异，直游式旅游者大部分是探亲访友型旅游者与度假休闲型旅游者，直游—周游式旅游者大部分是商务旅游者与观光旅游者。故海口市城镇市场类型可定位为以吸引观光、休闲度假、商务游客为主。

针对海口市城镇游客的主要来源及由游客的空间结构模式导致旅游目的上的差异，不同的城镇可以选择不同的市场定位。这种市场定位并非是唯一的和排他性的，但必须是明确的和有所侧重的。各城镇必须围绕自身的核心定位来整合资源、开拓市场以确保工作的有效性和较高的投入产出比。在确定旅游业发展的市场定位时必须对旅游市场的规律和特点以及自身的条件和潜力作全面的分析，以选择适合本地开展和开发的旅游类型及项目。

---

① 陆林. 山岳风景区旅游者空间行为研究——兼论黄山与美国黄石公园之比较 [J]. 地理学报，1996，4.

3. 产业定位

旅游业是一项综合性产业，其构成要素——食、住、行、游、购、娱是由工业、农业、服务、交通等多项产业共同提供的。而城镇就有自身独特的旅游资源，以旅游市场为导向，为旅游活动创造便利条件并提供所需商品和服务，已经从"大旅游"产业中分离出来，形成了具有地方特色的旅游产业。现代的城镇旅游已发展成为由直接旅游企业、间接旅游企业、旅游支持系统共同组成的社会旅游产业体系。海口市的城镇旅游产业发展大都不是由于当地旅游消费需求的增长驱动（内存式），而主要是外部旅游市场的客观需求所致（外注式）。随着我国经济发展由规模扩张逐步转为结构升级，传统经济的增长空间相对缩小，城镇旅游产业与其他产业的关联作用同时也是刺激其他产业发展的动力。自20世纪90年代中期开始，海口市的城镇旅游产业对关联产业部门的增长带动效应较为显著，并备受各地重视。城镇旅游产业得以大力发展，且以不同方式处于优先发展的地位。

4. 产品定位

旅游产品是一切旅游活动的基础，是在特定区域内被游客利用的若干旅游设施和服务的总和。在城镇旅游开发中，基于资源可行性基础上的旅游吸引力分析具有决定性的作用。尽管海口市城镇的旅游资源对旅游者均具有潜在的吸引力，但必须经过引力分析，注重其独特成分的开发，才能形成具有一定旅游市场的产品。独特性是城镇旅游业的灵魂，无论是自然景观还是人文景观，都需在把握地域特色的基础上，提炼或设计个性化的文化主题。在对城镇旅游资源分析评价基础上，通过对海口市的城镇旅游素材的文化内涵进行挖掘、提炼、概括而得出的文化主题，通过资源开发、景点建设，进行他层次、多角度的展示和表达，使其内涵得到充分发挥，达到应有的广度和深度，才能形成定位明确的旅游产品。

5. 形象定位

与其他实物商品相比，旅游消费更具形象导向与形象购买的特征。旅游形象是旅游地在消费者心目中产生驱动效应的印象，它是旅游者对城镇旅游地的文化主题和内涵认知后在其头脑中形成的文化概念。消费者通过文化认知形成城镇旅游地印象主要经历以下两个过程。

间接认知。通过各种媒体采集到有关信息，从开始产生对城镇旅游地的想象性认知到预期形象进而形成对城镇旅游地具有比较明确的预期和期望。其发生于城镇旅游消费之前，这是具有决策意义的城镇旅游形象认知，将直接影响旅游消费行为。

直接感知。通过真正的城镇旅游消费，对城镇旅游地的基本素材及媒体条件（包括服务环节）进行综合感知，形成直接印象。它决定了旅游者能否与其预期形象达成期望认同,能否使旅游者产生思维定式,从而影响城镇旅游地的公众形象。

(二)海口市城镇旅游化改造的原则

开发海口市城镇旅游的指导思想是要正确处理旅游发展中的六个关系:小城镇旅游开发与生态环境保护的关系、与其他特色城镇发展的关系、与重点旅游城市的关系、与文化传承的关系、与软件建设的关系、与创新发展的关系。针对城镇旅游开发过程中遇到的问题,海口市的城镇旅游化改造应该遵循以下原则。

1. 合理融资原则

城镇加强旅游发展的基础设施建设,仅依靠各级政府在规划、资金、人才上给予引导和扶持是很不现实的。要拓宽资金来源,调动各方面的积极性,多渠道筹集旅游发展资金,适度开发或延伸旅游产业链。争取从银行和商业获得金融支持,在政策上引导民营企业和社会组织参与城镇旅游的经营建设。

2. 利益相关原则

要处理好城镇旅游开发与建设中的两对"利益相关者"。处理当地政府与旅游开发商利益时,采取政企分开、两权分离,有利于引进资金和先进的管理技术,盘活景区资产,提高旅游经营者积极性。处理城镇居民与企业利益时,提高居民旅游经营的社区参与度。

3. 因地制宜原则

不同地域类型的城镇旅游资源各有其特点,其吸引游客和开发利用方式也应各有侧重。在积极推进城镇旅游发展的过程中,要根据本地的实际和城镇不同景区旅游资源的类别特征,因地制宜、因势利导突出特色,如"热带风光"、"特色建筑"、"传统习俗"等,防止一哄而上的盲目雷同现象。

4. 保护性开发原则

城镇旅游开发过程中不能片面追求经济效益而忽视环境效益和社会效益。环境是城镇开发旅游的根本前提,必须兼顾社会效益、经济效益和环境效益。未经开发的旅游资源开发时采取保护性措施;已经开发的旅游资源,若造成了破坏则尽量恢复。

5. 可持续发展原则

处于农村地区的旅游城镇,旅游首要吸引物是原生态的环境、原汁原味的风情。保护和妥善开发生态环境是城镇开发旅游的根本前提。唯有充分认识旅游的经济价值与生态环保价值的互动性,走可持续发展的道路,才是长久之计。

(三)海口市城镇旅游化改造对策

1. 创新融资方式,加强基础建设

实施城镇基础设施建设,改进城镇落后的交通设施建设,加速旅游一体化的进程，要以丰富的旅游资源为基础，以交通干道为支架组建旅游产业集群，满足游客的需要。针对目前海口市城镇旅游基础设施普遍开工不足的问题，核心矛盾是解决旅游开发中的资金问题。考虑融资的方法有很多，比如运作旅游企业上市、构筑旅游招商引资项目库、设立旅游产业专项基金等融筹资手段。

城镇旅游基础中公共设施的建设，可行的创新方式有TOT（Transfer Operate Transfer）项目运营模式等。TOT方式是将建设好的公共工程项目，如桥梁、公路，移交给外商企业或私营企业进行一定期限的运营管理，在合约期满之后，再交回所建部门或单位的一种融资方式。在移交给外商或私营企业时，建设单位将取得一定额度的资金以再建设其他项目。这一方式已在上海的南浦大桥等项目中使用，对于旅游基础设施建设而言，政府可以统筹规划，统一建设，然后采取TOT模式吸引民营企业竞购已建成的基础设施全部或部分产权和经营权，不但速度快、见效快、运营效率高，而且可以回收一部分资金，用于其他基础设施项目的建设，快速提高基础设施的总量和质量，从而进一步缓解海口市城镇旅游基础设施的"瓶颈"制约。

海口市城镇旅游基础中旅游设施的建设，可以采用股份制形式，通过地方政府的旅游管理部门掌握一部分旅游企业的股权（或所有权），"以旅游养旅游"，为旅游开发筹集资金。利用国有企业股份制改造，使政府旅游管理部门适当掌握部分企业股权，同时必须避免管理部门控股过多造成新的政企不分。

在此基础上，建设海口市一小时城市路网，加强高速公路、干线公路和乡村公路建设，完善"五纵五横一滨江"公路，形成干支相连、区域成网、城乡通达的交通网络。加快中心镇之间、中心镇至其他镇墟的行政村公路网的建设，改善中心镇对外交通条件。建设一批农村乡镇客运站点、候车亭，争取90%以上乡镇客运线路完成公交城乡一体化改造。①

2. BOT运营模式，加强社区参与

海口市城镇旅游化改造中利益相关者的矛盾，使得旅游积极健康发展的动力不足。主要的利益相关问题包括当地政府与旅游开发商的合作模式、城镇居民参与度问题。城镇旅游者的需求和旅游开发商的介入无疑是旅游发展的重要推动力，旅游投资者设计开发符合游客需求的城镇旅游产品，吸引更多旅游者关注城镇旅游，这在学者的研究中已比较普遍。但当地政府的整体规划、旅游开发采取的运营模式却是关键要素，而当地居民的参与和支持则是旅游发展的基本保障，实际中后两者的角色和作用往往得不到充分认识。

海口市城镇旅游化改造可以采用BOT模式，有助于调动旅游开发商投资建

---

① 《海口市城市总体规划（2006~2020）》．

设的积极性，充分调动社会资本开发城镇旅游景点景区、投资旅游接待设施的建设。城镇旅游相对于都市旅游、主题公园开发等投资项目，具有投资规模小、成本回收周期短的特点，城镇旅游客源基本呈现年客流量平稳增长的趋势。作为"蓝筹股"的投资效应，旅游开发商投资风险小。BOT（Built Operate Transfer）项目运营模式，即"建设、经营、移交"。典型的BOT形式是：政府同项目公司签订合同，由该项目公司负责设计、筹资和承建某项旅游基础设施，项目公司在协议期内拥有、运营和维护这项设施，并通过收取使用费或服务费，回收投资并取得合理利润，协议期满后，这项设施的所有权无偿移交给所在地政府。

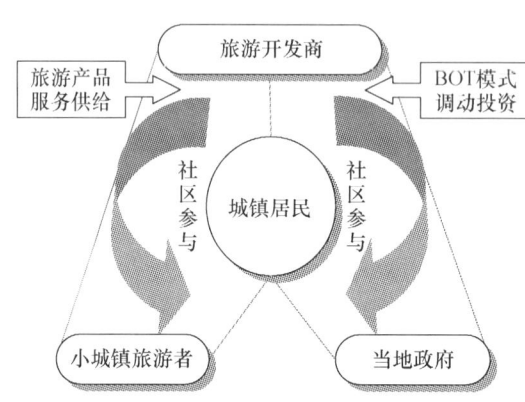

图8-8　城镇旅游开发内部动力机制

资料来源：《大中城市边缘小城镇的旅游开发研究》。

另外，居民对于旅游开发所采取的态度，将直接影响城镇旅游的顺利进行。因此，旅游的发展需要以社区的积极参与为依托。只有通过社区参与旅游开发的方式，才能从根本上解决居民的就业，增加他们的收入，从而使居民真心实意地支持城镇旅游的开发。提高城镇居民对旅游开发的参与度，应该立足以下几点：首先，可以适当增加社区居民在旅游发展中的股份份额，让城镇居民参与旅游开发。社区居民既是旅游开发经营的股东，又是旅游开发中的真正主人，从而激发起他们参与旅游发展的积极性和保护文化资源、营造传统氛围的自觉性。当然这一做法还需当地政府及开发商等多方面的协调解决。其次，可以借鉴古镇旅游的经验，如在旅游基建中，因占用古镇房屋等而损害居民利益的部分可以协商入股，待景点投入运营取得效益后，居民按持有股份参加分红；或采取委托经营模式，选择有责任感的居民组建旅游经营子公司，负责对古镇旅游的日常管理工作，使居民获得更大的收入份额，从而在旅游发展中投入更多地参与热情等。最后，提高城镇旅游的社区居民参与度，必须建立健全民主、科学的决策机制，让利益相关者参与政府决策,包括:制定公众参与政策和政府信息公开规定;政府在决策城镇规划、新建改建重大公共设施和拆迁改造等同居民利益密切相关的重大事项时,要实行公示和听证制度,充分听取社会意见;加强政府与居民沟通;积极促进以自愿、自主、互助为基础的社区建设。

诚然,城镇居民多数缺乏经营管理的专业知识,在参与过程中难免会做出不利于旅游发展和城镇保护的事来,故需要加强社区居民的教育和培训,增强他们的旅游经营和管理水平,立足于长远利益,而不是对短期经济利益的追求,以实现城镇旅游化的可持续发展。

3. 标准化设计,特色化发展

标准化和特色化是海口市城镇旅游化改造的两个重要方面。当然,标准化绝不等同于"千镇一面",而是通过强调城镇发展中具有共性的东西,对旅游城镇发展提出基本的要求,为旅游城镇发展提供基本的指导。特色化突出旅游城镇个性的东西,体现的是一方水土所独有的特色,并通过特色化发展来增强旅游小城镇的吸引力和竞争力。

海口市在制定旅游城镇标准时可以参考以下几个方面:

(1)资源条件。一是具备对应特定市场的,有一定规模或者独特的自然、人文旅游资源,且旅游资源保持基本完整。二是具有明显区别于城市的景观风貌、田园风光和乡土特色浓郁。三是旅游资源得到比较合理的开发和利用,并有较强的市场认可度。四是具有能真实、可展现的旅游城镇民族特色、民俗风情以及地方文化活动。

(2)建设与环境。一是建筑外观:在充分挖掘旅游小城镇传统文化的基础上,尽量保护具有独特景观价值的历史文化建筑,对旧建筑进行装饰、美化,对新建筑要按照统一的风格进行规划,控制城镇新建筑的密度和高度。加强对乡村田间建筑的规划,农舍建筑要与田园风光总体背景相协调。二是城镇绿化与美化:增加旅游绿化面积,提高绿地的生态效益和景观效益,重视建筑物的立体绿化,鼓励城镇镇区居民开展室内外种花养草。重视通过挖掘乡村的"大地艺术"来构造小城镇独特的景观。三是资源的保护:正确处理好自然景观、人文景观的保护、利用关系,各类历史文化遗产得到科学、妥善的保护,无重大环境污染和生态环境破坏事件、无重大破坏绿化成果行为,新建筑普遍采取节能措施和节能材料,提高节能建筑比例,生活垃圾无害化处理率高、污水处理率高,小城镇空气良好、水体清洁。四是人文环境:在城镇发展过程中形成相应的文化风貌,深入挖掘民间民俗文化,注意通过鲜活生活内容予以展示,形成特色浓郁的人文氛围,小城镇居民的态度友善、亲和力强。五是交通环境:提高与主要城市之间的交通便利化程度,重视建设"景观通廊",对主要交通线路进行美化,有醒目却独具当地特色的信息引导、标识系统,停车场布局合理、数量适当、方式多样。

(3)旅游发展。一是建立相应的管理体制:有科学的旅游发展决策系统和执行系统,设立健全的旅游管理机构并赋予其相应的管理职权,并配备相应的管理人员。二是完备的旅游设施:有与旅游市场发展相适应的、不同档次的旅游住宿设施,有品种丰富、具有地方或者民族特色的风味餐饮,有相应的旅游娱乐设施。三是旅游安全:旅游安全规章制度健全,有应对公共安全事故应急处理机制,各类设施符合安全标准和规范,在事故多发地段有明显警示标示,能为户外旅游活动提供安全保障措施,社会治安秩序良好。四是旅游服务:引导各类旅游场所和旅游企业按照相应的服务标准和规范提供服务,要加强对旅游服务质量的监督,及时处理相关投诉,建立旅游服务的诚信评价体系和旅游服务质量公示平台并及时更新。五是公共信息服务:利用多种媒体,特别是互联网媒体向城市居民发布旅游服务信息,为游客到城镇参加旅游活动提供目的地信息、交通信息等。六是组织旅游节事活动:充分利用民间节庆日、农闲、集市等开展节事活动并有所提升,有条件的城镇要开展经常性的民间文化艺术活动,组织和承办各种区域性的旅游节事,增加旅游节事活动的参与性、娱乐性和体验性。七是加强小城镇的营销:形成旅游城镇的独特形象和产品品牌并具有市场号召力,制定合理可行的营销方案,对重点市场进行宣传推广,加强与旅行社、网站、俱乐部、媒体等机构的合作,提高营销水平,安排城镇总体营销的专项财政经费并逐年增长。

特色化经营有两个途径,一是突出地方特色,设计多样的城镇旅游项目。海口市城镇旅游化改造应立足当地资源,因地制宜,开发地方特色浓郁的旅游项目。在各个城镇有特色的基础上,还应当综合考虑协调城镇的水利、农业、建筑、人文等资源,优势互补、资源共享,与周围城镇协作发展,形成具规模效应,又有持续竞争力的整体城镇旅游产品。二是塑造城镇特有的旅游形象,设计有效的旅游形象,以细分策略赢得城镇旅游市场。好的城镇旅游形象的塑造,必须正确定位城镇的演变历史和文化特色;调查城镇人口和经济水平、环境容量来确定城镇的接待能力和服务级别;调查游客的旅游动机和出行影响因素。同时,城镇还可以根据自身的旅游形象,在不同的季节或纪念日开展主题旅游,解决城镇旅游相对较少的客源在旅游淡季遇到的资源闲置问题。单一旅游产品的吸引力与竞争力很难经得住考验,开发多样化旅游产品势在必行,应该从旅游这种多元性文化特征入手,科学地开发富有吸引力的旅游产品,以满足旅游者的多方面、多层次的利益追求。如设置民居式住宿设施,让游客更充分地体味恬静的热带生活风情。可开发旅游产品主要有度假休闲型旅游产品和生态旅游产品。

表 8-12 海口市中心城镇特色产业定位

序号	镇名	产业特色	产业内容
1	演丰镇	热带滨海乡村风情休闲旅游小镇	依托东寨港红树林保护区发展乡村生态游
2	大致坡镇	文化产业示范镇	重点发展琼剧文化产业集群
3	云龙镇	综合服务型小镇	重点发展服务云龙产业园的相关产业
4	新坡镇	民俗文化旅游小镇	依托冼夫人民俗文化、"八仙泉"、"美面溪"、"南黎山"等资源发展民俗文化旅游
5	永兴镇	国际旅游小镇和低碳示范综合镇	依托火山群世界地质公园、狮子岭工业园及高尔夫户外有氧运动,发展火山文化游和工业观光游
6	东山镇	城郊特色小镇	发展服装加工、城郊农家乐旅游等
7	红旗镇	现代农业示范镇和特色文化产业镇	发展热带果菜和花卉、农副产品集散业,建设华文学校、东坡学院、华人论坛,发展特色文化产业
8	龙塘镇	特色产业小镇	发展地区特色雕刻和服装加工业
9	旧州镇	特色农业小镇	发展生态观光旅游、农副产品加工等
10	三门坡镇	特色加工业小镇	发展热作资源加工、商贸物流、生态休闲等

4. 生态化建设,可持续发展

海口市城镇旅游化可持续发展的本质是坚持城镇文化的本地化,保持其自然性,保持城镇与都市旅游的文化差异,在文化差异中求得生存和发展,把城镇旅游与绿色生态旅游结合起来,把人文历史景观与自然风光结合起来,把文物景点与非文物景点结合起来,从而形成旅游区、旅游线、旅游景区(点)有机结合的城镇旅游发展格局。海口市城镇要持续发展其旅游业,建成与自然环境相和谐的旅游产业,必须把握适当的开发速度,控制接待人数,增强环境意识。太多的游客会对目的地环境造成过大的压力,破坏生存的环境,生态旅游不可持续发展。城镇旅游化的改造还必须规划相应的环保设施,如生活污水处理装置,做到净化环境与项目建设同步,并注意区域内的地形地貌和自然植被特征,规划建设中应充分考虑生态系统结构和功能,防止"只取不还、只用不护"的掠夺性开发。严格实施开发规划的审批制度,综合运用旅游的规划、法制、行政、经济等手段,建立和完善城镇旅游发展的组织结构和法规,形成综合有效的审批机制。

第四节 海口市公共空间旅游化改造

一、城市公共空间旅游化理论分析

（一）相关概念界定

1. 空间（Space）

"空间"是一个十分宽泛的概念。不同学科对空间的概念理解也不同。以物理学家牛顿为代表的科学家眼中的空间多将欧氏几何学所展示的空间体系视为唯一的空间体系，认为空间是实质的，不是抽象的或心灵上的。以爱因斯坦为代表的科学家提出了相对空间论，强调空间现象之间的联系。哲学家把空间当作满足人类知识的东西。康德认为从空间和时间中可以获取有关自然界的地理描述，按照时间的描述为历史，按照空间的描述为地理，这两者可以满足人类知识的整个领域，即历史学是关于时间的知识领域，地理学是关于空间的知识领域。出于地理现象总是呈现一定的空间分布，所以空间视角成为地理学的一大特点，并由此产生了形形色色的地理学家的空间观。而建筑学家总是强调从空间知觉的角度来理解空间。从场所、路径、领域以及"内"、"外"等知觉图式出发，把空间划分为游牧空间、路径空间、广场空间、领域空间、街道空间、理想空间等类型①。

2. 城市空间（Urban Space）

城市是一定地域范围内的空间实体，其产生、形成和发展都存在内在的空间秩序和特定的空间发展模式。

具体地讲，城市空间指城市地区中除了建筑物遮蔽之外所剩余的空间，它与建筑物之间表现为虚与实的关系，现代城市设计以实体（Mass）和空间（Space）为两个基本要素。空间是一个与实体相对应的概念，是由点、线、面、体划分或围合的虚体。从建筑学的角度来看，无论城市或建筑，其实用的部分主要是空间。

一般认为，城市空间是城市中向公众开放使用和进行活动的空间，是社会、经济、文化、科技、自然、地理气候等多重因素综合作用于城市的物质形态的结果。城市空间由城市中的建筑物、构筑物及设施和各种界面（地面、水面等）组合而成，包括室内与室外、地上与地下相结合的空间的整体。它包括在功能和

---

① 柴彦威. 城市空间［M］. 北京：科学出版社，2000.

形式上遵循相同原则的内部空间和外部空间两大部分。城市空间是由各组成要素相互关联构成的有机整体。它既是物质层面的载体，又是人类活动的载体，还是城市各种功能要素之间关系的载体。

3. 城市开放空间

城市开放空间的概念是针对空间物质要素的物理属性而言的，描述了空间另一方面的性质。"开放"所对应的概念是"封闭"，开放空间的含义更多的是界定空间的敞开与否。

我国的一些学者认为，开放空间是指城市公共空间，包括自然风景、公共绿地、广场、道路和休憩空间等，也有学者认为开放空间是空间限定因素较少的空间，是向大众敞开地为多数民众服务的空间，不仅指公园绿地这些自然景观，而且城市的街道、广场、巷弄、庭院都在其范围内。这种定义，一方面注重开放空间的要素组成，另一方面注重"为公众服务"的目标。虽然城市公共空间（Urban Public Space）目前仍无一个完全、统一的概念，但是可以肯定的是，它是城市空间概念的属概念并与城市开放空间相近。在我国的规划理论研究与实践中，城市公共空间与城市开放空间常常被相互转换使用。本书的探讨、研究是以我国的规划理论研究与实践中城市公共空间与城市开放空间常常被相互转换使用为基础的。

（二）城市公共空间

1. 城市公共空间的内涵

城市公共空间是指城市或城市群中，在建筑实体之间存在的开放空间体，是城市居民进行公共交往活动的开放性场所。同时，它是人类与自然进行物质、能量和信息交流的重要场所，也是城市形象的重要表现之处，有城市的起居室和橱窗之称。由于担负城市的复杂活功（政治、经济、文化）和多种功能。它是城市生态和城市生活的重要载体；城市公共空间还包含与生态、文化、美学及其他各种与可持续发展的土地使用方式相一致的多种目标；而且，它还是动态发展变化的①。概括地讲，现代城市公共空间的实质是以人为主体的，促进社会生活事件发生的社会活动场所。

2. 城市公共空间的基本属性

从广义上讲，在城市中凡是涉及公众的场合都可以被称为城市公共空间，其属性体现为以下五个方面。

（1）城市公共空间是城市空间系统的子系统，这使城市公共空间具有系统性，并表现为整体性、层次性、秩序性，以及社会、经济、生态等属性。

---

① 王鹏. 公共空间的系统化建设［M］. 南京：东南大学出版社，2002.

(2) 城市公共空间是具备承载使用活动功能的物质空间，其核心功能是承载和支持城市的各类使用活动必须满足使用者基本的生理和心理需要。安全、遮阳、挡雨、避风、空气清洁、避免噪声等是公共空间的基础性能。

(3) 城市公共空间是城市公共资源，由于与城市土地资源的依附关系，城市空间实际上是空间资源。

(4) 城市公共空间是人们体验城市的主要领域。由于城市街道、广场在人们认知城市时有重要作用，所以它们在承载使用活动的同时还为人们观察、理解和认知城市提供了必要的条件。这突出表现为公共空间的标识性和场所属性，场所属性的核心为广大市民所理解和认同，即"公众的空间，人民的场所"。

(5) 城市公共空间是拥挤性公共物品，街道、广场、公园、绿地等城市公共空间和城市基础设施都属于这种拥挤性公共物品。

3. 城市公共空间的构成与分类

城市公共空间是城市中面向公众开放使用并进行各种活动的空间，主要包括山林、水系等自然环境，还包括街道、广场、公园、绿地等人工环境，以及建筑内部的公共空间类型（不在本书探讨和研究范围之内）。城市公共空间范围很广，城市公共空间的分类方式可有很多种，具体的分类标准大致为以下几种。

(1) 按照自然和人工性质可以划分为自然空间环境和人工空间环境。

自然空间环境：包括自然地理景观、河湖水系、山地、林带、绿地等，它们往往构成城市自然特色。

人工空间环境：包括广场、街道、公园、巷弄、庭院、休憩和娱乐设施。它们对城市的人文环境气氛的形成很重要。

(2) 按功能类别区分可以根据公共空间在城市中的功能特征和使用现状，将城市公共空间划分为居住型、工作型、交通型和游憩型四大空间类别。

居住型公共空间：社区中心、绿地、儿童游乐场、老年活动中心等。

工作型公共空间：生产型（工业区公园、绿地）、工作型（市政广场、市民中心广场、商务中心午餐广场）。

交通型公共空间：城市入口（车站、码头、机场等）、交通枢纽（立交桥、过街天桥、地道）、道路节点（交通环岛、街心花园）、通行性空间（商业步行街、林荫道、湖滨路）。

游憩型公共空间：休憩和健身（中央公园、绿地园）、商业娱乐（商业街、商业广场、娱乐中心）。

(3) 按空间在城市中的地位可分为：

主导空间：以空间场所意义为主，周围的建筑为突出空间而以较低的姿态存在。城市中的市政广场是这类空间的典型例子。

附属空间：它以实体占主导的条件下形成空间。通常附属于一定的建筑或道路，如大型商厦前的小型广场、街头绿地等。这类空间在城市中最普遍，需求量最大，也最不容易受到重视。因受到商业利益的驱动，容积率、地价等因素的影响，这类空间往往被忽略或以不恰当的形式存在。

（4）按空间形式可分为：

点状公共空间：以点状分布于城市中，如广场、公园等。

带状公共空间：如街道、滨水绿带等。

（5）根据空间的具体形态可以主要分为公园绿地、广场、街道、滨水区、公共设施及宗教历史文化古迹等城市公共空间。

城市公园绿地是在城市自然资源（如山林、水域、温泉等）保护基础上开发、建设形成的城市公共空间，是城市宝贵的可游、可玩、可赏、可赞的城市公共空间。《城市绿地分类标准》（CJJ/T85-2002）中定义城市公园绿地：是城市中向公众开放的，以游憩为主要功能，有一定游憩设施和服务设施，同时兼有健全生态、美化景观、防灾减灾等综合作用的绿化用地。它是城市建设用地、城市绿地系统和城市市政公用设施的重要组成部分，是表示城市整体环境水平和居民生活质量的一项重要指标。

城市广场是城市公共空间形态的一个重要组成部分，具有当地居民的"起居室"、外来旅游者的"客厅"、"城市会客厅"的作用，集中反映了城市的历史文化和艺术风貌，是城市中最具公共性、最富艺术魅力、最能反映现代都市文明和开放的空间，成为各城市的象征。本书中城市广场是指城市中向公众开放的开敞空间，一般由建筑物、道路和绿化带围合而成，是城市中公众社会生活的发生地，同时也是具有一定知名度、有一定标志性和重要性、能够反映城市历史文化和艺术特色等特点的建筑空间。

城市步行系统满足人们上下班出行交通以及生活出行的功能要求，把城市的各种商业服务、文体休憩、交通枢纽设施以及居住区联系起来，以形成一个有机的、多功能的环境宜人的连续的步行空间。城市步行系统并不是几条街的形态单体的简单相加，而是涉及城市交通、城市管理、城市生活和城市未来发展动态等方方面面因素共同作用的城市物质空间形态的综合表现。步行环境是城市中所有以步行交通为主的城市开放空间的总和，包括人行步道、生活广场、林荫道、步行商业街等。随着近来大型建筑综合体的增多，步行环境不再仅仅是城市的外部步行空间的总和。许多建筑内部商业街、地下商业街等，也都成为城市步行网络的一部分。但在本书中，步行系统不包括建筑内部的步行空间。

城市滨水空间，作为城市与江、河、湖、海接壤的区域，既是陆的边沿，也是水的边缘，它的空间范围包括"200～300米的水域空间及与之相邻的城市陆域空间,其对人的诱致距离为1~2千米,相当于步行15~30分钟的距离范围",并且在城市中具有自然山水的景观情趣和公共活动集中、历史文化因素丰富的特点,也具有导向明确、渗透性强的空间特质,是自然生态系统与人工建设系统交融的城市公共开放空间。滨水空间是城市中的一个重要的边际,对城市公共空间的融汇、联系起着重要的作用,通常会成为城市主要的绿化轴向空间。

公共设施,在公共空间的范畴里主要指城市青少年宫、文化馆、展览馆、影剧院、体育馆等公共建筑。宗教、历史文化古迹主要指城市庙宇寺院、历史文化名人故居、博物馆等公共空间。当今世界已经进入知识经济、信息社会时代,人们旅游度假的时间多了,同时,青少年需要素质锻炼,成年人要充电、健身,老年人要老有所乐,所以保护开发城市宗教历史文化资源、全面建设和提升社区公共服务设施,是宜居性城市公共空间规划、建设、发展的重要内容。①

4. 城市公共空间旅游化改造内涵及范围

城市公共空间旅游化改造,就是在城市公共空间的设计过程中向城市旅游发展的需求倾斜,使城市公共空间的设计理念、功能形态及视觉效果与城市旅游形象的建立相联系,从而实现城市公共空间的旅游功能。

本书的具体研究范围主要是依据城市公共空间的具体类型划分的,即公园绿地、广场、街道、滨水区、公共设施及宗教历史文化古迹等城市公共空间。由于公共设施及宗教历史文化古迹等属于建筑内部的公共空间,故不在本书范围之内。

二、海口市城市公共空间建设的现状与存在问题

(一) 海口市城市公共空间建设的现状

随着海口城市的发展,近几年,海口市的城市公共空间的建设有了飞速的发展。

1. 城市公园绿地

海口市各项绿化指标已分别达到和超过国家规定的标准,获得了"国家园林城市"、"全国造林绿化十佳城市"和"全国园林绿化先进城市"等称号。

海口市主城区内公共绿地主要呈点状分布,已建设海南热带海洋世界、海南热带森林博览园、海口人民公园、金牛岭公园、滨海公园、万绿园、假日海滩、美舍河带状公园、西海岸带状公园等大型公园,和华海公园、南航绿地等22处街头绿地。

2008年,全市共新增绿地148.3公顷,种植乔木11.2万株,种植花灌木

---

① 钟旭东. 以人性化为核心的城市公共空间设计研究 [D]. 中央美术学院硕士学位论文, 2005.

33.8万平方米，草坪86.4万平方米，摆放鲜花113万盆。市建成区绿地面积3558.7公顷，绿地率36.5%，绿化覆盖面积3950公顷，绿化覆盖率40.5%，公共绿地933公顷，人均公共绿地9.52平方米。①

2. 城市广场

现在，海口的城市广场主要是明珠广场和东方广场，以及各个客运站前的小型广场。现在广场用地4.22公顷，人均道路广场13平方米，广场指标偏低。②规划的各类广场有海口欢乐广场、南海记忆广场、文化与商业娱乐广场等。

《海口市城市总体规划（2006~2020）》规划了9处广场，按功能和用途分为以下类型：

（1）游憩集会广场。

1）市政广场。市政广场是市民进行集会、庆典活动的地方，规划在市政府行政用地附近设置市民广场。

2）商业广场。成为商业建筑的扩展和延伸，无论从规模上还是形式上都比较灵活多样。在新的海口中心商务区规划大型商业广场。

3）主题广场。针对海口不同的历史文化内涵和景观特色，创造不同主题的广场，根据海口的气候特点，广场应以绿化为主，休憩设施为辅，给城市居民提供休闲、娱乐、健身活动的场所。如水城广场、桂林样广场、美丽沙广场等。

（2）交通集散广场。在粤海铁路火车站和秀英港口客运码头设置交通集散性广场。长途车站、轻轨换乘站及公交换乘枢纽集合平面布局，应设置小型集散广场。

3. 城市步行系统

现在，海口非机动化交通在城市居民出行中的比例为55.4%，其中步行41.8%，自行车13.6%。2006年海口市人均人行道面积仅为1平方米/人，仅达到畅通工程最低等级要求的1/2。③

现在，主城区大部分人行道设施比较完备，但是商业、办公区，人行道被占用停车、占道贩卖东西的现象非常普遍，迫使在部分道路上行人在机动车道上行走，造成交通的混乱；少部分区域普遍存在缺乏人行道或人行道狭窄的问题；而局部地段的人行道缺乏连续性。

比较有特色的街区主要包括琼山府城传统民居型历史文化街区和海口旧城骑楼型历史文化街区，分别是两个老城的核心部分，并且是两个老城现状保存较为完好的部分。《海口市历史文化名城保护规划（2006~2020）》对其进行了规划，

---

① 海口市政府网：http://www.haikou.gov.cn/rshk/jrhk/csjs/201103/t20110306_227884.html.
② 《海口市城市总体规划（2006~2020）》.
③ 《海口市绿色慢行休闲系统规划》.

主要包括：保存真实历史遗存；保护街区整体风貌；保护构成历史风貌的环境要素；保护和延续历史文化街区的生活功能。

4. 城市滨水空间

滨海、滨江是海口的重要城市特色之一。海口滨水区建设采取了低层、低密度、高绿地率的建设模式，进行建筑单体设计，突出地方特点，强化该区域的景观风貌特色。重视保护水系湿地的生态环境，注重滨水区域的公共性和开放性，已初步形成独特的"城在水中、水在城中"的水城景观特色。《海口市城市总体规划（2006～2020）》规划构建滨海景观带（西海岸景观带、东海岸景观带）和南渡江滨江景观带，使之成为海口市的主要滨水区。

（二）海口市城市公共空间建设存在的问题

虽然海口市在城市公共空间建设上取得了巨大成就，但也存在类如人性化体现不足等问题，主要表现为以下几点：

1. 公园绿地系统存在的问题

（1）绿地指标有待提高。海南提出到2015年人均公共绿地15平方米，2030年人均公共绿地20平方米的目标。以这一预期指标来衡量，目前海口市主城区人均公共绿地为5.8平方米，仍存在一定差距。同时，生产防护绿地指标远低于联合国生物环境组织提出的标准：60.0平方米/人。按照有关规定，公园绿化面积应占陆地总面积的70%以上，其服务半径要达到500米，就是说居民出来500米以内，不管哪个方向，就要有一块公园绿地，海口还远远达不到要求。

（2）城、郊绿化结构不合理。海口市区、郊区森林发展不平衡，市区以小型绿化为主，郊区以"四旁"绿化为主，总量较少，规模不大，城市森林建设未纳入城市基础设施建设，影响城市生态环境质量提高。

（3）部分地段沿海防护林受损严重。沿海防护林带受城市建设的侵占挤压，已逐渐变得破碎。有些地段沿海防护林宽度不足200米，林相不整齐，树龄老化。部分沿海国家特殊保护林带遭到人为破坏，致使防护林带宽不足甚至断带。在桂林洋和盈滨半岛一带，沿海防护林已遭到严重破坏；在长流西海岸一带，海防林遭到不同程度的砍伐和侵占；海甸岛、新埠岛沿岸的海防林所剩无几，现有树种长势也不太好。

（4）园林绿化树种单调。海口市地处热带，有价值的热带植物种类繁多。据调查，海口绿化树木品种有152种，常见的有82种。但近年来在城市园林绿化中树种配置单调，除突出椰子树为基调树种外，其他热带特色的树木花卉未得到充分应用，绿化层次单薄，未能充分反映热带滨海城市的植物景观。

2. 城市广场存在的问题

（1）规划设计缺乏整体性和系统性。海口市现现状城市公共空间的建设缺少科学、系统和整体的考虑，没有形成点、线、面结构和完整、连续的城市公共空间体系。从而导致城市广场缺少风格上的联系和统一。受时下一些设计风格的影响，海口城市广场在设计上出现了"百花齐放"的局面，许多居住小区的城市公共空间有地中海风格、欧洲古典主义风格等，风格各异，互不相连。如海口滨海大道上的美视五月花音乐广场，整个广场由弧长220米欧式长廊和18000平方米的露天广场两部分组成，气势恢宏，但却与周围环境格格不入，这都是城市公共空间缺少联系，没有形成有机的空间格局的体现。

（2）历史文脉和场所精神的缺失。海口城市广场没有整体的规划，缺少精品，未能体现城市特色和城市精神。由于没给一个能体现城市特色和文化内涵的准确定位，海口市城市广场的发展是见缝插针，"百花齐放"，缺失了特定的场所精神。①

3. 城市步行系统存在的问题

（1）城市规划对步行系统的忽略。一直以来，由于城市化快速发展的经济利益驱使，城市规划对步行及非机动车系统的重视程度严重不足，各个层次的规划在这两方面的研究比较欠缺，造成了海口现在呈现出街道大尺度、汽车化的城市空间面貌，不利于建立适合人居环境的步行及自行车系统。从海口道路交通现状来看，海口的道路交通网络系统主要以汽车交通为主，对自行车交通的考虑也严重不足，交通规划还停留在发达城市工业阶段的水平，主要重在提高城市交通的效率，很少考虑到人的健康需求，从步行者需求出发，把步行系统设计作为交通规划的重要组成部分。许多道路的设计更是严重缺乏步行者的需求考虑，造成步行者在道路上行走安全性受到严重威胁。

（2）步行系统缺乏整体性、地区发展不平衡。海口建设发展过程中，由于缺乏系统规划和全盘考虑，在局部区域出现了步行及非机动车空间延续性较差、不成系统的局面。由于城市开发的强度和时间进度不一样，新建或改建后的新区与旧区的步行系统存在很大差异，新区一般步行空间相对宽敞，环境设施较为齐全，人流量相对较小；而旧区一般居住人口较多，步行需求大，而步行空间则呈现空间相对狭小（有些区段人行道宽度甚至不足1米），环境设施严重不足，管理混乱的局面（特别是"城中村"区域），区域发展很不平衡。

（3）步行系统缺乏特色。良好的步行场所空间往往能成为城市特征意向的象征，海口的步行系统缺乏独有的特色，主要是对热带气候环境和多元文化的体现不够。海口缺少这类可以代表城市独特魅力的步行空间场所。各区域的步行空间功能较单一，所产生的社会影响力也比较雷同，缺少一些特征形态更鲜明的步

---

① 林宁、潘鄱. 海口城市开放空间人性化设计探讨［J］. 技术与市场，2008，6.

行区域，如意大利的圣马可广场可以成为人们城市意向中步行系统的特征区域。在步行设施上也缺乏适应热带气候的设施环境设计，如海口大部分过街天桥的设计是缺乏防备炎热气候条件考虑的。

4. 城市滨水区存在的问题

滨海临江是海口重要的景观特色，但在以往城市建设过程中未对滨水景观进行整体规划和统一管理，致使滨水景观处于无序开发状态。同时，对近海水质和城市河流水质未能严格监控和管理，水质污染成为影响滨水景观的重要因素。市区已整治的河流中，片面考虑防洪要求，高大生硬的堤防影响了滨江景观，不利于形成亲水性的公共空间。此外，还有很多滨水景观有待开发利用，如南渡江入海口和铺前港海底村庄等都具有很高的景观价值，应结合滨水景观带的建设逐步进行开发。

海口可提供给市民的公共亲海的海滨场所是假日海滩和白沙门一带，这些地段远离主城区，可通达性低。而居住较为集中的区域如南渡江，却缺少可让市民参与的亲水项目，堤岸高，缺乏多品种、多层次、多结构的仿自然或近自然群落生态式驳岸，隔断了市民和水的亲密联系，滨海滨江的特色很难体现出来。

三、海口市城市公共空间旅游化改造对策

（一）合理化布局公园绿地系统

1. 设计思路

（1）利用海口市自然的"海—城—江—林—田"格局，确定与城市用地布局相适应的多级园林绿地结构，完善城市功能组团分隔，营造自然与人工的立体绿化网络，满足城市对绿地的各种功能要求。

（2）根据城市绿地系统的现状建设水平和未来发展标准，制定切合实际的分期实施目标，以建设"花园城市"、"生态城市"为契机，提高城市整体绿化水平和综合生态效益。

（3）从区域发展考虑，以可持续发展为原则，打破城乡界限，依托郊区农业和林业的支撑作用，建立城乡一体化的绿化网络体系，为城市的远景发展预留余地。

（4）增加开放空间绿化精品，提高城市品位。需要加强场所品位，要在规划中挖掘场所的人文资源，增加绿化精品，让人们在休闲游玩的过程中，得到心灵的感触。

（5）通过公园绿地系统的规划建设，突出热带风光和滨海城市特色，弘扬地方文化，改善城市自然景观和人文景观，进一步吸引投资、旅游和消费，从而促进城市经济的繁荣发展。

2. 布局规划

（1）公园绿地系统的结构布局。海口市具有滨海沿江的地理特色和优势，呈现出依山面海、江海交汇的自然景观格局。海口市公园绿地系统的总体构架规划为"一网、两带、两廊"的模式，与城市总体格局相适应。

1）"一网"。以建设花园城市和生态城市为目标，规划在城市建设区构建人居景观绿化网，形成滨水绿化网络、道路绿化网络和公共绿地网络，构筑整体绿化系统格局，突出热带风光特色，改善城市气候条件，努力实现"城在绿中、城在水中、城在花中"的绿化战略，形成"园林生态化"的城市绿地系统。

2）"两带"。规划沿琼州海峡海岸线和城市南部郊区地带建设两条绿化景观带：海岸线绿化景观带和城郊森林公园绿化景观带。这两条景观带既是城市的生态防护屏障，又可以进行自然景观资源的开发与南渡江河口公园利用，是海口市重要的旅游景观带和生态景观区。

3）"两廊"。规划在主城区构建两条南北向绿色生态廊道。

五源河—石山生态廊道：以雷琼世界地质公园（海口园区）为核心，结合五源河森林公园和永庄水库森林公园，形成中心城区和长流组团之间的绿色隔离带，发挥生态、景观和休闲旅游功能。

南渡江水系生态廊道，在滨江两岸构筑绿化防护带，绿化结合广场、城市公园、步行系统进行布置，使之成为城市居民休闲游憩的理想场所；在南部城郊及农村区域范围内，主要作为水源涵养林带，使之成为纵贯城市中心城区的生态廊道。

（2）公园绿地系统的功能布局。

1）公共绿地，主要包括公园、区级公园和街头绿地三类。

A. 公园。假日海滩、金牛岭公园、万绿园、海口人民公园、滨海公园等现有市级公园应不断完善绿化设施和配套服务设施。规划新建的城市公园有8处，即长流公园、海秀公园、白沙门公园、红城湖公园、美舍河公园、新埠岛滨海公园、南渡江河口公园、体育公园，要求形成不同的特色。

长流公园：结合水系和特色热带植物绿化，形成新区的综合性市民公园。

海秀公园：位于海秀镇西南侧，为主题游乐公园，通过各种游乐设施的建设和热带植物花卉的种植，为市民提供新的娱乐休闲场所。

白沙门公园：位于海甸岛东北部，为主题纪念公园，建设白沙门解放战役旧址纪念馆，同时附以热带植物花卉景观和海景、水网景观。

红城湖公园：位于原海口机场旧址，为综合性公园，通过对海口机场旧址的改造，精心设计布局，结合红城湖水面，布置特色热带植物，形成兼有植物花卉、水体的新市民公园。

美舍河公园：位于琼山区北部，为主题水景公园，充分利用美舍河自然水体，结合美舍河水域及滨水景观的整治进行建设，可设置各种水上娱乐设施。

新埠岛滨海公园：位于新埠岛北侧滨海区域，为主题景观公园，为市民提供滨海娱乐、游憩和开展各种海上体育活动的公园。

南渡江河口公园：位于南渡江入海口东侧，为主题观景公园，通过观景台等设施的建设，提供观赏江海汇流壮丽景观的最佳位置。

体育公园：为主题体育公园，结合未来体育中心的建设，在公园内安排各种开放性运动设施，同时宣传体育运动的历史和知识，促进全民健身运动的发展。

B. 居住区公园和开放空间。区级公园和开放空间以500~1000米服务半径进行设置，每处面积不小于2公顷。

C. 街头绿地。街头绿地主要分布于主城区景观道路两侧，居住区出入口附近，工业区内部等处。新建城区和旧城区分别以丰富城市空间环境、消灭绿化盲区为目的，尽可能采取多种方式，如空、荒置地绿化、旧房改造和拆除违章建设等，增加更多亲切宜人的绿色空间，方便市民使用。每处面积不小于0.5公顷。

2）生产防护绿地。生产防护绿地包括防护绿地和生产绿地两类。

防护绿地的主要功能是改善城市自然条件、卫生条件及防灾避难，主要包括城边防护林带、沿海固沙林、水土保养林、水源涵养林和交通干线两侧及高压走廊地带的防护林。规划主要结合"三边"防护林工程，将防护绿地以片状或带状布置于城市周围和城区重要路段的"海（江）边、路边、城边"，积极营造人工林，形成城市周边生态防护体系。

根据《海口市城市总体规划（2006~2020）》，海口市将重点建设城市五大出口防护林，绿化带起止点与控制宽度如下：

南海大道：南海大道与永万西路交叉口至澄迈县交界处。长度：约16千米，宽度：道路两侧进深各300米。

东线高速公路：由高速公路入口与定安交界处。长度：约30千米，宽度：道路两侧进深各300米。

海文高速公路：由桂林洋入口至文昌界。长度：约32千米，宽度：道路两侧进深各300米。绕城高速公路至东寨港保护区，长度：约8千米，宽度：道路两侧进深300米。

海榆中线：由椰海大道与海榆中线交叉口至海口市与澄迈县交界。长度：27.5千米，宽度：道路两侧进深300米，由海榆中线至火山口地质公园入口处，长度：约4.5千米，宽度：道路两侧进深300米。

滨海西路：由镇海村至粤海铁路轮渡码头以及粤海大道。长度：约9千米，宽度：道路两侧按 20 米的道路绿化带控制。

生产绿地主要结合耕地、草地、鱼塘布置苗圃。

3）生态绿地。生态绿地由基本农田、耕地、林地、园地和自然湿地组成。为保护海口城市发展空间的生态环境，通过规划主城区组团之间的"绿化景观带"和沿绕城高速公路的"生态防护廊道"来达到控制保护要求。

根据《海口市城市总体规划（2006～2020）》，在海口市将在中心城区组团南部生态绿地内，规划4个森林公园，分别为玉龙泉国家森林公园、永庄水库森林公园、沙坡水库森林公园和五源河森林公园。以上公园为主题森林公园，主要安排森林科普知识展览、观景、宿营、野外生存等活动项目，并兼作中小学生夏令营基地。

3. 树种选择

根据海口的气候特征和土壤自然条件，树种选择应以本地乡土树种为主，部分采用引进和改良的外来品种，形成具有地方特征的植物群落。

注重植物配置的乔、灌、花、草比例，优先发展乔木，以提高城市绿化总量作为绿化的主要目标，慎重选择养护费用较高的草坪绿化方式。选择景观价值和环保价值相结合的植物品种，尤其是防护林、防风林和重要城市干道两侧的树种，更应考虑植物的适应性。注意常绿树种和落叶树种、速生树种和慢生树种相结合。

（1）乡土珍贵树种：苦楝、山苦楝、琼崖海棠、凤凰木、花梨、榕树、海南木棉、枫香、酸豆、麻楝、青皮、秋枫、榄仁树、黄桐、白木香、白格、樟树、海南蒲桃、刺桐、海南红豆、盆架树、海南龙血树、孔雀豆、油丹、油楠、坡垒等。

（2）热带果树：龙眼、荔枝、芒果、杨桃、番石榴、木菠萝、青枣、海南山竹子等。

（3）外来速生树种：加勒树、桉树、铁刀木、雨树、洋蒲桃、非洲楝、木麻黄、马占相思、金柚木、火焰树等。

（4）竹子：甲竹、粉单竹、青皮竹、麻竹、龙竹。

（5）景观绿化树种：大王棕、短穗鱼尾葵、散尾葵、三药槟榔、红棕榈、蓝棕榈、黄棕榈、华盛顿棕、银海枣、硬叶刺葵、软叶刺葵、酒瓶椰子、三角椰子、霸王榈、糖棕、蒲葵、海南龙血树、苏铁、三角梅、软枝黄婵、凤凰木、榕树、木棉、酸豆、麻楝、秋枫、榄仁树、樟树、海南蒲桃、洋蒲桃、刺桐、海地红豆、盆架树、雨树等。①

---

① 《海口市城市总体规划（2006～2020）》.

（二）可意象性设计城市广场

1. 设计思路

城市中的任何环境都能够在观察者的头脑中形成一定的"意象"，城市广场也不例外。城市广场作为城市中的节点空间，其形象设计的最终目标是要使广场环境给人们留下一个美好的形象——即"好的意象"，并使这种美好形象能够为大脑所深刻地记忆、完美地重现。

结合广场空间的实际特点，广场意象的主要来源要素归纳为以下六点：①标志或中心；②围合物与边界；③广场域面；④线性要素；⑤景观小品与细部设计；⑥特殊景观。

（1）提高"标志或中心"的可意象性。无论从认知发展还是从文化角度看，环境都必须具备中心。醒目的标志会突出区域的中心，强化节点的功能。广场之中的标志本身的存在使广场具备了可意象性，它不但确定了广场的位置与意象，还有可能上升为地区的"标志"，对于增强更大区域乃至城市的可意象性具有重要作用。基本要求：特异性、形态简单性、形态复杂性、形态统治性、名称和意蕴。

（2）提高"围合物与边界"的可意象性。建筑在围合广场空间的同时，界定了广场的边界。在中等尺度环境中，建筑物最易为人记忆和再认，是识别环境的重要参照物，因此是"公共意象"中最重要的元素之一。现代城市广场与其周边建筑在空间上的关系不如以往紧密，但广场周边建筑对于广场空间的围合与界定仍然是广场意象的主要来源。基本要求：特异性、连续性、连接清晰（结合明确）、方向性差异、视觉范畴。

（3）提高"广场域面"的可意象性。广场域面是指广场被围合的领域，是广场空间承载市民活动的主体。这里所说的广场域面暂不包括域面之上的其他特殊景观。一般认为，人的水平视野120°，垂直视野向上为50°，向下为70°。在60°最佳水平视角范围内，垂直视角向上27°，向下35°，而人行走时向下的视野会更大。由此可见，域面部分较易为人们所感知，恰当的处理手法不仅能提供丰富的视觉性信息，满足观赏、游憩的需求，还可以反映文化环境，带给人们以认同感与归属感，增强广场的可意象性。基本要求：空间性、视觉范畴、非视觉范畴、使用强化。

（4）提高"线性要素"的可意象性。广场中大块面的"面状要素"是主体，而"线性要素"则是补充。线性要素分为两类：一类是"实"的线，一种可见的线，它规定了广场空间的形态与结构，串接了"亚空间"，赋予广场空间以理性的秩序与景观的序列，包括广场中的轴线、路径或游戏；另一类是"虚"的线，一种不可见的线，它规定了广场空间的情感，赋予广场中的人以身临其境的体验，包括人的视线、人与景之间的引力或张力线。"实"的线可以通过图纸的最终的形态直观地展现，而"虚"的线则要通过体验来发掘。基本要求：连续性、方向性差异、使用强化、运动的意识、时间序列。

（5）提高"小品与细部符号"的可意象性。广场的小品与细部的涵盖范围很广。小品可包括广场中的亭廊与座椅、水池与雕塑、矮墙与灯具等，细部指广场中所有景观处理的细节问题。广场小品、细部与人体尺度最为接近，因此容易引起人们的评价或感知。若处理得当，对于可意象能力的提高有重要的影响。基本要求：视觉范畴、非视觉范畴、使用强化、名称和意蕴。

（6）"特殊景观"独特的可意象性。广场中还有一些景观要素，由于其具备一般景观所不具备的某些特征，或经过强化具有比一般景观更为强烈的可被意象的能力，所以归纳为"特殊景观"。

人的活动作为景观："人"不同于"物"，是广场中最为活跃的因素。人的活动在广场中由于具备强烈的特异性、时间性、运动的意识以及意蕴特色，因而具备强烈的可意象性。对于经常到广场活动的市民而言，广场的物质环境是熟悉不变的，而人的活动满足了人们对于新奇刺激事物的心理需求。"人看人"、"人往人处走"，早已成为广场设计者形成的共同认识。来往穿梭的人流、嬉戏游玩的儿童、对弈打牌的人群，富有变化又充满活力，永远是广场上引人入胜、具备强烈可意象性的景观。因此定期举办一些演出、文艺活动，可使广场充满生活的情趣，同时增强广场空间的可意象性。

竖向的景观：增强竖向景观的可意象性需要通过加强其布局的连续性以及为观察者提供在运动中体验的条件。连续的竖向景观的组织与排列形成了韵律感与空间序列，强化了人们的感知。运动的意识则增强了竖向景观在人们意象之中的生动性。

动态的景观：起伏变化的音乐喷泉、啄食的白鸽、飘动的风筝、转动的风车雕塑等，由于具备强烈的运动的意识，可引发观察者的兴奋与愉悦感，从而留下深刻的意象。①

2. 应注意的问题

海口作为一个热带滨海城市，其城市广场的设计要让人们能感觉到这里有浓郁的海滨风光和自然情趣，浓厚的历史文化和人文情操。海口是我国最早的沿海十大通商口岸之一，带有鲜明的南洋特色，形象生动，宽窄宜人，是海口不可多得的人文景观资源。因而，应深入挖掘垦区文化、"闯海人"文化等历史文化底蕴，开辟新的历史文化主题资源，促进现代文化与传统文化的有机交融。在意象的设计中要将这些地方精神有机地结合起来，继承海口城市的历史，体现城市的

---

① 陈苹. 人与广场的对话——行为心理与城市广场公共空间的设计和使用 [D]. 南京林业大学硕士学位论文，2005.

场所精神,在广场中集中体现海口市独特的城市文化品位和文化底蕴。

另外,广场是各意象来源要素相互交织而组成的有机整体,只有在整体环境中特定要素才能够体现其含义。所以,可意象性的增强最终还要依赖于从整体的角度进行调控与把握,从而避免要素间的负向强化,而积极促成要素间的正向强化。

(三)人性化完善城市步行系统

1. 设计思路

(1)建构便捷通畅的步行网络,营造舒适宜人的步行设施与环境,为市民提供一个安全、便捷、舒适、优美的出行环境;建设一个绿色、健康、可持续发展的"宜居海口"。

(2)建立便捷顺畅、联系的步行交通系统网络。通过人行道及行人过街设施建设,在主城区建立连续的步行交通网络,通过步行系统连接公园、景区、学校、公共设施。

(3)针对海口骤雨、暴晒、台风多发的天气特征,人行设施尽量考虑遮阳、避雨要求。利用树荫绿化或半开敞的构筑物来遮荫,形成风道,达到降温效果;同时结合水体,以水控温,满足人们对阴凉环境的渴求。高水准绿化和美化,建立安全、舒适、体现热带滨海特色的步行交通环境。

(4)根据人的不同需求及不同的地形、水文条件,对海岸交接的滨水步道采取多种处理方式,如在部分地段设计立体步行系统,实现功能的复合。滨海步行空间还应和景观设计充分结合,使人们在其间能欣赏到波澜壮阔的海景与优美的城市景观。

2. 改造的重点

由于城市步行系统各个区内步行活动的聚集程度不一,根据步行单元在整个城市中的需求层级以及旅游化改造的要求,规划确定重点步行单元,作为海口市城市步行系统旅游化改造的优化重点。重点步行单元是指城市中步行活动发生频率最高,与步行系统要求最高,与旅游活动关系最密切,需要重点进行建设的区域。从城市尺度来考虑,重点步行单元的主要依据步行活动的聚集度,具体指交通条件、用地条件和对外吸引力等要素进行选择。

交通条件:便利的交通是步行活动聚集的支撑条件,根据适合的步行距离,考虑轨道交通站点周边500米区域及普通公交走廊两侧300米区域作为确定重点步行单元的重要因素之一。

用地条件:城市中的商业区、商务办公区、城市公园等吸引人流量大的区域,步行活动发生频率高,拥有这些区域的步行单元也是确定重点步行单元的重要因素之一。

对外吸引力：城市的商业区、商务办公区、城市公园等主要吸引的是城市内部人流，而城市的旅游度假区，深港口岸等地区的对外吸引力已超越本市的范围，对外吸引力越大，步行活动聚集度越高，其作为重点步行单元的概率越大。

综合以上因素考虑，本次规划确定了旧城片区、府城片区、万绿园、金牛岭公园、金贸商务区、大英山 CBD 片区、海秀东片区、长流中心区、海甸岛片区、新埠岛片区 10 个重点步行单元。规划将对这些重点步行单元进行步行活动类型和特色的总结，并提出步行系统的建设指引，以引导形成特色鲜明的步行系统。

（1）历史传统街区。选择旧城片区、府城片区作为该类的重点步行单元。这些历史遗留下来的传统街区聚集了大量的步行人流。他们的步行活动一般沿狭窄的内部街道展开，各种商业活动也沿街道聚集展开，缺乏大的开放性空间，街道密度很大，呈现很强的内部秩序感，这种空间形式把机动交通完全排斥在区域之外，有利于促进步行交往活动的发生，是传统步行生活方式在城市中的良好见证。

建议这两个片区设置为步行区，内部街道只允许步行或自行车、电瓶车通行，环保电瓶车作为步行区内的公共交通工具。外围设置几处大型停车场，解决小汽车停放问题。外围道路合理设置公交停靠站，设置四通八达的公交线路，吸引人们乘坐公交到步行区。进行街道景观设计，形成突出海口古建筑、历史古城特色的步行环境。

（2）城市旅游片区。海口是个拥有良好自然山水旅游景观的滨海城市，通过一些规划项目的良好开发、运作。海口已经形成了具有典型特征的旅游片区，成为居民和旅游者步行休闲活动的良好去处。

万绿园、金牛岭公园是目前主城区主要的旅游及休闲场所，为海口系统提供了最为舒适、宜人的步行空间场所，是需要重点维护，并进一步挖掘其特色潜力的区域。从这些片区与外部步行连接的程度看，这些区域一般受城市主要景观道路的影响，很大程度上与其他功能区呈现分离的状态，需要进一步加强其步行可通达性指标。

在公园周边应有便捷的步行出入口，并能与周边功能区建立便捷安全的步行联系，实现与公交的良好接驳。合理地设置停车场，在公共绿地外部解决好步行与车行的矛盾。在保证生态性、游憩性和景观性三位一体的原则下，结合各种集中的活动空间，安排自由型的线性步道系统。在步行线路的组织上，必须结合动态和静态游憩活动的不同需求，综合考虑跑步径、自行车道等的规划和建设。

（3）中心商业区。金贸商务区、大英山 CBD 片区、海秀东片区、长流中心区是未来海口的主要商业区。在整个城市特区范围内，商业街区是人流量最为聚集的区域，也是最能体现步行系统给城市带来经济社会效益的区域，是步行系统研究中的重点。

建议在这些片区建立立体化的、连续的步行系统，通过人行道、自动扶梯、人行天桥、人行地道、商场内部空间等设施建立连续的步行联廊，将沿线的大型商场、办公场所、娱乐场所、绿地、公交车站等连接起来，充分带动沿线的商业发展，同时也实现人车分流、解决人车冲突的问题。

（4）特色居住区。海甸岛片区、新埠岛片区是比较有特色的海岛居住片区，是外地休闲度假人群比较密集的地方，应该营造舒适的、具有海岛特色的步行环境，对于步行设施和环境应采用高标准进行建设，形成安全、舒适的完善步行网络体系。①

（四）精品化提升城市滨水区功能

1. 设计思路

（1）整体化设计原则。滨水公共开放空间与整个城市应该作为一个整体进行规划设计，要加强这种联系。在设计滨水地区时，要随时注意和整个城市的有机联系，作为城市脉络的延伸，运用独有的生态系统把滨水地区和城市的环境融合在一起。滨水地区各个地段会有不同的用地性质，但是设计过程中，应该做到大体风格一致，整体感觉协调。

城市滨水空间是城市开放空间系统重要的组成部分，城市滨水空间必须与城市整体空间环境相协调。因此，城市的滨水区与市区之间要加强联系，防止将滨水地区孤立地规划成一个独立体。规划滨水区时要时时想到整个城市，把市区的活动引向水边，以开敞的绿化系统、便捷的公交系统把市区和滨水区连接起来，保持原有的城市肌理的延续。利用滨海岸线，维护海口市现有的以海滩为主的线性开放空间，在海岸兴建滨海绿地，使之与万绿园连为一体，加速绿地向城市内部延伸，使滨海岸线成为城市开放空间的有机部分。

（2）延续性原则。延续性包括空间的延续和时间的延续。空间上主要是指滨水景观向城市内部的延续。时间上主要是对滨江空间历史的延续。水边的空间是向公众开放的界面，临界面建筑的密度和形式不应损坏城市景观轮廓线并保证视觉上的通透性，另外，需要把滨水绿化引入城市内部空间；城市的历史传统、民风民俗都是极其宝贵的文化财富，滨水区的建设应体现城市文脉的延续性。

（3）亲水共享原则。滨水区是城市公共空间的有机组成部分，应由全体市民共同享有。景观带在用地上应主要安排旅游、商业、休憩和体育设施，以利于向广大市民开放。滨水景观带与主城区之间应建立便捷的交通连续，同时在景观带内部建立多层次的步行系统，增强易达性、舒适性和亲水性。

（4）观赏性原则。滨江公共开放空间是形成城市景观特色最重要的地段，对其景观环境的建设，旨在打破城市发展、市民生活与水相隔的状态，让市民在

---

① 《海口市城市交通规划研究报告（2009）》.

单一城市景观的感觉之外体会到多姿多彩的滨水景观。其建设的目的是为市民提供一个美好的自然生态景观环境、休闲娱乐的好去处和优质的工作生活环境。在规划时，应借助城市设计处理好滨水区休闲空间整体性和特色的平衡，处理好点、线、面的结合关系，以创造优美的滨水城市轮廓线，激动人心的滨水节点，连续的开放空间及开阔的视线走廊等。对滨水开放空间的设施、景观标识系统及绿化配置进行整体的设计，在考虑其基本功能的同时（如防风灾、防洪功能），突出"热带"、"滨海"的主题。

（5）可达性原则。在滨海岸线建立起由滨水步行道、步行区组成的连续步行系统，完善沿线公交网络体系，加强滨水区各开放空间之间的联系，满足人们可通达性的要求。结合绿地、水系、步行系统，加强滨水空间对城市内部街区的渗透，引导人流由城市腹地向滨水区合理流动。

（6）生态优先原则。滨水地区是城市中自然因素最为密集、自然过程最为丰富、生态环境最为敏感的地域，在滨水区的建设过程中必须坚持生态优先的原则。主要包括：保护近海水质和河流水质、保护滨水自然动植物群落、增强水体及湿地的蓄洪行洪能力、保持并增强水体对气候的调节作用、预防建筑活动对海岸河岸的侵蚀等；加强与城市自然板块的结合，同时还应加强其景观基质与城市自然景观基质的连通。

（7）多目标兼顾原则。城市滨水区的整治不单纯是解决一个防洪问题，还应包括改善水域生态环境，改进江河的可及性与亲水性，增加游憩机会，提高滨水地区土地利用价值等一系列问题。

2. 精品化改造重点

（1）塑造三段主题海岸。整合现有岸线资源，将横贯城市东西的海岸带划分为红树林生态海岸、椰城风情海岸和温泉度假海岸三段主题海岸，通过鲜明的空间形象设计、主题化旅游产品和设施建设，展现其多样化的景观形态和旅游功能。

红树林生态海岸——西至南渡江出海口，东至文昌铺前，是海南国际旅游岛都市生态休闲的代表区域。通过以东寨港国家级自然保护区为核心，包括周边地区及铺前湾的整体保护与生态建设，增强海口的生物多样性，同时在整体规划的前提下进行适度的以红树林生态系统为主题的休闲游憩空间开发，以利用促进保护。

椰城风情海岸——东至南渡江出海口，西至秀英港，是海南国际旅游岛首府城市都市文化与水元素的重点体现区。依托骑楼老街、万绿园、滨海公园以及海甸岛、新埠岛等各类城市特色风貌元素，围绕椰文化主题进行滨海景观廊道、码头、城市公共设施与开敞空间、餐饮购物娱乐等休闲场所的景观塑造与环境营造，将主城滨海核心地区建设成为海口城市最亮丽的一道风景线。

温泉度假海岸——东起假日海滩，西至金沙湾，沙滩海岸与（地热）温泉相伴，两个高尔夫球场建成，是海口滨海度假旅游发展的首选地。充分发挥两城区组团之间联系纽带的区位优势，优质资源优质利用，大力发展满足旅游者和城市居民休闲度假需求的设施与项目，包括公共海水浴场、海上运动中心、游步道与观景平台、自行车专用道、轮滑道以及温泉度假酒店、水上娱乐、餐饮购物等设施，成为海南国际旅游岛滨海休闲度假旅游产业的特色品牌。①

（2）意象化设计渡江滨水景观。南渡江滨水景观主要突出海南的地域特色，体现海口热带、亚热带滨海风情、风貌、将河道、湖泊相互连通，形成水环、路环、绿环、文化旅游环四环协调发展的布局：市区突出"亲水文化"，郊区突出"自然生态"。按生态城市的标准，加强海口市水系源头生态保护区建设，恢复优化城市河网水系绿色生态廊道功能，重建生态绿地体系，推动现代文明生态城区建设，为实现社会—经济—自然协调发展奠定良好的社会、文化和自然基础，为城市建设构筑一道生态走廊。其空间布局表现为以绿色为主的"绿带成网、绿基串连、绿水环绕、滨河相衬、人居花园"的区域绿地生态系统。

作为海口滨水河流域桥，可以组合成具有强烈可识别的标志物：几条街道交会处或广场上的雕塑可以看作城市的节点；江流隔离的两个区域，江流可以称作区域的边界。区域与区域之间相接可以体现道路的性质；扩大的水面与其周边的元素共同组成滨水区域。由此可见，南渡江在不同地段体现一个不同城市意象元素，对于海口主体——市民而言，这些意象元素的叠加规划构成了人们对滨水区的整体意象。美国麻省理工学院著名教授凯文·林奇说过：迄今为止，我们对城市意象中的物质形态研究的内容方面可以归纳为五种元素——道路、边界、区域、节点和标志物。可利用这五个方面的元素来规划南渡江整个滨水景观的绿色廊道的意象，主要实现南渡江水体的休闲和娱乐两个方面功能。②

第五节　服务设施旅游化改造

一、城市服务设施旅游化概述

（一）相关概念界定

1. 公共设施

目前，各个国家的学者对公共设施所界定的含义差别很大。克莱尔认为：公

---

① 《海口市旅游发展总体规划（2010~2020）》．
② 次仁卓嘎．基于意象与物象中的南渡江河口段滨水景观规划研究［D］．天津大学硕士学位论文，2008.

共设施指城市内开放的用于室外活动的、人们可以感知的设施,它具有几何特征和美学质量,包括公共的、半公共的供内部使用的设施。我国的一些学者认为:公共设施包括公共绿地、广场、道路和休憩空间的设施,等等。① 城市公共设施被放置在城市的公共环境之中,它们的主要功能是为市民和旅游者提供各种便利服务。城市的广场、公园、街道上的各种不同用途的公共设施满足着人们不同的生活、活动需求。公共设施的功能往往通过拦阻、导向、划分、掩蔽、通廊、标志等形式表现出来,也可以表现为异质空间的中介,即两个相互对比的空间进行连接和过渡,以求视觉和心理的平衡,激发不同场所的活力。

不同的角度对公共设施有不同的看法。按经济学的说法,公共设施是公共政府提供的公共产品。从社会学来讲,公共设施是满足人们公共需求(如便利、安全、参与)和公共空间选择的设施,如公共行政设施、公共信息设施、公共卫生设施、公共体育设施、公共文化设施、公共交通设施、公共教育设施、公共绿化设施、公共屋等。城市公共设施不同于农村公共设施,具体来说,城市公共设施是指城市污水处理系统、城市道路、城市桥梁、港口、市政设施抢险维修、城市广场、城市路灯、路标路牌、城空防空设施、城市绿化、城市风景名胜区、城市公园等。城市公共设施按收费与否,有收费和不收费之分。从空间布局来分,有全市性公共设施、区域性公共设施、邻里性公共设施三种。

2. 服务设施

服务设施属于城市公共设施的范畴,是为公众在公共场所中进行活动时提供各种方便功能而设置的。实际上是指在城市户外空间(包括室内到室外的过渡空间)中以促进和满足人们进行户外交往和运动为目的的工具,它们是营造具有自由、平等、充满人文关怀等美好价值的社会环境的重要元素。这部分设施既具有很强的使用功能,又具有一定的审美功能,还是社会统一规划的具有多项功能的综合服务系统。服务设施在城市中与大众的日常生活关系密切,分布最广、使用最多,与建筑及其环境一同反映一个城市的特色、文化,体现市民的生活品质。

服务设施的主要方面是"街具"。"街具",顾名思义是指城市街头上的各种地景设施,通俗地讲是城市中的环境小品,城市景观中的公共"生活道具"。它们的功能有时就像居室中的家具一样,因此人们也认为所谓"街具"其实是"街道家具"的简称。空间像一个容器,各种场面在其中展开;而城市就像一个舞台,需要适合人们使用的舒适和富有艺术性的"街具"。它们形成街道和广场的环境特质,是街道空间和景观组织中不可缺少的元素,是体现城市特色与文化

---

① 陈淑光.论公共设施与人性化设计[J].设计艺术,2005,3.

内涵的重要部分。"街具"具有容量小、占地少、容易识别、造型具有个性、使用方便、分布广泛的特点，是人们生活中不可缺少的部分。

（二）服务设施旅游化的内涵

服务设施旅游化，就是更加注重服务设施在旅游环境中的使用功能，以发展旅游为契机，规划、设计以居民和旅游者的行为需求、心理需求、审美要求和文化认同为基础的服务设施的过程。具体范围包括一切与旅游者的旅游行为产生直接影响的服务设施，如旅游信息、观光游览、旅游集散与安全等服务。

二、海口市服务设施的现状及存在的问题

（一）海口市服务设施的现状

建省以来，海口市的公共设施系统发展较快，在原来落后于全国平均水平的情况下发展到在全国排名较为靠前，公共设施门类基本齐全、旅游服务特色突出。基本上考虑到了服务设施功能的合理、材料的统一与节约、制作加工的合理与简单、控制成本的最小化。

目前，海口市服务设施的旅游功能较为全面的是海口市旅游服务中心。它是海口旅游综合服务机构，中心开通多条旅游专线，涉及全省的旅游景点，是海南唯一具有一站式服务、旅游超市功能的散客集散中心。能为游客提供信息、咨询、游程安排、休息、食宿、购物、娱乐等服务。它们是旅游目的地对外展示的主窗口，是整个区域的旅游流和信息流的集散中心。

（二）海口市服务设施存在的问题

1. 服务设施文化性缺失

我国公共设施的发展经历了漫长的过程，在历史上曾经建造了一些当时世界上闻名的公共设施，但是由于近代经济落后工业化起步比较晚，导致公共设施的建设落后于西方发达国家。同时，我国公共设施本身起步比较晚，加上受到强势的国外设计思潮的影响，使得很多设计抛掉了自己的地域文化，照搬外来文化，而失掉了自身的民族文化韵味。这种情况同样呈现在海口市的服务设施设计中。

2. 服务设施结构不协调

海口市公共设施系统的发展一直存在两个层次，一个层次是依托于旅游、外贸等行业的外向型服务设施，另一个层次是植根于为本岛自身工农业生产服务的内向型服务设施。这两个层次的发展一直很不协调，具体表现在外向型部分发育过渡，而内向型部分相对不足。尤其是20世纪90年代初期海口房地产泡沫所造成的某些大型公共设施（如宾馆酒店等旅游服务设施）过剩的情况，一直影响到现在。

3. 服务设施级配体系不健全

海口市内向型公共设施系统的级配体系尚未健全，表现一部分低等级公共设施类别相对缺乏，而高等级发展超量，如医疗卫生设施类；而在另一部分公共设施类别则相反，低等级相对充足，而高等级相对不足，如教育科研设施类。

4. 服务设施布局不合理

大型服务设施主要集中在滨海地带，基本满足现状城市要求；但远离海滨的地区缺乏大型服务设施，公共服务设施系统的区域辐射力不强，整体水平与海口成为全岛中心城市的发展要求尚有差距。

5. 公益性公共设施不足

具体表现在体育、文化、社会福利等设施缺乏，不能满足人们日益增长的物质文化需求。

三、海口市服务设施旅游化改造设计

（一）服务设施旅游化改造思路

1. 要有"全局性"的综合设计观

海口市服务设施旅游化改造，应树立"城市品牌—城市形象—城市空间—服务设施"于一体的综合设计观。把城市放在全国乃至世界范围内进行形象定位，同时要考虑城市内部的区域差异，进行空间景观的地域组织和配套城市公共设施的设计开发，建立一个以城市形象为核心的地域空间景观结构体系，形成既统一又有差异，既有一致的形象识别力，又有丰富多样的空间景观内容。在城市形象战略中，服务设施设计已不再是简单地研究休息座椅、花坛、车站、垃圾箱或信息牌的造型、材料或是摆放位置，而是如何通过这些城市公共设施提高城市的整体文化形象，城市的服务设施设计必须介入城市的整体形态，在设计中贯穿"全局性"。服务设施种类繁多，粗略统计可达三十几项，如果没有"全局性"的考虑、统一规划、合理分类，就会显得杂乱无章，不能给人留下一个美好的整体印象。服务设施设计的"全局性"思路能够形成一个地区的概念和品牌，让人们能从中发现某些规律和共性，以推进城市整体形象的形成。

2. 要有"主题性"的地域文化特色

城市地域文化是一个城市人民经过千百年的积淀，一点一滴形成的，记载了当地人民的奋斗历史、精神风貌和民风民俗，是当地所特有的，具有鲜明的个性。优秀的地域文化可以为城市形象的塑造提供良好的基础。城市服务设施的形象是一个城市社会文化、经济、技术发展以及不同地区的文化特征和气韵的体现。盲目地追求特色与个性，在造型、材质和色彩上做文章，以体现"古都风貌"或是追求"时尚现代"的城市形象，由于缺乏坚实的历史文脉基础，常会

出现一些空有其表、华而不实的设计，造成了许多城市的环境似曾相识，毫无特色。因此，海口市的服务设施旅游化改造必须注重地域文化的挖掘，确保鲜明的海口城市特色，形成有内涵的服务设施。可通过确立文化性主题的造型方法，表达一定的思想内容，呼唤人文精神，加大地域文化的挖掘，研究其造型、风格、色彩、空间尺度以及与周边环境的依存关系，研究城市人群生活方式及其变化，进而提炼出更为本质的生活模式，与城市公共设施的形态设计互动，从内涵上促进城市地域特色的表达，为人们所处的主题鲜明的户外生活空间服务。

3. 要有"人本性"的人文关怀

在提倡"以人为本"的当今社会，对人关怀，为人服务对于城市服务设施设计尤为重要。布局合理、设计周到的服务设施能使居民和游客切身体会到来自城市建设者和管理者的无微不至的关怀和人性化的服务，从而赋予该城市以与众不同的都市形象和魅力，及亲和力。因此海口市在设计服务设施时，要注意最大限度地调整和完善人与物的组合关系，根据不同的场所、不同的使用对象、不同的城市文化，综合考虑各种影响因素的相互作用，努力创造一种人与人、人与社区、人与技术、人与自然环境以及人的内在身心之间的和谐关系，宣扬审美的生活方式，体现对人的关心，完善的用途呈现其功能面貌，以独特的形式引起人们对该城市环境的关注，让人感受到物质功能以外的精神享受。除了关注形式、材料与风格外，同样要考虑人的舒适程度。要利用人体工程学和行为学，设计符合场所的尺度和造型。要使城市公共设施设计面向大众，体现对使用者接纳程度上充分的开放性，需要了解人们在一些环境下的行为特点、生活方式及各种需求，进行调查研究与信息的分析，然后有针对性地设计。如必须对老人、儿童、青年、残疾人等不同的行为方式、心理状况、活动特性加以研究，注重人与城市公共设施的互动过程，加强对人的行为方式的尊重，才能唤起公众对公共设施的爱护与珍惜。

4. 要有"开放性"的设计程序

开放的设计程序是指向公众敞开的参与性和具有反馈机制的设计过程。由于城市空间的构成元素和作用因素复杂，要求从规划设计层面建立一个有众多工程师、科学家、社会学家、政府和市民共同参与的设计集群。参与性设计建立在设计者与市民以及管理部门之间相互协作、制约的基础上，要求参与建设方之间，通过沟通、对话来协调矛盾和利益冲突。从而减少由个别领导取代专家制定方案的所谓"长官意志"的不正常现象，也避免了由设计师个人片面设计公众生活的窘况。在建设过程中，决策需要公开化、增加透明度。在建设完成后，还应把公众的意见反馈到管理和其他建设中去，以保持它的不断发展。为了提高公众参与城市空间设计的热情，应该发挥设计师在公众参与中所扮演的角色。加强宣传，激发公众参与设计的愿望和责任。建立常设展示场所，在宣传的同时吸纳公众的意见和建议。从长远眼光来看，应该建立一整套支持公众参与的资金、教育、宣传、法律体系。①

5. 要有"科学性"的公共管理

从某种角度上说，良好的管理，不仅可以延长服务设施的使用寿命，还可以提高市民的精神文明素质和现代化城市意识。因此对于服务设施的维护和管理是我们需要重视的方面。在城市公共设施的规划管理方面，发达国家有许多经验值得我们借鉴。以马来西亚的城市为例，他们从政府关注与市民参与两方面入手，从城市景观环境的整体高度上对城市公共设施给予了充分的重视。注重政府行为即政府积极地进行城市形象的规划与控制，从城市景观调查入手（包括自然、历史、社会、道路、设施、景观类型、市民印象），对现有景观进行科学的分析评价，在此基础上确立城市发展的基本理念、目标和城市景观印象，并制定相应的景观基本计划（包括城市整体形象、轴线形象、各类型的景观形象等）和景观建设的方法、体制以及景观管理条例，使城市各地区的环境设计在一个总的理念下进行，给人一个整体的印象，也使城市的环境管理有法可依。在发布新的环境管理办法时，都要先在市民中征询意见，然后进行广泛的宣传，比如由政府机构派发宣传单、进行街头宣传等，以充分取得市民的理解和支持，使政府行为转化为市民的自觉行为。让市民主动参与到对公共设施的设计和维护去。通过公用事业市场化、地方政府还可以在既定财政资源的条件下，扩大公用事业的规模，提供更多的公共服务、改进公共服务的质量、使市民获得更高品质的公共服务，进而改善政府形象和促进现代化城市新秩序的建立。②

(二) 服务设施旅游化专项重点提升

根据服务设施的旅游功能的不同，重点针对以下几类服务设施进行专项设计。

1. 信息通信

（1）旅游信息咨询服务。

第一，设置信息咨询服务中心。分以下几种类型：

综合型——与旅游交通集散中心融合或在城区中心独立设置。免费提供各项（售票或免票的）景点相关信息，同时也能够提供到达景点的交通换乘路线，景点周边住宿餐饮娱乐休闲服务等各项信息。

景区型——按照国家5A级或4A级旅游景区的要求设置。

移动型——高峰时段在人流密集处设置。

---

① 易涛. 城市公共设施与城市形象相关性研究 [D]. 中南林业科技大学硕士学位论文，2010.
② 杨叶红. "城市家具"——城市公共设施设计研究 [D]. 西南交通大学硕士学位论文，2007.

第二，建设旅游网站。实现全市旅游门票预订、宾馆饭店预订、旅游商店查询、定点餐馆及旅游交通信息查询，建设相应的数据库并及时更新；打造海口旅游网上超市，为游客提供个性化旅游定制服务，通过周到的服务，让用户获得称心如意的旅游咨询服务；在现有中英文版网站基础上，构建日语、韩语和俄语网站，以为海外主要游客提供便捷的信息查询服务；充分开发利用"三网"资源（互联网、有线电视网和移动通讯网，合称"三网"），进行旅游宣传和销售；通过旅游企业、银行、网站三方的合作，建立电子支付系统，并开发新的支付工具，为游客建立旅行预支付账户；对游客信息进行搜集和统计，建立市场信息、行业管理、旅游企业及旅游统计信息各自的数据库。[①]

（2）信息标识（天气预报、景观导览、位置导引、路名牌指示牌等）。在主要景区明显处均匀分布清晰的路标、景观导览及多语言指路牌，重要信息配备盲文及声音标识；增加景区周边的公共交通信息。旅游标识系统的具体标准按本章第一节的相关内容设计。

（3）完善广播设施。在旅游风景区内，配套隐蔽的广播设施。这些广播设施主要以播放音乐为主，在不同的景点附件播放内容有所区别，进行统一管理。

（4）公交车站牌。在主要公交线路沿线设置电子公交站牌，用电子屏幕流动的形式播放最新的公共交通信息：包括下一趟×路车到达本站所需时间，本站点附近的城市介绍，公交车票证发行的新消息等；增加可查询的公交路线图。现有的公交信息都只有文字描述，没有直观的地图，而车站提供的公交线路图，因为太多车次叠合在一起，查阅起来相当麻烦。

（5）公用电话。电话亭的形式可分隔音式、半封闭式和半露天式。电话亭可单独设置，也可并列设置。决定电话亭形式和数量的是环境的公共性质与人们流动频率，如人流密集的步行街、商业广场、展览会等场所。电话亭设计时要注意使用效果，防止外界干扰，保证私密性和隔音功能，符合人体使用尺度和习惯。对风雨阳光遮蔽及人为粗暴使用布防护能力。在环境中应醒目易被使用者发现，又不过分抢眼。在城市景观环境中，电话亭是附属设施，起点缀作用。在电话亭的设计及安放时，应服从整体环境要求、防止随意设置，造成人流交通和景观效果的混乱。

特别要注意的是，在主要景区要均匀分布具有热带滨海特色造型的公用电话亭，电话功能以拨打长话为主。另外，需增设销售电话卡的商业网点。

2. 观光游览

（1）小型游览车。小型游览车可承包给相关旅游公司经营管理。建议开设

---

① 《海口旅游发展总体规划（2010~2020）》.

多种游览方式，如"×一周游"、"区间往返游"、"包车游"等。

（2）自行车出租。按《海口绿色慢行休闲体系规划》中的《慢行租赁系统规划》相关内容设计。

（3）汽车/房车营地。建设自驾车/帐篷营地、汽车营地、房车营地、自行车营地、高端固定营地、船形营地/黎族风情徒步等在内、种类齐全、主题多样（运动营地、家庭营地、探险营地、商务营地）的营地系统。

依托旅游交通干线和风景优美之地或者在旅游景区附近开设的，有一定场地和设施条件，可以为自驾车爱好者提供自助或半自助服务的，具有特定主题复合功能的旅游场所。

汽车露营营地包括海滨、沙滩、草地、森林等区域有效利用空间，分为营位区、管理区、休闲区、配套区四大功能区，可同时接纳房车、自驾车、露营者，以提供住宿、露营、越野、休闲、餐饮、娱乐、汽车保养与维护、汽车租赁、度假、户外运动、信息服务、医疗与救援等服务为主。

表8-13 汽车营地型综合服务区功能需求

	功能建设		
	核心功能	基础功能	补充功能
信息	住宿、露营、越野、休闲、餐饮、娱乐	汽车保养与维护、汽车租赁、度假	信息服务医疗与救援

为适应自驾游的发展，规划建设六处自驾车营地。分别位于海口国家地质公园、热带野生动植物园、红旗镇、演丰镇、三门坡镇和东海岸，根据功能要求，为游客提供相应综合配套服务。[①]

（4）建设多样化的购物设施。结合城市商贸服务设施建设，打造各种适合旅游购物的场所，包括时尚的城市百货商店、大型购物中心、免税商店，以及富有地方特色的购物步行老街、农贸市场、夜市、专业的工艺品村和加工厂等。近期重点建设免税购物店和奥特莱斯购物中心。

（5）自动售货机。自动售货机是一种城市服务性自助销售形式。自动售货机不仅设置于室内，也常见于人行道、广场、商场、车站等人流量大的公共场所。它具有体积小、多样时鲜、购售便利的特点。可考虑发展集成式综合自动服务机，即可以为人提供咨询、照相、兑换票券、购车票、信用卡存取款等功能的自动服务机，增加多种服务项目，包括向多样餐饮、日用百货、音像制品、儿童

[①] 《海口旅游发展总体规划（2010～2020）》.

游戏等内容发展。设置自动售货机,首先注意相对集中,所处位置既方便市民,又不影响人流,应尽可能靠近建筑地面,前面有充裕的活动空间。其次动售货机应保证清洁卫生、周围光线明亮。

3. 公共卫生

(1) 公共厕所(含洗手)。公共厕所是城市街道空间中的便民性小建筑。它常设于街道、广场、桥头、公园绿地的干道附近,是城市景观中很有影响的因素。它的设计、内部设备和管理,标志着一座城市的文明程度和经济技术水平,直接关系到市民的生活环境质量。其本身的卫生状况又反过来影响市民参与维护的自觉性和城市公共环境的评价。

1) 新建公共厕所。配合城市建设改造,主要对公共厕所密度较小的区域进行新建,如重点商业区、旅游区及新建小区等。建设标准严格按照《城市公共厕所规划和设计标准》的要求建设,外观应整洁美观、识别性强,与城市整体环境协调;内部设备完善、功能实用;以人为本,设置无障碍设施和无障碍通道;化粪池设计应尽量接入市政管道等。同时,新建公共厕所应尽可能采用相关环保措施及节能技术产品,促进公厕节能环保工作开展,改善如厕环境。根据需要,安装高效的除臭灭蝇设备或排风扇,并尽可能新建生态节水型公厕等。

2) 改造现有公共厕所。改造公共厕所外观,应尽可能增加绿化面积,与周边环境相协调;完善公共厕所内部设施,尽可能采用先进、成熟的除臭灭蝇技术和装置,对于目前使用的设施要及时维修和保养,保障设施稳定、安全运转;优先选用节能环保产品和技术,提高公共厕所的整体技术水平;加大人性化设计,完善残疾人及老年人如厕的便利环境。根据需求,设置残疾人或老年人专用间、专用位等,真正实现"以人为本"的原则;增设公共厕所引导牌,便于路人寻找。①

(2) 垃圾桶(含垃圾站、烟灰皿)。统一所有分类垃圾桶的标识;在罐装类垃圾数量比较大的地方加设专收瓶罐类的垃圾桶;分设一定数量的废水倾倒点,并附设洗手处。设施要求:标识统一,可识别性强;加强垃圾桶的分类功能;设施分布均匀。

4. 旅游安全

(1) 医疗救援服务。医疗救助体系分为两级,市中心设游客医疗救助中心,海口国家地质公园和红旗镇分别设游客医疗救助分中心,分别为西南和东南两片区域的游客提供医疗救助服务。其他各景区景点建设医疗急救站(点),备有急救箱、急救担架、日常药品,设求援电话,主要景区景点要有专人负责医疗卫

---

① 李娜. 北京市海淀区公共厕所存在问题及改造建议[J]. 环境卫生工程, 2010 (12).

生，以保障游客的生命安全。

根据《海口市旅游发展总体规划（2010~2020）》，在海口市现有的医疗保障服务系统中增设"游客医疗保障系统"，要有"定点医院救护机制"，要有预案、有专人负责。在各旅游区点显要处标识急救电话等联系并建设"流动抢救指挥中心"，中心的车辆越野性能强，空调、通信、GPS、救护等设施完善，并保证在行驶中有抢救游客功能。

探索建立内地常客和常住人士（特别是老年人）在海口可享受全国公费医疗、劳保医疗或合作医疗的报销制度，为在海口养生养老提供医疗保障。

（2）旅游危机管理与处理中心。随着海口旅游发展，可能面临的危机事件包括群体性踩踏及安全事件、沉船或溺水事件、气候异常现象、公共卫生安全事件、火灾事件、游客迷失问题、游乐设施安全问题、交通事故、自然灾害事件等。

成立海口市旅游业危机管理机构，其成员由旅游行业管理部门、相关部门及相关行业协会等非政府组织组成，应制定《海口市旅游业风险危机管理手册》，协调建设应对旅游危机的基础设施，在危机发生时启动危机应对措施。

针对各类危机事件，应加强危机的预警机制建设，制定各类危机事件的预案，并进行必要的各类危机处理演习或演练，提高海口市处理这些危机事件的应急能力。

一旦危机发生，要立即启动危机预案。在危机过程中，应特别注意游客安全信息的及时、准确掌握，并做到实时更新，并与危机事件受害者的家属保持热线。

建立旅游者投诉处理机构，设立并公布旅游投诉电话；提高投诉处理效率，建设游客反应快速应对机制，提高旅游执法人员的素质，确保应对的及时性和有效性。①

5. 旅游集散

（1）旅游集散中心。根据《海口市旅游发展总体规划（2010~2020）》，将海口的游客集散体系分为两级：旅游集散中心（总站、分站）和游客服务中心。

结合东环铁路海口东站设旅游集散中心总站，承担城区与市域及周边县市以及岛内主要旅游景区交通集散服务功能，并连接城区与空港、火车站、港口等交通枢纽，提供无缝对接和穿梭服务。考虑海口城市带状布局和人口分布特点，远期分别在海口火车站、秀英港和东海岸设旅游集散中心分站，更大限度地方便游客与本地市民的休闲出行。

---

① 《海口旅游发展总体规划（2010~2020）》．

表8-14 旅游交通集散体系规划

级别	位置	功能
总站	凤翔客运站	向全市各个方向的景点集中区接送游客
分站	长流组团	长流、南海之星、金沙湾片区各个景点的游客集散和接送
	秀英港	骑楼街、秀英港、万绿园等市中心各个景点的游客集散和接送
	东海岸	东营、东海岸、桂林洋运动基地片区各个景点的游客集散和接送
	东寨港	东寨港、演丰镇各个景点的游客集散和接送

游客集散交通总站、分站以及主要旅游交通枢纽、主要旅游景区间通过旅游巴士线路紧密联系。巴士线路上设置游客集散交通停靠点，作为游客集散交通体系的第三级。规划共设4条旅游巴士线路。

表8-15 旅游巴士线路

序号	线路
1	游客集散中心——滨海大道——秀英港散点——长流集散点
2	游客集散中心——东海岸集散点——演丰镇集散点
3	游客集散中心——南渡江——红旗镇集散点
4	游客集散中心——中线高速公路——雷琼火山公园集散点

充分依托海口快速公交系统（Bus Rapid Transit，BRT），与旅游集散交通体系充分衔接。

（2）游客服务中心。在市区外围的石山镇、新坡镇、演丰镇等地设置游客服务中心。①

6. 福利供给

（1）公共座椅。座椅在城市环境中是最常见的"街具"，设置座椅的地方自然是引人前往、聚合的场所。座椅的数量越多、其场所的公共性越强。观赏、休息、谈话、思考是座椅的服务内容，根据所在环境以及使用对象安设位置、座椅数量、造型形式。但它具有随机性，座椅的设置应与行人接近并尽量形成相对安静的环境形态。座椅材料的选择除与热带环境特点相关外，还要考虑使用频率，频率小者，可选水泥石树，频率大者，应选本材。座椅的色彩与造型，宜统一协调，自成系统。

---

① 《海口旅游发展总体规划（2010~2020）》．

在市区及景区休息区设置造型丰富、与环境适应度良好、分布均匀的公共座椅，并根据人性化要求设置相关配套，如多建造带顶棚的休息区、营利性的茶座/咖啡座、设计可坐式样的花坛等。

（2）饮水机。饮水器是公共活动场所中为人提供饮水的设备。根据使用者数目，分独立式和集中式两种。一般设置在休息场地、出入口、食品销售点附近。饮水器的构造主要有喷水龙头、开关、水盆、支座。

在市区及景区休息区设置免费使用的饮水机，统一标识使用说明；并增加洗手设施，避免饮水机被误用于洗手。

（3）机动车停车诱导系统。设立"机动车停车诱导系统"，通过网络查询、电话查询以及路边设立的机动车停车诱导牌了解该停车信息平台内所有停车场的实时情况。

（4）候车亭。候车亭是公共交通停靠站和乘客候车、换车的场所设施。其目的是为乘客创造便利舒适的乘车环境。为此它应具有防晒遮雨和挡风的功能。标准的候车亭一般由站台、站牌、顶盖、隔板、支柱、防护栏、夜间照明、座椅等部分组成。候车亭设计要求具有易识性和自明性，并与环境协调。

（5）停车场。停车场即停放机动车和非机动车的场所。停车场为汽车环路、入口车道及目的地提供重要的联结纽带。停车场必须考虑车辆的停放方式、标准车位尺寸、车辆的回转轨迹、停放空间的围合、高度、地面、照明及导向设备。

第六节 海口市其他新兴旅游产业开发改造

一、海洋旅游产业的开发改造

海洋，约占地球表面的71%，是人类未来发展的最重要空间，21世纪将是海洋经济时代，而海洋旅游业则是前景广阔的海洋产业群中的重要组成部分，海洋旅游有着广阔的发展前景。

海南真正的优势在于其独特的海洋资源。在中国具有垄断性的海洋资源和独特的区位条件决定了海南从长远来说必须依托海洋做文章，其中，海南的振兴必须先从陆地与海洋兼顾的旅游业开始。[①]《海南国际旅游岛建设发展规划纲要》提出：要科学规划发展海洋经济，集约高效利用海洋资源，打造一批特色海洋产

---

① 苏洪宁. 解构旅游［M］. 天津：南开大学出版社，2005.

业，逐步实现由海洋资源大省向海洋经济强省转变。① 作为海南国际旅游岛的首府之地海口，同样拥有十分优质的热带海洋资源，以及全岛最强的经济和科研实力，在多方位开发海洋资源，做大做强海洋旅游产业方面有十分广阔的前景。

（一）海洋旅游

1. 海洋旅游的基本概念

海洋旅游是与陆地旅游相对应的，是按旅游活动地域不同来分类的一个子类，我们把主要活动范围在陆地的旅游称为"陆地旅游"，而把主要活动在滨海地区、海上、海底、海岛的旅游称为"海洋旅游"。所谓海洋旅游，就是指在一定社会经济条件下，以海洋为依托，以海水、阳光、沙滩为主要内容，为满足人们的精神和物质需求为目的而进行的海洋游览、娱乐、体育活动和疗养活动所产生的现象和关系的总和。②

2. 海洋旅游的类型

海洋主要分为海滨地区、近海地区、海岛、大洋以及海底，因此海洋旅游按其活动范围划分，可分为海滨游、海上游、海底游、远洋游、海岛游五大类。①海滨旅游，主要是依赖海滨的自然风光、名胜古迹以及海水浴场等旅游资源，开展海滨自然风光游览、名胜古迹旅游、度假休闲旅游、健康疗养游等。②海上旅游，主要有海上观光、海上巡游、海上体育运动娱乐游等。③海岛旅游，主要有海岛生态游、海岛观光游、海岛垂钓游、海岛民俗游等。④海底旅游，利用潜艇或修建大型海底观光公园，或开展潜水等项目，进行海底世界的探奇旅游。⑤远洋旅游，利用大型豪华游轮，开辟中、远程航线，开展远洋航行旅游。

按照旅游者的活动内容，又可以将海洋旅游分为海洋风光游、海洋生态游、海洋文化游、海洋度假休闲游、海洋运动娱乐游、海洋健康疗养游、海洋购物游七大类。①海洋风光游，包括近海及沿岸的自然风光游览、名胜古迹游览、海上观光游等。②海洋生态游，在生态环境保护的原则下，开辟各种海滨自然保护区，在保护区内进行珍稀动、植物观赏游，奇特地质地貌、天象天景观赏游、海珍品养殖考察游、海底世界探险游等。③海洋文化游，其内涵非常丰富，主要有海洋宗教文化游、渔家民俗游、海洋节庆活动游、海洋工业旅游、海洋科普游、海洋博物馆游、海洋饮食文化游等。④海洋度假休闲游，利用海滨怡人的气候和度假区的各项旅游设施，开展海洋度假休闲游。⑤海洋运动娱乐游，其类型多样，有娱乐型也有竞赛型，有在海上进行的也有在海滨开展的，具体如游泳、帆船、摩托艇、跳水、冲浪、海上跳伞、水上打靶、水上单车、沙滩排球、沙滩足球、沙滩健美、沙滩摔跤、沙滩竞技等。⑥海洋健康疗养游，利用沿海地区疗养

---

① 海南国际旅游岛海口市建设发展规划纲要［R］.2009.
② 董玉明.海洋旅游学［M］.北京：海洋出版社，2003.

院、休养院（所）等保健设施的资源优势，开展健康查体、疗病养伤、营养药膳、温泉浴、海水浴、日光浴、泥浴、沙浴、气功疗养等健康疗养旅游。⑦海洋购物旅游，利用海洋生物、化学、矿物原料制作各种海洋土特产和工艺美术品，如珍珠、贝画、贝雕、海洋奇石、海洋生物标本、海洋舰船模型等，吸引人们参观制作过程，并可亲自参与操作、购置带走。①

（二）海口市海洋旅游产业开发现状

海口是全国著名的滨海城市，地处我国低纬度热带北缘，自然生态环境优越，聚阳光、沙滩、海水、气候、温泉等优势资源，发展海洋旅游产业的前景十分广阔。从海陆关系层面看，海口市沿线有3个大海湾——海口湾、东海湾、金沙湾——以及众多小港湾；近海地区有许多岛礁和潮滩；大部分海底平缓，以软泥为主，泥沙次之；靠近沙滩海岸一带海底以细沙为主；10米等深线以内的浅海，滩涂面积约200平方千米，常年风平浪静。

1. 海口市海洋旅游产品

目前，海口海洋旅游主要集中在滨海地带，而对近海海域、海岛、远洋以及海底地区的旅游产品开发甚少。除了开发海岸地区的滨海度假旅游、海洋观光旅游览外，海口也开发了包括海洋游艇旅游、海洋游轮旅游、海钓旅游等在内的新型海洋旅游产品。

海口市的游艇产业还处于起步阶段——海口湾、新埠岛等地游艇码头正在建设中，游艇俱乐部和游艇数量不多，因此，海口的海洋游艇旅游产品的开发也还在起步阶段。2010年3月19日，海口游艇经济主题论坛在海口湾美源国际游艇会成功举办，海口市政府在论坛开幕式致辞中提出"今明两年全市建成的游艇泊位将达600个，10年内达1000个"的发展目标，借此，海口的游艇旅游产业也将得到和好的培育。

海口港是琼北地区的国际游轮停靠港，已有多年的发展历史。

海口港游轮客运吞吐量自2001～2003年达到高峰，之后出现了几年的滑坡，到2007年下半年，香港丽星游轮公司复航海口港，海口港的游轮抵港量出现转机，近年来，海口港的国际游轮停靠艘次在逐年上升，在无专用游轮停靠泊位的情况下仍在国内沿海港口中位居前列。目前，海口秀英港国际游轮专用泊位工程建设也已经启动，它将被打造成为国际游轮母港。随着海口游轮业的不断发展，因游轮产业而兴起的海口海洋游轮旅游产品将得到同步的发展。

目前，海口的海钓旅游行业处于起步阶段，钓鱼船的审批及驾驶海域等相关政策与管理要求不明确，无经营实体，俱乐部客源不足，相关配套服务产业发展

---

① 张广海，董志文. 可持续发展理念下的海洋旅游开发研究［J］. 中国人口·资源与环境，2004（3）.

滞后。来海口海钓的海钓爱好者们一般是自己驾车前往海边租渔民的船只出海钓鱼，还没有能为海钓者提供全套服务（包括海上游钓区、游钓船、钓具、旅馆、餐饮娱乐场所等）的旅行社或公司，海钓俱乐部很少，且主业是普通旅游业。①

2. 海口市海洋旅游产业存在的问题

总体来说，海口市海洋旅游产业主要存在以下几个问题：

第一，缺乏与国际水平接轨的海洋旅游基础设施，旅游类型传统。海口的海洋旅游产业近年来虽然取得了一定的发展，已经拥有一定的产品类型，但由于观念、资金和技术等原因，与国际水平接轨的海洋旅游基础设施，如游艇、游轮、海钓基地、海底探险装备、海洋科研技术等缺乏，使得海口的海洋旅游的产品类型仍旧以滨海观光旅游方式为主，类型单一，未能形成系列开发。

第二，部分地区无序的海洋资源和海域环境遭受破坏。近几年来，随着我国海洋旅游爱好者的增加，部分海域秩序混乱，使近海海洋资源和海域环境受到了一定程度的破坏，如滨海红树林、海洋鱼类、海底珊瑚等的破坏。另外，如何控制部分海洋旅游者的遗弃物造成的海域环境污染也是一个不容忽视的问题。

第三，缺乏专门的管理机构和专业人才。由于海口众多类型的海洋旅游产品发展起步较晚，缺乏专门的管理体制、机构和专业人才，同时，部分海洋旅游者缺乏对海洋环境的了解，救生逃生知识和能力不足。

第四，科学研究和宣传力度有待于加强。海洋旅游产业在海口、海南，甚至全国大部分地区还是一个新生事物，了解的人群不多，社会影响力不大，这在一定程度上与新闻媒体的宣传力度不够有关。另外，为了促进我国海洋旅游产业的可持续发展，尽快与国际接轨，社会各界对海洋旅游活动的理论研究也有待于加强。

（三）海口市海洋旅游产业改造思路

1. 海口市海洋旅游产业开发的原则

第一，市场导向的原则。市场导向就是发现旅游者的需要并设法满足他们，确定目标市场，发现旅客需求，然后开发适销对路的产品。海口的海洋旅游正处于起始阶段，与国内及世界著名的海滨旅游度假区相比，在基础设施、旅游设施建设、人员素质、区位条件等方面缺乏竞争力，如果不进行市场分析和调查及项目可行性研究，盲目投资建造大型豪华设施以吸引国内和国际游客的做法，很可能造成设施的浪费。海口应根据自己的特点，有针对性地吸引海内外游客。

第二，丰富文化内涵的原则。文化是提高旅游产品品位的重要手段，是创造旅游经济价值的核心，没有文化品位的旅游只能是低层次的旅游。海口海洋旅游的开发应注意挖掘当地的渔家民俗文化、宗教文化、海洋科学文化、海洋动植物生态文

---

① 海南国际旅游岛海口市旅游发展总体规划（2010～2020）规划说明书［R］．2009.

化等内涵，组成形式多样的海洋文化旅游产品，增加旅游地的生命力和竞争力。

第三，突出特色的原则。特色就是吸引力，特色就是竞争力。海口的海洋旅游逐渐在形成自己的特色，但总的来说，其旅游产品开发的特色不够明显，海滨公园、水族馆等与其他滨海城市大同小异。由于沿海地区海洋旅游借以生存和发展的海洋风景旅游资源在竞争中替代性很强，因此，海口市的海洋旅游开发必须突出本地的特色，结合当地的人文景观和社会环境创造出独特的旅游产品，在游客心目中形成较稳固的形象，提高本地区的竞争力。

第四，生态环境保护的原则。海域生态环境是发展海洋旅游产业的重要支撑，同时，它也是一个相对脆弱的生态系统，对旅游业和经济的发展造成的压力以及气候的变化十分敏感。因此，在大力发展海口海洋旅游的过程中，必须用可持续发展理论作指导，追求经济效益、社会效益、环境效益的和谐统一，使海洋生态环境保持良性循环的发展态势，进而促进海洋旅游的可持续发展。同时，利用宣传教育手段和开展海洋生态旅游等活动，提高海口当地居民和游客的环保意识，最终达到保护环境、改善环境的目的。①

2. 海口市海洋旅游产品的开发

为了加快海口市旅游业的发展，海口市应发挥海洋旅游资源优势，系统开发海洋旅游产品。

一方面，抓好海滨浴场建设，开发与完善海滨浴场旅游产品。抓好海滨浴场旅游产品开发建设，是发展海口海洋旅游的最重要措施。海口市区的海水浴场海岸线长，游客容纳量大，水清沙优，海水中含有丰富的矿物成分，对洗浴者有增强血液循环和新陈代谢的功能。在完善海口市区的海滨浴场建设之外，还应开辟和扩展市区以外县市的海滨浴场，以此缓解海口市区海水浴场的压力，同时带动市区以外县市经济的发展。海口的海水浴场需要不断完善和增加服务设施，净化浴场环境，防止海水污染。对海水浴场进行深层次的开发，不仅使浴场作为洗浴之地，还要搞好冲浪、滑板、赛艇、帆船等运动和海上降落项目等。海口在扩大浴场区接待能力之时，要加强浴场管理，特别注意生态环境的保护，加强对近岸水域水质的监管，确保国家一类水质标准。

另一方面，围绕"海"字做文章，开发系列产品。海口可开发的海洋旅游产品具体如下：

（1）观海旅游产品。观海旅游产品具有人多、面广、受季节性约束小等特点，目前，观海已经成为滨海旅游者的最基本需要，走滨海路观海已成为备受游客青睐的海洋旅游内容。海口可围绕"观"字来做文章：登高观海上日出日落

---

① 李平，盛红．海洋旅游研究初探［J］．海岸工程，2001（3）．

之胜景、乘船观海上及岛屿之奇特风光；乘潜艇观海底世界之美妙。

（2）开发海洋海滨地学科学旅游产品。海口地质、地貌、热带动植物旅游资源不仅丰富、奇特而且还十分典型，分布广泛，有火山群地质地貌、国家级红树林自然保护区等。海口应发挥这一系列资源优势设计合理的旅游路线，使之成为全国高校地学科普、考察和旅游的基地。同时，开发多种海洋地质、地貌、生物旅游产品，开辟专门旅游线，把多个地学景点联系起来，使人们在领阅大自然的奇美、壮观的同时，增添人们对热带地学知识的感性认识，培养人们热爱大自然、探索大自然和保护自然环境的观念。

（3）海洋渔业旅游。海口的渔业以海洋捕捞为主，可开展参与性的旅游产品，如让游人随船出海打鱼，开展海洋垂钓和海产品养殖旅游等活动，同时兴办海洋渔业展览馆，陈列不同时期的渔业实物模型，使游客全面了解海口及南海渔业发展的历史和现状。

（4）海洋盐业旅游。海口是我国重要的海盐产区之一，悠久的海盐生产历史结合，现代的制盐工艺都可以作为海洋旅游资源，如建立海盐文化历史馆，收集各种资料和实物模型，供旅游者参观并了解中国南海海盐的发展史；如在盐业文化馆或海盐产区附近选择部分盐滩，陈列制盐工具，介绍制盐过程，让游客亲自体验海水变盐的乐趣。

（5）海食文化旅游产品。品尝旅游目的地的风味餐饮是旅游不可缺少的内容，具有海味特色的食文化更应该成为吸引游客的重要旅游资源。海口盛产鱼虾、蟹类、海珍品和各种热带水果，通过颇具海口地方特色的加工烹饪方式，将这些海产品和热带水果制作成具有海口风味的海鲜佳肴。同时，根据不同消费层次的游客设置高、中、低档海味餐馆，让各地游客在海口大饱口福之时，了解海口海食特色及传统趣闻。还可以在滨海路上选址建立美食街，形成观光、游览、水产购物、海鲜美食一条龙。

（6）海洋民俗风情旅游。在长期的征服海洋、开发海洋、繁衍生息的过程中，海口渔民形成了自己独特的渔家民俗文化，从生产工具、房屋船只、服饰饮食到节庆礼仪、休闲娱乐、乡土工艺再到民间信仰、思维方式、审美心理等无不体现着海口的本土特色和深厚的海洋文化内涵。借此，海口可以开发独具民俗风情的，融观光、吃、住为一体的"渔家乐"旅游产品，让游客充分体验热带海洋的风土人情。

（7）海洋夜生活旅游。夜生活日益成为当代各种旅游形式的重要组成部分，夜生活旅游不仅能展现旅游目的地不同于日光下的特色，更能拉动旅游经济的增长。海口在开发海洋夜生活文化旅游时，除了建造和完善具有现代城市气息的舞厅、卡拉OK厅、夜总会等以外，还应营造一种蕴含着丰富海洋文化内涵的夜生活氛围，开展具有海洋特色的夜生活文化旅游产品，如滨海路夜游、篝火晚会、夜间水上或沙滩听潮赏月等，多角度、全方位地展现海口的海洋特色。

（8）海洋体育竞技旅游。海口海岸线漫长、岛屿众多，海洋体育竞技旅游条件优越。在沙滩上可以发展沙滩拔河、沙滩跳伞、沙滩排球、沙滩足球、沙雕等活动；在海上可以发展海钓、游泳、帆船、帆板、摩托艇、冲浪、滑水、划船、水上飞机等运动，多样化开展海洋体育健身旅游产品。①

二、文化旅游产业的开发改造

（一）文化旅游

旅游与文化的密切关系很早就为人们所认识，但文化旅游作为一个专业名词在人们视线中出现却是随着旅游业的不断发展，旅游者活动领域的不断扩大，经营者营销范围的不断拓展而于近期出现的。

文化旅游是与传统的大众旅游相对的一种专项旅游类型，是以旅游文化为消费产品，旅游者用自己的审美情趣，通过艺术的审美和历史的回顾，得到全方位的精神上与文化上享受的一种旅游活动。人们对异地异质文化的求知和憧憬引发的，离开自己的生活环境，观察、感受、体验异地异质文化，满足文化介入或参与需求冲动。文化旅游是和商务旅游、生态旅游、会展旅游等平行的一种旅游活动。

文化旅游大体包括历史文化旅游、建筑文化旅游、宗教文化旅游、园林文化旅游、民俗文化旅游、饮食文化旅游等。具体来说，文化旅游分为以下两个层面：一是以文物、史迹、遗址、古建筑等为代表的历史文化层；二是以居民日常节日庆典、服饰、居住、饮食、民间艺术、历史文化名人等为代表的生产生活民俗文化层。

（二）海口市文化旅游产业开发现状

1. 海口市文化旅游资源

历史文化资源是人类社会生活过程中的遗存，这种遗存可以为人类现在及今后的社会生活所利用。在这个瑰丽的宝库中，有大量的实物遗存和文字遗存。实物遗存中，包括历史文物（一般指先民遗留下来的生产工具、生活用具及建筑工程设施）、历史遗址或文化遗址（一般指先民的居住地址及生活痕迹）及墓葬等。② 历史文化资源和文化遗产是同义语，而历史文化旅游资源的主要内容是历史文化资源或文化遗产。

海口作为中国历史文化名城，有着丰富的历史文化旅游资源，目前，海口市有各级文物保护单位60处，其中全国重点保护单位6处；海南省文物保护单位7

---

① 李悦铮. 发挥海洋旅游资源优势，加快大连旅游业发展［J］. 人文地理，2001（5）.
② 马宝珠. 合河帆影：马宝珠随笔［M］. 上海：东方出版中心，1997.

处；海口市县文物保护单位46处，分属于古墓葬、古建筑、纪念建筑、古文化遗址、石刻、雕像、近现代重要史迹七个类别。此外，在海口市还保留有大量明代、清时代的牌坊、古井、牌匾等历史遗存。[①] 琼山府城和海口旧城是海口城市发展过程中两个重要的组成部分，是海口市最重要的两大历史老城区。同时，琼山府城传统民居型历史文化街区和海口旧城骑楼型历史文化街区，是海口市现存的重要的历史文化街区。

表8-16 海口市各类文物保护单位

类别	名称	级别
古墓葬	丘浚墓、海瑞墓	A
	唐胄墓	B
	吴贤秀墓、唐震墓、王居正墓、何兴墓、梁云龙墓、陈公墓、张岳崧墓	C
古建筑	五公祠、丘浚故居	A
	儒符石塔、府城鼓楼、琼台书院奎星楼	B
	天后庙、西天庙、琼山学宫（文庙）、达士巷古道、北胜街古道、吴典故居、吴元猷故居及墓、陈得平故居及墓、黄忠义公祠、邢氏祖祠、王国宪故居、定福灶君庙、陈继虞故居、吴氏民居、敦笃亭、海忠介公庙	C
纪念建筑	李硕勋烈士纪念亭	A
古文化遗址	珠崖岭城址、珠崖郡治遗址、东寨港琼北地震遗址、琼台福地遗址、府城西门城墙	C
石刻	宋徽宗神霄玉清万寿宫诏碑	B
雕像	三清观大型石雕像	C
近现代重要史迹	中共琼崖第一次代表大会旧址、秀英炮台	A
	琼崖红军云龙改编旧址、冯白驹故居	B
	镇琼炮台、林文英烈士殉难处纪念碑及林文英烈士纪念亭、中山亭、中共琼崖特委海口市委旧址、勿忘九一八国耻纪念碑、约亭、罗牛山革命烈士纪念碑、华南公路工程修建烈士纪念碑、罗经盘革命烈士纪念碑、大水革命烈士陵园、冯白驹将军纪念亭、冼太夫人庙（冼太夫人纪念馆）、白石溪地区革命烈士纪念碑、刘秋菊纪念园、苏寻三乡人民革命纪念亭、海瑞故居	C

注：A为全国重点文物保护单位以及全国重点烈士纪念建筑物保护单位；B为海南省文物保护单位；C为海口市文物保护单位。

---

① 海口市历史文化名城保护规划（2006~2020）说明书［R］．2009．

民俗文化是创造于民间又传承于民间的与人类生活关系密切的传统文化现象[①]，主要包括节庆、婚丧嫁娶、服饰、居住和饮食等习俗以及民间艺术和历史文化名人。在社会高度发达的今天，节庆文化和饮食文化是最具有生命力的民俗文化，也是最具开发潜力的民俗文化旅游资源。

海口的节庆赛事民俗有全岛性的节庆赛事，如海南岛欢乐节、环海南岛国际公路自行车赛，也有独具地方特色的传统节日和赛事，如冼太夫人文化节、万春会、妈祖祭祀、府城元宵换花节等；在饮食文化方面，海口有以"老爸茶"为代表的特色小吃，也有以文昌鸡、加积鸭、东山羊等为海口特色的菜肴；在民间艺术文化方面，海南八音、海南公仔戏、龙塘民间雕刻艺术、海南椰雕、琼剧等被列入海口市第一批市级非物质文化遗产名录中；海口历史上出现了很多官宦、名士和革命家，如明朝阁臣丘浚、海瑞、唐胄，革命家冯白驹等，唐宋以后，李德裕、李光、胡铨、苏轼等名臣大儒从中原流放来琼岛，他们勉力兴学，传播中原文化，有力地推动了海南文化的发展。海口市拥有丰富的文化旅游资源，在开发文化旅游产品方面有很强的优势。[②]

表8-17 海口市民俗文化旅游资源

基本类型	亚类	名称
节庆赛事	全岛及地方性节日	海南岛欢乐节、冼太夫人文化节（军坡节）、万春会、妈祖祭祀、府城元宵换花节、送灯节、"三月三"、民间歌节
	体育赛事	"环海南岛国际公路自行车赛"、LPGA女子高尔夫巡回赛、铁人三项赛、热气球节、全国速度轮滑公开赛
饮食文化	特色小吃	老爸茶、抱罗粉、海南粉、斋菜煲、猪肠粉条、海鲜卷、甜薯奶、九层糕、椰丝糯米粑、鸡藤粑仔、清补凉、煎堆、椰子饭、椰丝糯米粑、海南鸡饭
	特色菜肴	文昌鸡、加积鸭、东山羊、和乐蟹、那大狗肉
民间艺术	—	海南八音、海南公仔戏、龙塘民间雕刻艺术、海南椰雕、琼剧
历史名人	本地出身	丘浚、海瑞、唐胄、冯白驹、梁云龙、张岳崧、吴典、吴元猷、陈得平、王国宪、陈继虞、钟实卿、林文英、邢宥、刘秋菊、何履光、姜唐佐、白玉蟾、薛远、王佐、李珊、钟芳、曾鹏、郑廷鹄、梁必强、王弘海、许子伟、郑存礼、王映斗、潘存、陈玉蝉、王海萍、吴克之、李向群
	外地流离或居官	冼太夫人、路博德、马援、李德裕、李光、李纲、赵鼎、胡铨、苏轼、吴贤秀、韦执谊、唐震、王居正、何兴、陈豪

[①] 马华泉，王淑娟．民俗文化旅游与经济可持续发展［J］．佳木斯大学社会科学学报，2001（5）．
[②] 海口市历史文化名城保护规划（2006~2020）说明书［R］．2009．

海口市目前已经开发了一些文化旅游项目，如历史文化景区景点旅游（包括府城传统民居历史文化街区旅游、海口骑楼建筑历史文化街区旅游、西线景区景点历史文化旅游、中线景区景点历史文化旅游）；历史文化名村名镇旅游（沿南渡江历史文化生态村旅游、沿历史港口历史文化名村旅游、火山文化生态村旅游）；近现代红色革命景区景点旅游等。但在海口文化旅游产品开发的过程中，还存在许多的不足和问题。

2. 海口文化旅游发展过程中存在的问题

第一，文化旅游的发展思路和发展模式落后。从总体上看，海口市的文化旅游产品的品位还不够高，旅游资源所蕴含的文化内涵没有完全凸显出来。由于海口市的文化旅游起步较晚，在文化旅游开发上思想观念更新不快，创新意识薄弱，从而导致文化旅游的发展思路和发展模式都比较落后，而且有些地方只见理论不见行动。

第二，文化资源缺乏整体性的整合提炼和深度开发。海口市文化旅游资源丰富，但其文化旅游产品大多数处于低层次或浅层次的开发状态。同时，由于海口市的文化资源所在景点景区大多过于分散，成遍地开花之势，甚少集中形成文化旅游精品。

第三，文化资源开发利用存在误区。在纯粹经济利益驱动下，一些文化旅游资源被盲目开发，甚至是破坏性开发，不仅历史文化氛围受到破坏，珍贵的历史文化遗迹也受到毁损，使文化旅游的效果大打折扣。

第四，缺乏文化资源开发的资金保障和专业人才。没有充足的资金投入开发，文化资源不可能变成现实旅游产品，专门技术人才的缺乏对文化旅游发展形势严重制约。在文化旅游中，导游是向游客传播海口历史文化知识的最直接代表，然而大批导游因缺乏历史、文化、地理等方面的系统知识，不仅严重影响了他们的旅游服务质量，更会影响到海口文化旅游的开发，甚至影响海口旅游形象的建设和海口旅游的长远发展。

（三）海口市文化旅游产业改造思路

1. 在发展文化旅游的过程中注重旅游产品和文化氛围的创新

海口市在发展文化旅游的过程中应注重旅游产品的创新性开发，有好的文化旅游产品才能吸引挑剔的和有辨识能力的文化旅游者。海口市的文化旅游产品开发，不仅要充分挖掘传统民俗文化和历史文物遗产的旅游价值，使之与现代旅游服务意识相结合，更要和媒体、娱乐、设计、建筑、时装等现代创造性产业结合起来，向旅游者提供更多的创新性旅游产品，创造更为开放、宽容、自由和多样性的文化旅游环境，吸引不同文化层次的游客。一方面，创办和经营各类文化企业，鼓励文化企业国际化、集团化、连锁化、品牌化发展，可重点扶持广告、文化产品交易、琼剧艺术、广播影视、出版印刷等文化产业加快发展；另一方面，规划建设文化创意园，引进一批在国内外具有较高知名度的文化创意企业，孵化、培育一批中小型文化创意研发公司，打造影视城以及动漫、网游、工业设计、旅游时尚消费等一批文化创意产业基地。随着全球经济的快速发展，对于多数旅游者来说，旅游目的地不再仅仅是一个异于生活工作之地的地方，而是一种现代生活状态和理念，相比之下，旅游目的地居民的生活方式、传统习俗、美食及语言等更具吸引力。

2. 注重保护民族文化的多样性

海口是一个少数民族人们的聚居地，拥有黎族、苗族、回族、壮族、汉族等多个民族。海口市在发展文化旅游的同时，应该注重民族文化的多样性，把多样性的民族文化风情当作重要的文化旅游资源。挖掘整理以琼剧、"八音"为代表的民间文化资源，丰富春节、中秋节等传统节庆活动内容，提高各类民间文化活动的组织水平，促进民间、民俗文化健康发展。发掘多民族的文化特点，其目的是要捍卫本土文化产品，使文化旅游产品植根于本土文化和传统中，使海口文化旅游的开发更具特色和持续力。

3. 重视节日和事件开发的同时，注重城市之间的合作与协调

节日庆典和特殊事件被看成是文化旅游市场营销的重要组成部分，由于通常的节日庆典只能在特定的日期举办，而特殊事件也是转瞬即逝，这些都是吸引旅游者前来旅游的重要原因。但在海口市甚至全国各大城市中，举办节日庆典和特殊事件的规模越来越大，投资越来越高，并且几乎没有注意到城市之间的大型事件的合作与协调。在海口市发展文化旅游之时，在某些节日庆典、体育赛事、特殊事件等方面应该更加注重与海南省各县市，与北部湾沿海各城市，以及全国其他相关城市地区的协作发展。

4. 利用互联网传播和更新文化旅游信息

在互联网高速发展的今天，网络已经成为人们生活不可或缺的工具。互联网对信息的传播和更新具有很好的作用，同印刷宣传品相比，互联网的信息更具时效性和全面真实性。调查表明，远距离的旅游者更愿意使用互联网了解旅游目的地的信息，网络已经成为当代多数旅游者获取旅游信息的主要渠道。海口市要发展好文化旅游以及其他形式的旅游项目，不能忽视互联网的作用，在保证旅游信息的真实可靠的基础上，要从多方位地完善和丰富旅游信息，增加对海口文化旅游资源的系统性介绍。①

城市的文化旅游开发是复杂的，文化旅游市场也是瞬息万变的。因此，文化

---

① 金丽，赵黎明. 欧洲城市文化旅游的发展及对我国的启示［J］. 生产力研究，2007（12）.

旅游资源开发必须强调其内涵，文化内涵被看作旅游资源开发中决定旅游产品的品位、级别及其生命力的首要因素。文化是旅游业的灵魂，旅游业可持续发展之"魂"在于旅游文化。海口市在发展文化旅游的过程中应不断地研究市场、认识市场，同时借鉴国内及世界各优秀城市的文化旅游发展经验及模式，根据需要进行城市与城市之间的合作交流，使海口市的文化旅游得到健康持续的发展。

参考文献

［1］余益中，刘士林，廖明君．广西北部湾经济区文化发展研究［M］．南宁：广西人民出版社，2009．
［2］海口市绿色慢行休闲系统（文本）［R］．2009．
［3］海南国际旅游岛海口市旅游发展总体规划（2010～2020）规划说明书［R］．2010．
［4］三亚市旅游发展总体规划（2008～2020）（修编）［R］．2007．
［5］桂林市旅游发展总体规划（2001～2020）［R］．2000．
［6］刘小蓉．和谐旅游体系的构建及其应用研究［D］．四川师范大学硕士学位论文，2008．
［7］李晶晶．青岛城市旅游化及其相关因素分析［D］．中国海洋大学硕士学位论文，2010．
［8］Mullins P. Tourism Urbanization［J］．International Journal of Urban and Regional Research，1991（3）．
［9］黄震方，吴江，侯国林．关于旅游城市化问题的初步探讨——以长江三角洲都市连绵区为例［J］．长江流域资源与环境，2000（2）．
［10］王冬萍，阎顺．旅游城市化现象初探——以新疆吐鲁番市为例［J］．干旱区资源与环境，2003（5）．
［11］李鹏．旅游城市化的模式及其规制研究［J］．社会科学家，2004（4）．
［12］李璐芳，谢春山．旅游城市化现象探析［J］．科技情报开发与经济，2007（12）．
［13］陆林．旅游城市化：旅游研究的重要课题［J］．旅游学刊，2005（4）．
［14］卢自力．论旅游规划的人本主义原则［J］．商业时代·理论，2005（2）．
［15］朱竑，贾莲莲．基于旅游"城市化"背景下的"城市旅游化"——桂林案例［J］．经济地理，2006（1）．
［16］葛敬炳，陆林，凌善金．丽江市旅游城市化特征及机理分析［J］．地理科

学,2006(2).
[17] 陆林,葛敬炳.旅游城市化研究进展及启示[J].地理研究,2006(4).
[18] 张圣玲.构筑旅游大产业,促进区域经济发展[J].理论学刊,2006(9).
[19] 刘士林.都市化进程论[J].学术月刊,2006(12).
[20] 陈文.泰国芭堤雅发展度假旅游业的发展及其对我国海滨旅游的启示[J].高等函授学报,2008(4).
[21] 安传艳.旅游城市化内涵及动力机制研究[J].现代管理,2008(8).
[22] 郑琦.低碳旅游:低碳城市转型的模式创新[J].学习与探索,2010(4).
[23] 刘文玲,王灿.低碳城市发展实践与发展模式[J].中国人口·资源与环境,2010(4).
[24] 青岛市旅游业"十一五"规划,http://www.qdta.cn/zw/jzInfo.asp?id=3899&mk=%E6%94%BF%E5%8A%A1%E5%85%AC%E5%BC%80&xxlx.
[25] 厦门市旅游业"十一五"发展规划,http://www.xmtravel.gov.cn/news/1278584720109737.html.
[26] 珠海市旅游发展规划(摘要)2009.8.5,http://202.105.183.128:802/ZH19/200908/t20090805_7653.html.
[27] 香港旅游发展局2011~2012年度工作计划.
[28] 丽江政务网:http://www.lijiang.gov.cn/others/article/2010-12/20/content_1304.htm.
[29] 古小松.泛北部湾合作发展报告2010[M].北京:社会科学文献出版社,2010.
[30] 广西地方志编纂委员会办公室.广西北部湾经济区简志[M].南宁:广西人民出版社,2008.
[31] 南宁市地方志编纂委员会.南宁市志[M].南宁:广西人民出版社,1998.
[32] 北海市地方志编纂委员会.北海市志[M].南宁:广西人民出版社,2002.
[33] 钦州市地方志编纂委员会.钦州市志[M].南宁:广西人民出版社,2002.
[34] 防城港市土地管理局.防城港市土地志[M].南宁:广西人民出版社,2001.
[35] 湛江市地名志编辑委员会.湛江市地名志[M].广州:广东省地图出版社,1989.
[36] 海南省史志办公室.海南省志·建置志[M].海口:南海出版公司,2005.

［37］玉林市志编纂委员会．玉林市志［M］．南宁：广西人民出版社，1993．
［38］崇左县志编纂委员会．崇左县志［M］．南宁：广西人民出版社，1994．
［39］湛江市人民政府网：http：//www.zhanjiang.gov.cn/．
［40］广西钦州·钦南区行政信息综合网：http：//www.gxqn.gov.cn/．
［41］防城港市经济信息网：http：//www.fcg.gx.cei.gov.cn/．
［42］崇左政府网：http：//www.chongzuo.gov.cn/．
［43］海南省人民政府：http：//www.hainan.gov.cn/code/V3/．
［44］北部湾旅游发展规划［R］．2009．
［45］北部湾旅游发展规划说明书（2009~2020）［R］．2009．
［46］广西北部湾经济区发展规划［R］．2008．
［47］高元衡．沿海旅游目的地成长研究——以广西北部湾经济区为例［D］．华东师范大学博士学位论文，2009．
［48］杨其元．旅游城市发展研究［D］．天津大学博士学位论文，2008．
［49］魏敏．世界旅游业发展趋势与胶东半岛旅游业发展战略定位［J］．山东社会科学，2010（4）．
［50］朱杰堂，席雪红．我国旅游产业发展的趋势走向［J］．郑州航空工业管理学院学报，2008（3）．
［51］陈文捷，阳国亮，温丽玲，黄荣娟．广西北部湾旅游可持续发展SWOT分析［J］．东南亚纵横，2009（11）．
［52］韦善豪．广西钦州市旅游资源开发研究［J］．经济地理，2000（6）．
［53］胡绿俊，文军．开发钦州市旅游业的探讨［J］．经济与社会发展，2007（7）．
［54］黎遗业．广西南宁旅游业的发展研究［J］．南宁师范高等专科学校学报，2007（4）．
［55］彭静，朱竑．海岛文化研究进展及展望［J］．人文地理，2006（2）．
［56］阮日生．湛江市旅游产业发展战略的思考［J］．广东经济，2010（12）．
［57］张莉．湛江市滨海旅游业现状与发展措施［J］．科技开发与市场，2003（3）．
［58］国务院关于推进海南国际旅游岛建设发展的若干意见［R］．2009．
［59］关于加快发展旅游业的意见［R］．2009．
［60］广西北部湾经济区发展规划［R］．2008．
［61］北部湾旅游发展规划［R］．2009．
［62］北部湾旅游发展规划说明书（2009~2020）［R］．2009．
［63］海南国际旅游岛建设发展规划纲要（2010~2020）［R］．2010．

[64] 海南国际旅游岛海口市旅游发展总体规划（2010～2020）［R］．2010．

[65] 费莉雅．广西旅游业竞争力现状分析与对策探讨［D］．广西大学硕士学位论文，2003．

[66] 高元衡．沿海旅游目的地成长研究——以广西北部湾经济区为例［D］．华东师范大学博士学位论文，2009．

[67] 魏敏．世界旅游业发展趋势与胶东半岛旅游业发展战略定位［J］．山东社会科学，2010（4）．

[68] 陈文捷，阳国亮，温丽玲，黄荣娟．广西北部湾旅游可持续发展SWOT分析［J］．东南亚纵横，2009（11）．

[69] 裴志扬．城市群发展研究［M］．郑州：河南人民出版社，2009．

[70] 北海市城市总体规划文本（2008～2025）［R］．2007．

[71] 黄素心，王春雷．环北部湾旅游合作中的防城港旅游开发研究［J］．特区经济，2009（2）．

[72] 谭欣，谭丽燕．提升南宁旅游产品竞争力的对策［J］．沿海企业与科技，2007（2）．

[73] 梁昆．南宁与桂林旅游发展比较分析［J］．南宁职业技术学院学报，2007（3）．

[74] 徐业菊．突出民族文化品位，激活钦州特色旅游［J］．钦州师范高等专科学校学报，2002（2）．

[75] 北海旅游的优势、劣势、机遇及建议［N］．北海日报，2011，7，27．

[76] 南宁市人民政府：http：//www.nanning.gov.cn/．

[77] 北海市政府门户网：http：//www.beihai.gov.cn/．

[78] 钦州市人民政府：http：//www.qinzhou.gov.cn/．

[79] 防城港市人民政府：http：//www.fcgs.gov.cn/．

[80] 湛江市人民政府：http：//www.zhanjiang.gov.cn/．

[81] 胡晓生．"海北"湛江的幸福生活［J］．小康，2010（6）．

[82] 阮日生．湛江市旅游产业发展战略的思考［J］．广东经济，2010（12）．

[83] 郭晋杰．湛江国际旅游资源开发和旅游服务质量的研究［J］．旅游学刊，2001（1）．

[84] 吴刘萍，周昌仕．湛江观光生态经济农业的开发研究［J］．生态经济，2001（9）．

[85] 徐曼．湛江市海鲜美食旅游开发研究［J］．科技经济市场，2009（6）．

[86] 刘金凤，林洪强．打造湛江文化旅游基地［N］．湛江日报，2011，5，21．

[87] 罗春林．湛江市旅游业的可持续发展探讨［J］．绿色科技，2011（6）．

［88］帅学明，王鸿．湛江完善优秀旅游城市构想［J］．湛江海洋大学学报，2004（4）．

［89］中国城市发展网：http：//www.chinacity.org.cn/csph/csph/48179.html.

［90］海南统计局，国家统计局海南调查总队．海南年鉴2010［Z］．北京：中国统计出版社，2010．

［91］中华人民共和国国家旅游局．中国旅游年鉴2010［Z］．北京：中国旅游出版社，2010．

［92］陈为毅．建设国际旅游岛思考之十——让海南国际旅游岛休闲起来［J］．新东方，2009（8）．

［93］世界旅游组织：www.unwto.org/index.php.

［94］三亚市人民政府网站：http：//www.sanya.gov.cn/.

［95］蔡道成，张侨．SWOT模型在三亚旅游可持续发展中的应用［J］．旅游经济，2010（5）．

［96］盛颐．三亚城市旅游产品开发问题及对策［D］．西南财经大学硕士学位论文，2008．

［97］盛颐．三亚城市旅游发展研究［J］．旅游经济，2011（9）．

［98］朱华晟，徐雪雅，宋金平，魏佳丽．海南双核旅游城市竞合策略研究［J］．商业研究，2010（2）．

［99］海南国际旅游岛海口市旅游发展总体规划（2010～2020）专题报告［R］．2010．

［100］苏洪宁．解构旅游［M］．天津：南开大学出版社，2005．

［101］倪健．海南国际旅游岛发展战略研究［D］．天津大学硕士学位论文，2010．

［102］邹煜．国际旅游岛背景下海南开发海洋体育旅游市场SWOT分析［J］．海南师范大学学报，2010（12）．

［103］吴健林．海南国际旅游岛软环境建设研究［D］．天津大学硕士学位论文，2010．

［104］朱淑琴，植远．海南国际旅游岛建设SWOT研究［J］．法制与社会，2010（4）．

［105］孟凡荣．CIs战略与长春城市旅游形象设计［D］．东北师范大学硕士学位论文，2003．

［106］夏学英．论城市形象的旅游导向型［J］．经济地理，2002（9）．

［107］李蕾蕾．旅游目的地形象策划：理论与实务［M］．广州：广东旅游出版社，1999．

[108] 左煬. 济南城市旅游形象研究 [D]. 山东大学硕士学位论文, 2009.

[109] 王晞. 城市旅游形象提升略 [M]. 北京: 中国社会科学出版社, 2008.

[110] 赵伟兵. 城市旅游形象定位的理论与实践研究 [J]. 广西大学学报, 2001 (12).

[111] 陆林, 章锦河. 旅游形象设计 [M]. 合肥: 安徽教育出版社, 2002.

[112] 海南国际旅游岛海口市旅游发展总体规划 (2010~2020) [R]. 2010.

[113] 海口市城市总体规划 (2006~2020) [R]. 2010.

[114] 方世敏. 城市旅游形象研究: 表象 气质 品格 [M]. 湖南地图出版社, 2002.

[115] 王晞. 旅游目的地形象的提升研究 [D]. 华东师范大学博士学位论文, 2006.

[116] 中国城市规划设计研究院, 建设部城乡规划司. 城市规划资料集·第10分册城市交通与城市道路 [M]. 北京: 中国建筑工业出版社, 2007.

[117] 海口市城市交通规划研究报告 [R]. 2009.

[118] 唐婷婷. 依托成都市交通资源的交通旅游产品开发研究 [D]. 西南财经大学硕士学位论文, 2009.

[119] 张芳芳. 交通旅游产品设计研究 [D]. 中国海洋大学硕士学位论文, 2008.

[120] 谢桑怀. 海口骑楼老街: 天涯百年沧桑的守望者 [J]. 中华建设, 2011 (11).

[121] 吴必虎, 张欣梅. 城市主题街区初探——基于多学科研究思索 [C]. 都市旅游国际会议论文集, 2006, 11.

[122] 刘文蕾. 主题街区对城市旅游的影响研究——以天津为例 [D]. 天津商业大学硕士学位论文, 2011.

[123] 白鹤松. 黑龙江省小城镇建设研究 [D]. 东北大学硕士学位论文, 2002.

[124] 袁中金. 中国小城镇发展战略 [M]. 南京: 东南大学出版社, 2007.

[125] 曾博伟. 中国旅游小城镇发展研究 [D]. 中央民族大学博士学位论文, 2010.

[126] 黄菡. 大中城市边缘小城镇旅游开发研究 [D]. 厦门大学硕士学位论文, 2008.

[127] 陆林. 山岳风景区旅游者空间行为研究——兼论黄山与美国黄石公园之比较 [J]. 地理学报, 1996 (4).

[128] 柴彦威. 城市空间 [M]. 北京: 科学出版社, 2000.

[129] 王鹏. 公共空间的系统化建设 [M]. 南京: 东南大学出版社, 2002.

[130] 钟旭东. 以人性化为核心的城市公共空间设计研究 [D]. 中央美术学院硕士学位论文, 2005.

[131] 林宁, 潘鄱. 海口城市开放空间人性化设计探讨 [J]. 技术与市场, 2008 (6).

[132] 陈苹. 人与广场的对话——行为心理与城市广场公共空间的设计和使用 [D]. 南京林业大学硕士学位论文, 2005.

[133] 次仁卓嘎. 基于意象与物象中的南渡江河口段滨水景观规划研究 [D]. 天津大学硕士学位论文, 2008.

[134] 陈淑光. 论公共设施与人性化设计 [J]. 设计艺术, 2005 (3).

[135] 易涛. 城市公共设施与城市形象相关性研究 [D]. 中南林业科技大学硕士学位论文, 2010.

[136] 杨叶红. "城市家具"——城市公共设施设计研究 [D]. 西南交通大学硕士学位论文, 2007.

[137] 李娜. 北京市海淀区公共厕所存在问题及改造建议 [J]. 环境卫生工程, 2010 (12).

[138] 苏洪宁. 解构旅游 [M]. 天津: 南开大学出版社, 2005.

[139] 海南国际旅游岛海口市建设发展规划纲要 [R]. 2009.

[140] 董玉明. 海洋旅游学 [M]. 北京: 海洋出版社, 2003.

[141] 张广海, 董志文. 可持续发展理念下的海洋旅游开发研究 [J]. 中国人口·资源与环境, 2004 (3).

[142] 海南国际旅游岛海口市旅游发展总体规划 (2010~2020) 规划说明书 [R]. 2009.

[143] 李平, 盛红. 海洋旅游研究初探 [J]. 海岸工程, 2001 (3).

[144] 李悦铮. 发挥海洋旅游资源优势, 加快大连旅游业发展 [J]. 人文地, 2001 (5).

[145] 马宝珠. 合河帆影: 马宝珠随笔 [M]. 上海: 东方出版中心, 1997.

[146] 海口市历史文化名城保护规划 (2006~2020) 说明书 [R]. 2009.

[147] 马华泉, 王淑娟. 民俗文化旅游与经济可持续发展 [J]. 佳木斯大学社会科学学报, 2001 (5).

[148] 金丽, 赵黎明. 欧洲城市文化旅游的发展及对我国的启示 [J]. 生产力研究, 2007 (12).

[149] [美]凯文·林奇. 城市形态 [M]. 林庆怡等译. 北京: 华夏出版社, 2001.

[150] [美]凯文·林奇. 城市意象 [M]. 方益萍等译. 北京: 华夏出版

社，2001.

[151] 周建明，张高攀. 旅游小城镇旅游资源开发与保护［M］. 北京：中国建筑工业出版社，2009.

[152] 林振德. 公共空间设计·艺术设计类［M］. 广州：岭南美术出版社，2006.

[153] 潘斌. 旅游小城镇规划研究［D］. 同济大学硕士学位论文，2008.

[154] 王佶. 杭州湖滨街区的城市环境设施设计研究［D］. 浙江大学硕士学位论文，2005

[155] 海口市政府网：http：//www.haikou.gov.cn.

余论代后记

19世纪英国杰出的艺术家威廉·莫里斯（William Morris）在他的艺术生涯中，不断打击产业革命大量生产的粗俗制品，希望用传统文化之美滋润那些由于物质文明而荒芜了的人们的心灵，希望以艺术美化现实世界，提升现代人的审美趣味。莫里斯的艺术设计观念影响到欧美诸国，使他成为近代设计运动先驱的典范。他曾断言，"所有发展的事物都是浪漫的"。若这个断论放在城市这个时空的场域去理解，那么，城市的进程与变革同样伴随着一个浪漫的步伐。

地域文化是城市的底色，一个城市的魅力，往往出自于其地域文化元素充分表达和彰显所形成的城市形象之中。城市旅游化改造的意义，绝不仅仅限于文化发展本身，更深刻的在于从精神层面找寻与凝结起我们这个城市的价值追求和力量支撑。

城市对于市民或者游客而言，不只是可供游玩、居住和使用的场所，也是承载着情感记忆的精神家园；城市不仅是各种物质要素的容器、旅游者所关注这个城市文化气息的"服装秀"，而且还是市民文化生活上演的"剧场"。从这个意义上讲，城市不仅要满足游客与市民在物质形态上的功能需求，更要满足游客与市民在精神层面上的功能需求。因此，在许多城市规划专家们看来，保护老建筑，进行新建筑的规划，不仅要关注单体建筑，更要保护它的街区纹理，即使在有限的投入下也要注重城市的美感，在不影响发展的同时要保证建筑品质，抑制每栋建筑"各自为营"的"杂货店"式审美观，通过比例和整体控制使城市景观达到和谐。从细小的建筑比例上也可以显现出民族和地方的特色。

从20世纪70年代以来，亚洲经济呈现"雁阵经济结构"形态，通过各国不同时期的不同分工，使亚洲30年中创造了年均增长7%的经济奇迹。而30多年来，亚洲经济出现了一个有趣的现象，在世界地图上，北纬10°～30°，可以发现亚洲区域内有四大著名的海湾：波斯湾、泰国湾、孟加拉湾、北部湾，由西向东，伴随着经济的飞跃而起舞。而随着广西北部湾经济规划的确立，山美、水美、沿海沿边的优势将更为充分发挥出来。随着"泛北部湾"区域经济合作、建设和社会进步，"泛北部湾"旅游合作持续升温与深化，这一切，都为北部湾中国沿海城市的发展或是旅游化改造提供了新契机与新的思考。

在此书结尾之处，思考之余，顺带说两句感激的话，权当后记。本书的编撰，是在前期海口城市旅游化改造专题研究横向项目的基础上，将中国北部湾沿海城市的建设与发展共同带入这个视域予以思考。整个编写计划任务在较短时间内得以完成，主要得力于全体撰写人员的辛勤与精诚协作。我们真正开始策划、组织人员编写是在2011年夏天。至初稿的汇集、修改，以及统稿的调整，二稿、三稿的几经修订，历经两个暑假一个寒假。不论是在炎热的暑期，还是在阴冷的寒冬，我们的撰写者怀着一颗热忱的心与谦虚的学习态度去收集资料，如期完成预定的编撰任务。在这样一个趋利附势的时代，有着这样一个群体，他们包括老教授、年轻的老师与莘莘学子，为着一个无利可图的区域文化的思索而精诚协作、不辞辛劳。正是因为有了他们，这本书的编写计划才得以实施完成。

本书的顺利完成和最后出版，得到广西大学"211工程"办公室以及中国—东盟研究院院长阳国亮先生的大力支持与鼓励，经济管理出版社曹靖编辑对本书做了大量工作。值此本书付梓之际，我们全体编写人员对所有为本书的撰写和出版给予支持和帮助的朋友表示诚挚地感谢。

李志峰